KNAUR

Über dieses Buch:
Dieses Buch ist eine Mutprobe. Obwohl sie es eigentlich besser wissen müsste, ist Heide Fuhljahn ihr Gewicht oft unangenehm. Trotz feministischen Weltbildes und Body Positivity liebt sie nicht jedes Kilo an sich. Was muss sich in unseren Köpfen ändern, damit wir unsere Körper akzeptieren können? Ihre Reise durch eine Welt im Schlankheitswahn führt die Autorin zu den Reichen und Schönen nach Sylt, an den FKK-Strand, das Kampfsport-Dojo und zu ihren eigenen Sehnsüchten. Wird es eine glanzvolle Heldinnenreise? Sicher nicht. Aber zweifellos ein Abenteuer!

Über die Autorin:
Heide Fuhljahn, geboren 1974 in Kiel, lebt heute in Hamburg. Sie schreibt als freie Fachjournalistin unter anderem für BRIGITTE. Ihre Schwerpunkte sind Psychologie, Gesundheit, Ernährung und Reise. Ihr erstes Sachbuch »Kalt erwischt – Wie ich mit Depressionen lebe und was mir hilft« stand zehn Wochen auf der SPIEGEL-Bestsellerliste. Sie ist eine gefragte Referentin und hat bereits über 150 Lesungen und Vorträge gehalten: in Kliniken, Beratungsstellen, Behörden und auf Kongressen.

HEIDE FUHLJAHN

Allein unter Dünnen

Eine waagemutige Reise
durch eine Welt im Schlankheitswahn

KNAUR

Um den Persönlichkeitsschutz zu wahren, wurden die Beschreibungen von einigen Personen so weit verändert, dass sie nicht in ihrer Identität erkennbar sind.

Der Verlag weist ausdrücklich darauf hin, dass im Text enthaltene externe Links vom Verlag nur bis zum Zeitpunkt der Buchveröffentlichung eingesehen werden konnten. Auf spätere Veränderungen hat der Verlag keinerlei Einfluss. Eine Haftung des Verlags ist daher ausgeschlossen.

Besuchen Sie uns im Internet:
www.droemer-knaur.de

FSC www.fsc.org MIX Papier | Fördert gute Waldnutzung FSC® C014496

Originalausgabe März 2024

Ein Imprint der Verlagsgruppe Droemer Knaur GmbH & Co. KG, München

Redaktion: Regina Carstensen, Wien
Covergestaltung: Büro Jorge Schmidt, München
Coverabbildung: © Sonja Tobias
Satz und Layout: Adobe InDesign im Verlag
Druck und Bindung: GGP Media GmbH, Pößneck
ISBN 978-3-426-28630-2

2 4 5 3 1

Für mein/unser triangulierendes Objekt

Helmer: Du bist in erster Linie Frau und Mutter.
Nora: Daran glaub' ich nicht mehr.
Ich glaube, dass ich in erster Linie ein Mensch bin, ich genauso gut wie du, – oder jedenfalls, daß ich versuchen muß, es zu werden.

Henrik Ibsen: *Ein Puppenheim*

Inhaltsverzeichnis

Über die Sprache in diesem Buch

Die Sprache spiegelt immer den Zeitgeist wider. Zündhölzer heißen mittlerweile Streichhölzer, aus Illustrierten wurden Zeitschriften, der Kleingarten wandelte sich zu Schrebergarten und Datsche, und Teenies sprechen heute von einem Crush, wenn sie verliebt sind. Während manche klagen, dass das Englische überhandnehme, nutzen sie selbstverständlich Lehnworte: türkische wie Joghurt *(Yoğurt)* oder französische wie Balkon *(balcon)*. Sprache ist dynamisch, nicht statisch.

Aktuell löst das Gendern Diskussionen aus, besonders die Satzzeichen in der Mitte. Ob sich Binnen-I, Sternchen, Doppelpunkt oder Unterstrich durchsetzen, scheint mir weniger relevant als die berechtigte Erwartung aller, auch sprachlich repräsentiert zu sein. Wie zum Beispiel Menschen mit Handicap – beziehungsweise Menschen mit besonderen Bedürfnissen. Nicht *weiß* erscheint ebenso diskutabel wie BIP*oC* *(Black Indigenous People of Color)* für Schwarze und indigene Menschen. Und ist queer nicht eleganter als LGBTQIA+? Mehrgewichtige neutraler als Übergewichtige? An der Entwicklung einer modernen Sprache möchte ich mich beteiligen. So schreibe ich hier weder über Fräulein noch Taliban*innen. Doch in Bezug auf das herrschende generische Maskulinum haben Untersuchungen gezeigt, dass kleine Kinder, die den Satz »Fragen Sie Ihren Arzt oder Apotheker« hören oder lesen, glauben, dass diese Berufe nur von Männern ausgeübt werden. Deshalb schreibe ich dieses Buch im generischen Femininum: Es ist ein Experiment, das zur Reflektion einlädt! Herzlich willkommen!

Einleitung

Früher war alles leichter. Ich zum Beispiel!

Heute bin ich dick. Nicht kurvig, nicht moppelig – dick. Und nicht stolz darauf. Meine Freundinnen würden nie etwas Unfreundliches über mein Gewicht sagen. Doch für mich ist es ein Problem. Denn ich bin – und es tut weh, das zu schreiben – sogar fettleibig. Adipositas ist eine Krankheit, und deshalb sorge ich mich um meine Gesundheit! Aber auch um mein Selbstbild, denn ich schäme mich, weil ich überall auffalle: im Job, beim Sport, auf Geburtstagspartys – in meinem Umfeld ist wirklich jede schlank. Als feministischer Mensch und freie Autorin der Zeitschrift *Brigitte* weiß ich, dass bei Übergewicht nicht Selbsthass, sondern Akzeptanz angebracht ist. Also gehe ich ins Freibad und starre Menschen in XXXL nicht strafend an, wenn sie Eis essen. Viele andere tun das. Denn unsere Gesellschaft diskriminiert besonders fettleibige Frauen. Und selbst diejenigen, deren Gewicht gesund und normal ist, gelten oft als zu dick.

Es sind vor allem Modedesignerinnen, Werbeagenturen, Fernsehsender, Redaktionen und Verlage, die über die öffentliche Präsenz von Frauen und die Verfügbarkeit von Kleidung entscheiden. Diese sogenannten Gatekeeper legen fest, wer als schlank und attraktiv genug gilt. Doch der Widerstand gegen ihre strengen Normen wächst, erfolgreich. Weltweite Bewegungen wie Fat Acceptance, Body Positivity und Body Neutrality setzen sich für vielfältige Körperbilder und neue Sehgewohnheiten ein. Seit es soziale Medien gibt (Facebook startete 2004, Youtube 2005, Instagram 2010 und Tiktok 2016), steigt ihr Erfolg stetig an, da sie über diese Kanäle leicht und schnell wie nie Milliarden Menschen rund um den Globus erreichen.

Die Digitalisierung bietet eine bisher einmalige Chance für fast alle, Einfluss auf die öffentliche visuelle Wahrnehmung zu nehmen. Eine enorme Chance für mehr Toleranz – auch für mich. Denn ich bin nicht nur traurig und beschämt über meinen Körper. Ich bin auch wütend, weil er seit meinem zwölften Lebensjahr verurteilt wird, erst von anderen und schließlich auch von mir selbst. Mein Vater, meine Mitschülerinnen, die Gesellschaft und die Medien beschimpften mich lautstark: Du bist zu dick! Also fühlte ich mich zu dick, egal, ob ich 55, 65 oder 85 Kilo wog (bei 1,74 Meter).

Doch wenn ich mir heute Fotos von früher ansehe, könnte ich weinen, weil sie offenbaren, dass ich eine gute Figur hatte! Jedes Kleid und jede Jeans, die mir damals gefielen, hätte ich unbeschwert tragen können. Statt Kohlsuppe zu kochen, mir einen Pulli um die Hüften zu schlingen, mich im Bauch-Beine-Po-Kurs zu quälen und Push-up-BHs zu kaufen! Zwei Jahrzehnte litt ich unter Minderwertigkeitsgefühlen, zweifelte an mir, hielt Diät – für nichts. Jetzt bin ich krankhaft übergewichtig. Und kann die Hoffnung nicht loslassen, dass ich es eines Tages schaffen werde, wieder schlank zu sein. Doch wenn ich frustriert auf mein jahrelanges Scheitern beim Abnehmen zurückblicke, frage ich mich: Was ist, wenn es mir nie gelingen wird? Werde ich immer hässlich und schuldig bleiben?

Mein Verstand rebelliert dagegen, mich unattraktiv zu finden. Denn er sagt mir, dass Schönheitsideale kulturell geprägt sind; so gelten zum Beispiel im westafrikanischen Mauretanien runde Frauen als bildhübsch und begehrenswert. Doch ich lebe in Europa, in einer Gesellschaft, die zwar deutlich offener ist als vor fünfzehn Jahren, aber weiterhin junge, *weiße*[1], blonde und zunehmend operierte Püppchenfrauen in Size Zero feiert – wie die Influencerinnen Caro Daur oder Ann-Kathrin Götze. Zudem hat sich der Wettbewerb um den After-Baby-Body verschärft.

Ist der Säugling auf der Welt, zeigt sich das am Körper der Mutter: der Bauch dicker und weicher, die Brüste größer und hängender, der Körper insgesamt unförmiger. Das wird als Makel wahrgenommen. Frauen, denen die Geburt nach wenigen Wochen nicht mehr anzusehen ist, die zügig wieder schmal und durchtrainiert sind, bekommen dafür öffentlich Applaus. Aber Curvy Models wie Ashley Graham, Paloma Elsesser oder Angelina Kirsch sowie Aktivistinnen, Bloggerinnen und Plus-Size-Designerinnen wehren sich. Auch Sängerinnen wie Lizzo, Billie Eilish und Zoe Wees verweigern sich den geltenden Gesetzen. Sie fordern Pluralität und definieren Weiblichkeit neu. Durch ihre enorme Reichweite bei Social Media kann die analoge Welt sie nicht ignorieren.

Was für tolle Bewegungen! Da will ich unbedingt mitmachen! Denn ich bin jetzt 50 Jahre alt und ich möchte mich endlich okay finden! Ich bin es gründlich leid, dass andere scharf über mich urteilen und dass ich scharf über mich urteile! Ich wünsche mir, dass das weibliche Geschlecht sich nicht mehr an den Maßstäben des *male gaze*, des männlichen Blicks, messen lassen muss! Der besagt, dass die äußerliche Attraktivität darüber entscheidet, wie wertvoll, erfolgreich, begehrt oder neudeutsch *fuckable* Mädchen und Frauen sind. Für sie gilt: Survival of the prettiest!

1 Amnesty International: »›Weiß‹ und ›Weißsein‹ bezeichnen ebenso wie ›Schwarzsein‹ keine biologische Eigenschaft und keine reelle Hautfarbe, sondern eine politische und soziale Konstruktion. Mit *Weißsein* ist die dominante und privilegierte Position innerhalb des Machtverhältnisses Rassismus gemeint, die sonst zumeist unausgesprochen und unbenannt bleibt.«; https://www.amnesty.de/glossar-fuer-diskriminierungssensible-sprache.

Der männliche, heteronormative, *weiße* Blick auf die Welt ist noch lange nicht überwunden. Das offenbart sich besonders bei den Ansprüchen an äußere Schönheit. Natürlich hadern auch manche Männer mit ihrem Aussehen. Und natürlich verfügen auch attraktive Männer über Privilegien. Aber sie halten keine Industrie am Laufen, die Bauchweg-Hosen und teure Shape Wear produziert! Herren tragen vielleicht Uhren und Manschettenknöpfe, aber selten Ohrringe, Broschen und Perlenketten. Sie kaufen kein Make-up, keine Wimperntusche oder Lippenstifte in der Farbe der Saison. Sie gehen nicht zur Mani- oder zur Pediküre (obwohl es bei vielen wünschenswert wäre); sie schminken nicht gegen Schlupflider an und klagen nicht über Winkfleisch. Schmerzen, die mit Stöckelschuhen einhergehen, kennen sie genauso wenig wie den Verzicht der Jahresanfangs- und der Bikini-Diät im Frühsommer!

Die Diskriminierung der Frauen ist offensichtlich – und sie macht mich wütend! Doch wie viel ist damit gewonnen? Ich weiß, dass die Körperideale brutal und realitätsfern sind. Ich weiß, dass sie bei Frauen strenger sind als bei Männern. Ich weiß, dass Gesundheit wichtiger ist als Schönheit. Ich weiß, dass ich mich akzeptieren sollte, wie ich bin. Trotzdem fühle ich mich in meiner Haut nicht wohl. Es reicht eben nicht, kluge Essays oder romantisierende Ratgeber zu lesen. Es reicht nicht, feministisch zu denken. Es reicht nicht, der Schwarzen, großen, dicken, queeren, supercoolen US-amerikanischen Yogalehrerin Jessamyn Stanley auf Instagram zu folgen. Es reicht nicht, die Modejournalistin und Aktivistin Melodie Michelberger niedlich zu finden. Es reicht nicht, an die üppigen Nana-Frauenfiguren der französisch-schweizerischen Künstlerin Niki de Saint Phalle zu erinnern. Es reicht nicht, #femalepower zu liken. Es reicht nicht, sich über Photoshop® und operierte Schlauchbootlippen aufzuregen. Es reicht nicht, eine Diät zu machen. Es reicht genauso wenig, Diäten zu verdammen! Es reicht nicht, gut gemeinte Tipps zu mehr Selbstliebe zu befolgen. Eine Veränderung wirklich zu wollen, reicht nicht – obwohl etliche Life Coaches und Gurus genau das behaupten. Zu wissen, was gesund und was ungesund ist, reicht auch nicht. Wer Chips und Cheeseburger isst, derjenigen ist meistens bekannt, dass das schädlich ist. Das gilt genauso für Süßigkeiten, Drogen, Alkohol, Zigarren und Zigaretten; für stundenlanges Videospielen oder Durch-Tiktok-Scrollen, vor dem Fernseher versacken oder Disney+/Netflix/Prime-Binge-Watching. Genügend Menschen wollen damit aufhören oder den Konsum reduzieren und strengen sich an. Aber oft ist das Bedürfnis stärker als das Wissen. Nicht von ungefähr rauchen und trinken auch Krankenpflegerinnen! Wie kann ich diese Diskrepanz überwinden? Wie schaffe ich es, mich nicht mehr unästhetisch zu finden? Was braucht es, damit ich mich gesund ernähre (auch wenn ich dadurch nicht automatisch abnehme)? Was muss sich, was kann ich ändern, um mich okay zu finden, wenn es nicht an Wissen und Willen fehlt?

Um Antworten zu finden, würde ich jetzt normalerweise für ein Fachbuch zum Thema recherchieren. Meine Welt ist eine verkopfte – das wird mir, der Journalistin, die ich von Kindesbeinen an in Büchern lebe, nach Banklehre, Studium und zwei Volontariaten heute erst bewusst. Beim Ju-Jutsu-Training, wenn ich versuche, eine neue Technik zu lernen, höre ich oft: »Du denkst zu viel! Jetzt mach erst mal!« Spät begriff ich, dass nicht nur Gespräche und Gedrucktes mich vorwärtsbringen, sondern praktische Erfahrungen. Schwimmen lernt frau nur im Wasser. Schwedisch, in dem frau es spricht. Nähen, indem frau näht. Beziehungen in Beziehungen. Die intellektuelle Herangehensweise reicht nicht, es braucht gleichermaßen die Praxis. Um mich körperlich anders zu fühlen, muss ich meinen Körper anders erleben! Wenn ich also aus Frust Schwarzwälder Kirschtorte esse, bringt mich nicht der hundertste zu Recht warnende Artikel über die Gefahr von Industriezucker weiter, sondern die Frage, wie ich mein Bedürfnis nach Trost stattdessen stillen könnte.

In diesem Buch bestehen die Kapitel deswegen nicht nur aus Reflexionen, sondern aus Selbstversuchen, Reisen und Begegnungen. Dabei lote ich innere und äußere Grenzen aus, an die auch die Leserinnen immer wieder stoßen. Mein Übergewicht schränkt mich täglich ein: beim Treppensteigen, auf dem Fahrrad, beim Blick in den Kleiderschrank. Das schmerzt jeden einzelnen Tag; seit Jahren schwanke ich zwischen Verzweiflung und Entsetzen. Ich möchte gerne Freiheiten zurückgewinnen, wie zum Beispiel entspannt in den Spiegel zu sehen. Mein Ziel ist, dass es mir nach den Mutproben leichter fällt, mich zu akzeptieren, wie ich bin! Mich zu zeigen, wie ich bin. Zu mir zu stehen. Ich möchte mich okay finden und okay fühlen.

Trotzdem werde ich niemals rufen: »Hej, ich bin fett und finde es mega!« Starkes Übergewicht ist ungesund und eine Last, das werde ich keinesfalls verleugnen! Aber ich werde genauso wenig die Diskriminierung verharmlosen, die Vorurteile, dass Dicke einfach faul und disziplinlos sind. Von Krankheiten wie dem Lipödem über Medikamente wie Neuroleptika bis zu Gehalt und Genetik: Fettleibigkeit hat unterschiedliche Ursachen. Wäre es nicht schön, wenn das selbstverständlich respektiert würde, statt Übergewichtige zu verdammen?

Ich wünsche mir mehr Wohlwollen. Von allen, für alle. Deshalb stelle ich in *Allein unter Dünnen* meinen Alltag auf den

Kopf und meinen Mut auf die Probe. Ich traue mich zum Bauchtanz und zum Krav Maga, ein Selbstverteidigungssystem aus Israel. Buche einen Kochkurs. Wage mich an verschiedene Strände, von Amrum bis Zypern. Bade nackt an einem FKK-Strand. Ich buche eine Ganzkörpermassage, finde heraus, ob Sporturlaub Spaß macht, und besuche Gemälde von Rubens im Museum. Ich recherchiere das Wissen von Hirnforscherinnen und Influencerinnen, frage Ärztinnen nach der Behandlung von Adipositas und Psychoanalytikerinnen nach unbewussten Gründen für Extrapfunde. Ich erfahre, was Fitnessstudios mit der Industrialisierung zu tun haben und ob ich dort willkommen bin. Ich zeige ungeschönte Bilder von mir auf Social Media und fürchte mich davor, dass sie Hass auslösen, weil ich mich als dicke Frau (beim Sport) zeige. Für meine emotionalen, oft kindlichen Bedürfnisse suche ich Trostspender, die lustvoll, aber unschädlich sind.

Werde ich am Ende rundum glücklich sein? Ich weiß es nicht. Aber ich hoffe sehr, dass ich zumindest zufriedener sein werde! Und wenn nicht, möchte ich trotzdem lieber mit diesem Versuch Schiffbruch erleiden, als mich in die Passivität zu verkriechen und dort zu bleiben. Was ich erleben werde: Grenzerfahrungen. Rückschritte. Fortschritte. Stillstand. Und ganz bestimmt: Wachstum und Spaß!

1 Herkunft und Familie: Niemand ist eine Insel

Ich fühle mich wie eine Grundschülerin, die an die Tafel gerufen wird und sich dort vor Angst in die Hose macht, für die ganze Klasse sichtbar. So etwas Peinliches habe ich lange nicht erlebt! Meine Freundin Tina aber kann darüber schmunzeln und sagt: »Vielen Dank für diese köstliche Anekdote! Wie gemacht für dein Buch, würde ich sagen!«

Dieser Satz wird, in Variationen, noch häufiger fallen. Wenn eine Mutprobe nach hinten losgeht, eine Idee in sich zusammenfällt; wenn ich mich blamiert oder etwas Komisches erlebt habe. Erproben werde ich mich oft, obwohl ich nicht besonders mutig bin. Meine Überzeugung, dass frau nicht alles kann, selbst wenn sie es wirklich will, egal, wie penetrant Gurus, Prominente und Ratgeberinnen es behaupten, bestätigt sich andauernd. Auch führt die Erweiterung meiner Komfortzone nicht zu pastellig-gefilterten »Juhu, hier ist meine Superkraft!«- Posts. Aber: Außer wertvollen Erfahrungen ernte ich Geschichten. Und die Arbeit als Journalistin hat mich gelehrt: In den absurden, peinlichen und bizarren Erlebnissen stecken oft die besten Anekdoten!

Das Erlebnis, das zu der Anekdote führte (ich nehme zum ersten Mal am Pilates teil und pupse – natürlich, ohne es zu wollen), über die meine Freundin Tina mit mir gelacht hat, geschah Anfang 2023, als ich begann, dieses Buch zu schreiben. Mein Ziel zum 1. Januar lautete: Ich möchte mich in meinem Körper wohlfühlen. Im Sinne der aktuellen Trends, von Body Positivity bis Diversität, also Vielfalt, sollte es weniger schwierig umzusetzen sein als die Erstellung des Rutherford'schen Atommodells. Meine Erfahrung aus der Vergangenheit sagt mir aber auch: Leicht wird es nicht. Denn Adipositas bedeutet: Mein Alltag ist schwer, meine Gesundheit in Gefahr, mein Selbstbild im Keller, und meine Perspektiven sind begrenzt. Jahrzehntelang habe ich gegen meinen Körper gekämpft; jetzt, durch gesammeltes Wissen über Gesundheit, Feminismus und Inklusion, leuchtet mir ein, dass ich mich als dicke Frau in Ordnung finden darf. Nur: Wohl fühle ich mich nicht! Dabei suggeriert mir die Konsumgüterindustrie, dass es leicht ist mit dem Wohlfühlen, mit dem Glück!

Mutprobe: Finde ich als Dicke im Fitnessstudio einen Platz?

Vom Weißburgunder (»Feel Lucky Stars Inside Yourself«) über Tee (»Wohlfühl-Collection«) über Kärtchen (»24 inspirierende Karten mit ermutigenden Sätzen im Visitenkartenformat«), Kissen (»Wohlfühlzeit Zirbenliebe«), Kosmetik (»Mama & Ich Wohlfühl Gesichtscreme«): Radio Happiness sendet rund um die Uhr. Die Botschaft lautet: Glück ist erstrebenswert, verfügbar und käuflich. Frau kann das Glücklichsein erreichen, indem sie das Richtige trinkt/kauft/cremt/übt/ – und/oder ihr Mindset, ihre Haltung ändert. Ebenfalls hoch im Kurs: einen Ratgeber lesen. Zum Beispiel: *Glück doch mal! Das kreative Workbook für alle, die sich das gute Leben selbst gestalten wollen*. Oder: *Mögest du glücklich sein. Entdecke dein Höheres Selbst und verbinde dich mit deiner inneren Kraft*. Oder: *Die neue Glücksformel. Glücklich sein und positives Denken sind erlernbar*. Oder: *Mein Glück in 100 Lis-*

ten. Ein originelles Ausfüllbuch, um herauszufinden, was dich wirklich glücklich macht. Oder: *Gelenke im Glück. So läuft es wie geschmiert.* Oder: *Die Systematik von Glück und Erfolg. Ein 7-Punkte-Plan, der Ihr Leben verändert.* Die passenden Hashtags liefert Social Media: #blessed, #feelgood, #goodvibesonly, #goodlife, bebildert mit Fotos von Blumen, Sonnenuntergängen, Stränden, Bergseen, Katzen, Babys, halb nackten Frauen, Blaubeeren, Palmen. Ein Nachrichtensprecher appelliert: »Bleiben Sie zuversichtlich!« Youtube quillt über vor *Power Talks* von Life Coaches, die das glückliche Leben verheißen. Ganz schnell! Ganz leicht! Natürlich kann frau auch Kurse von Achtsamkeit, Manifestation bis Kakao-Ritual besuchen, sich coachen lassen oder an Festivals teilnehmen. Und ist danach, Simsalabim, glücklich.

Was soll ich sagen? Offensichtlich bin ich zu doof zum Glücklichsein. Nicht mal wohlfühlen kann ich mich! Mit dem #luckygirlsyndrome, erfolgreich bei Tiktok, wird es wohl auch nichts mehr. Aber es gibt Frauen jenseits von Barbie, die mich inspirieren: zum Beispiel die australische Schauspielerin und Comedienne Celeste Barber, 41. Unter dem Hashtag #celestechallengeaccepted parodiert sie Bilder und Videos von Prominenten, die mit geölten Waschbrettbäuchen, Schlauchbootlippen und übersexualisierten Posen dem Schönheitswahn die Krone aufsetzen. Genauso stärkt mich die Schauspielerin Elena Uhlig, die 2021 in einer Talkshow sagte: »Ich bin die Dralle, die um die Ecke kommt und lustig ist, und darauf habe ich keinen Bock mehr.« Die Olympiasiegerin im Ringen Aline Rotter-Focken, die Sängerin Kerstin Ott, die Komikerinnen Tahnee und Nicole Jäger und Plus-Size-Model Zoe Flindris (die als Jugendliche Leistungssportlerin im Eiskunstlauf war): Sie alle zeigen mir andere Körper, andere Formen von Weiblichkeit; im Alltag, auf der Bühne, beim Sport. Menschen wie sie brauche ich für meine

Entwicklung! Denn, Selbstliebe hin oder her, es wird mir nicht gelingen, mich allein gegen meine Sozialisation, meine westeuropäische Kultur zu stemmen (die Size Zero feiert) und mich frei zu machen von äußerer Bewertung.

Das Ich bildet sich über das Du

»Jeder Mensch hat das Bedürfnis, von anderen gesehen, beachtet, geliebt und anerkannt zu werden«, sagt Dr. Martin Altmeyer, Psychologe und Psychoanalytiker, dazu. »Unser Gehirn ist ein soziales Organ, welches uns mit anderen Menschen vernetzt. Erst im Spiegel des anderen entsteht unser Selbstbild, so erwerben wir unsere Identität. Deshalb suchen wir nach Resonanz. Das Entstehen und Gelingen von Beziehungen zu anderen Menschen sind wesentlich davon abhängig, in welchem Maße wir uns im Gegenüber gespiegelt sehen.« Ich bekam, lebenslang, gespiegelt: nicht okay. Wie (zu) viele Frauen!

Wenn ich mich frage, wann ich mich in meinem Körper am ehesten wohlfühle, lautet die Antwort: beim Baden im Meer und beim Ju-Jutsu. Deshalb drehe ich jetzt, im Januar, zuerst an dieser Schraube: mehr Sport, neuer Sport. Da ich mir das Wohlgefühl bisher weder auflisten, malen, hindenken noch verordnen konnte, entscheide ich mich für den Ansatz, dass ich meinen Körper anders erleben muss. Mein früherer Therapeut, Dr. Weston, sagte einmal mit bestechender Logik zu mir: »Schwimmen lernt man nur im Wasser.« Was mit dem Mutter-Kind-Turnen begann, setzte sich bei mir über die Jahre mit Turnen für Fortgeschrittene, Ballett, Jazzdance, Segeln, Reiten, Dance Aerobic (in der Sprache der DDR: Popgymnastik), Rückengymnastik und Joggen fort;

mittlerweile mache ich Kampfsport, nicht gut, aber gern. Als ich 22 war, schien das Alter ähnlich weit entfernt wie der Jupiter zu sein, aber heute bin ich froh, dass das Training mir Spaß macht. Denn inzwischen ist es nur eine Frage der Zeit, bis ich, zumal als Schreibtischarbeiterin, wegen des Rückens/Nackens oder wegen der Knie/Schultern/Hüfte von meinem Orthopäden Physiotherapie verschrieben bekomme. Doch für mich ist Bewegung weit mehr als ein notwendiges Übel. Oft höre ich von Frauen (wie die Moderatorin Barbara Schöneberger, die in ihrem Podcast »Mit den Waffeln einer Frau« davon erzählte), dass sie nur für ihre Gesundheit Sport machen, um ihr Gewicht zu halten oder um abzunehmen. Ich finde das schade. Schließlich gehört das Physische untrennbar zu unserer Persönlichkeit.

»Geist, Körper und Seele sind eins«

Diesen Satz sagte mir der österreichisch-US-amerikanische Hirnforscher und Nobelpreisträger Eric Kandel 2019 in einem Interview, und er meinte es nicht esoterisch, sondern biologisch-ganzheitlich. Ohne Körper und ohne Gehirn kein Ich. Seit den langen Jahren, die ich wegen schweren Depressionen in Kliniken verbringen musste, weiß ich außerdem aus leidvoller Erfahrung – wie viele Patientinnen –, dass ein gesunder Bewegungsapparat ein Privileg ist! Aus diesem Grund sind meine Ziele: mehr Spaß, mehr Gesundheit. Abnehmen wäre ein Bonus, die Blutwerte sind wichtiger.

Da ich zu dem Sportverein, in dem ich schon lange Mitglied bin, von meiner Wohnung aus eine Stunde unterwegs bin, melde ich mich zusätzlich in einem Fitnessstudio um die Ecke an. Nur durch das Buchprojekt wird das finanziell möglich. Ich bin seelisch krank und kann daher leider nur in Teilzeit arbeiten. Die journalistische Arbeit wird nicht besonders gut bezahlt, und da ich nicht jede Woche eine Lesung oder einen Vortrag aus meinen beiden ersten Büchern *Kalt erwischt* und *Von Wahn und Sinn* halten kann, lebe ich vom Bürgergeld (früher Hartz IV) und verdiene als Selbstständige etwas dazu.

Ich muss daher seit mehr als fünfzehn Jahren mit sehr wenig Geld auskommen. Deshalb freue ich mich auf das Fitnessstudio, es hat sogar ein Schwimmbad und einen Wellnessbereich! Alles, was mein Herz und meine Gelenke aushalten, will ich probieren: Zumba und Faszientraining, Rückengymnastik und Aqua-Gym. So lange ich nicht hüpfen oder Ball spielen muss, traue ich mir das zu, ich bin ja nicht komplett unsportlich. Dachte ich. Tja. Übermut tut selten gut.

Pilates ohne Powerhouse

Auf dem Plan heute steht: Pilates. Gemeint ist eine spezifische Gymnastik, viel Kräftigung, gerade für die tiefer liegenden Muskeln, wenig Kardio. Ich radle hoch motiviert zum Studio. Im Rückblick frage ich mich, ob ich mir die Peinlichkeit erspart hätte, wenn ich selbstbewusst hineingeschritten wäre und dabei mein Handtuch wie Zorro seinen Umhang hinter mir hergezogen hätte. Ist nicht alles eine Frage der richtigen Pose?

Der Kurs findet in einem Loft statt, durch die Dachfenster glimmt das letzte Licht des Tages. Der Weg dorthin führt über Treppen; nach zwei Stockwerken mache ich Pause, weil ich weder hechelnd noch angeschwitzt oben ankommen will. Mein Brustkorb pumpt. Die Frustration darüber beißt mich, ich könnte mich hinsetzen und heulen. Das einzig Gute an meiner Masse ist, dass ich mich darin verstecken kann. Äußerlich wirke ich unempfindlicher, als ich bin. Anders als beispielsweise Magersüchtige, durch ihre fragilen Körper ist die Not äußerlich sofort sichtbar, obwohl sie härter und disziplinierter sind als ich. Mein ängstliches, hypersensibles Wesen soll niemand direkt sehen, daher schütze ich mich mit einem Körperpanzer. Eine erfolgreiche, aber leider dysfunktionale Strategie. Ich wünsche mir, dass ich, sollte ich je wieder schlank werden, Muskelmasse als Schutz einsetzen kann. Die Pilatestrainerin, etwas älter als ich, ist sehr schmal. Sofort fühle ich mich im Minus. Wir sind nicht einfach eine Dünne und eine Dicke, sondern sie ist richtig, und ich bin falsch. Ich sage ihr, dass ich neu bin und wegen einer Entzündung im Schleimbeutel den rechten Arm kaum nutzen kann, damit sie mich nicht für faul oder blöd hält. Sie reagiert freundlich und meint, ich soll es ruhig angehen lassen. Ich fühle mich wie Dumbo (der Zeichentrickelefant mit den zu großen Ohren) neben Bambi (dem zarten Reh).

Mit uns stehen zehn weitere Frauen und vier Männer im Raum, alle aus meiner Sicht schlank. Von ihnen weiche ich deutlich ab, und das tut weh. Mein Blick auf ihre Körper ist vermutlich weniger streng als ihr eigener. Für mich sehen sie alle hübsch aus. Aber manche hadern vielleicht mit sich, weil sie nicht die Attribute von Influencerin Caro Daur oder Ex-Profisportlerin Anna Lewandowska vorweisen können (klein, klapperdürr, konvex gewölbte Bauchmuskeln). Als ich noch schlank war wie die Frauen hier, fand ich mich schrecklich dick. Heute wäre ich schon dankbar, wenn mir Größe 46 passen würde.

Mit einer schwarzen Rolle und einer Yogamatte verziehe ich mich in die letzte Reihe. Kurzes Aufwärmen, die dritte

Übung ist die Standwaage. Ich falle um. Das Gleichgewicht halten kann ich überhaupt nicht, ich kenne das schon. Verlegen versuche ich es mehrfach, wackle hin und her und halte mich schließlich mit einer Hand an der Wand fest. Danach stellen wir uns wieder aufrecht hin. Jetzt sollen wir versuchen, das Powerhouse anzuspannen (die tiefen Muskeln in der Körpermitte, ich versuche, den Bauch einzuziehen), und danach das rechte Knie bis zum Nabel hochziehen. Dort halten, anschließend das rechte Bein lang nach vorn strecken, waagerecht zum Boden. Ich falle wieder um. Während die anderen wie Flamingos in einer Formation stehen, rudere ich mit den Armen und fühle mich noch mehr wie Dumbo. Wenn ich wenigstens fliegen könnte!

»Uuuuuuund jetzt das rechte Bein wieder anziehen und dann laaaaang nach hinten ausstrecken«, sagt die Trainerin enthusiastisch. Fließende Bewegungen vorn, Unruhe in der letzten Reihe. Obwohl ich feste Turnschuhe mit Sporteinlagen trage, wackelt mein Fuß. Ich halte mich erneut an der Wand fest und würde mich am liebsten bei allen entschuldigen.

»Uuuuuuund jetzt das linke Bein, hoch, nach vorn, wieder anziehen, laaaaang nach hinten, horizontal; die Arme dabei erst weeeeeeiiiiiit zur Seite ausstrecken, dann laaaaang nach unten.« Ich spanne, so doll ich kann, die Muskeln an – und ruckle trotzdem hin und her. Flucht zur Wasserflasche. »Jetzt gehen wir in den Vierfüßlerstand.« Ha, auf den Knien und Händen ein Viereck bilden, das kann ich. Doch zu früh gefreut, gefordert wird eine Art 3-D-Seitentwist. Den linken Arm sollen wir erst waagerecht zur Seite strecken und als Nächstes gerade zur Decke, der Oberkörper dreht sich mit, der Blick folgt der Hand. Ich kenne eine ähnliche Figur vom Yoga. Ich kann sie nicht. Wo sind die positiven Vibes, von denen so oft gesprochen wird? Zumindest dämmert es weiter, das Loft wird dunkler. Klar habe ich schon x-mal gelesen, dass ich mich nicht vergleichen soll, aber ich bin hier mit Abstand die Schlechteste. Und das können alle sehen, trotz Dämmerung. Kurz denke ich darüber nach, laut »Dafür kann ich einen guten Lowkick!« zu rufen. Während die Gruppe anmutig vor sich hin turnt, fühle ich mich hochnotpeinlich. Gelenkig bin ich nicht, geschmeidig ebenso wenig, mal ist der Bauch im Weg, mal erhasche ich einen Blick in den Spiegel und möchte weinen. Die Yoga-Kobra kriege ich hin, den herabschauenden einbeinigen Hund nicht, zu viel Gewicht auf den Handgelenken. Am liebsten würde ich abbrechen. Doch wenn ich jetzt das Loft verlasse, werde ich noch mehr auffallen, ich muss den Kurs so dezent wie möglich zu Ende bringen. Ach, wäre ich doch gegangen! Denn: Schlimmer geht immer!

Wir rollen auf dem Rücken. Schön. Dann sollen wir die Beine mit Schwung lang über den Kopf nach hinten strecken, mit den Zehenspitzen den Boden berühren. Nicht schön. Kann ich nicht. Ich fühle mich wie eine umgekippte Buddhastatue. Dafür höre ich etwas: einen Pups. Nicht total laut, aber es haben sicher alle im Raum mitbekommen. Und, wie könnte es anders sein: Ich war es.

Wie konnte ich nur so bescheuert sein, hier mitzumachen? Wie blamabel! Aber ich versuche, mir nichts anmerken zu lassen. Ich sage mir, du bist erwachsen, so was passiert hier bestimmt nicht zum ersten Mal, die Welt geht nicht davon unter. Trotzdem glühen meine Wangen, mein Körper verkrampft sich, ich traue mich kaum noch zu atmen. Ob es auffällt, wenn ich mich in dem hinteren Raum hinter den Gymnastikbällen verstecke? Zum ersten Mal nach langer Zeit kann ich nachvollziehen, was Menschen davon abhält, ihre (sportliche) Komfortzone zu verlassen. Oder auch nur, sie ein kleines bisschen zu erweitern. Beim Pilates fühlte ich mich doppelt blöd, weil die Gruppe ein ähnliches Level hatte, das ist beim Kampfsport anders, da üben Anfänger selbstverständlich mit Fortgeschrittenen. Sechzig Minuten lang bestand ich jedoch nur aus Scham und Frustration. Es war ätzend, negativ aufzufallen, und es hat mich genervt, dass ich die Übungen nicht mal ansatzweise konnte (auch wenn sie meiner Muskulatur gutgetan haben). Spaß gemacht hat das alles nicht. Gar nicht! Ich kenne ein paar Disziplinierte, die wegen des Aussehens oder der Fitness trotzdem dranbleiben, ohne Freude, aber über diese Disziplin verfüge ich nicht mehr.

Am Ende, zur Entspannung, kommt Katze-Kuh im Vierfüßlerstand. Wir dehnen den Rücken rund nach oben und dann nach unten, im Hohlkreuz. Babyeierleicht, wirklich. Aber das hilft auch nichts mehr.

Ein bisschen Spaß muss sein

Zu meiner Erleichterung kann ich am nächsten Tag mit Tina darüber lachen. Auch erzähle ich alles haarklein einem Kollegen, der eine ähnliche Situation zum Besten gibt. Ich entdecke später sogar eine entsprechende Parodie von Celeste Barber auf Instagram (»Control and discipline isn't for everyone. SOUND ON«), ihr Gesichtsausdruck bringt mich noch mehr zum Lachen. Für die Buchung der nächsten Kurse im Fitnessstudio wird mir diese Erfahrung aber eine Lehre sein! Ich melde mich für Mobility & Stretch an: Das Training ist langsamer, ruhiger, mehr Stretching und weniger 3-D. Der perfekte Kurs für (Wieder-)Einsteigerinnen, egal, wie fit frau ist, egal, wie rund, egal, welches Alter! Kein Schwitzen, kein Laufen, nur dynamisches Dehnen. Doppelt angenehm für alle, die im Sitzen vor dem Rechner arbeiten. Ich fühle mich danach wie nach einer wohltuenden Massage!

Aber in Bezug auf unterschiedliche Sportarten wird mir erneut klar, dass ich die mag, die eine Art Animation haben, wie Reiten, Tanzen oder Kampfsport. Ich brauche auch unbedingt Musik, die mich mitzieht, und eine motivierende Gruppe. Auch hilft es, wenn die Optik weniger im Zentrum steht. Beim Ju-Jutsu (trainiert wird in einer weiten Stoffjacke plus passender Hose, im Gi) fällt mein Übergewicht weniger auf, nicht nur wegen der Kleidung, sondern auch, weil hier mehr Männer trainieren. Wahrscheinlich kann ich die Blamage beim Pilates-Kurs am Ende als amüsante Anekdote abspeichern, weil ich beim Sport schon häufig erlebt habe, dass das Dranbleiben mindestens ebenso wichtig ist wie das Talent. In den Jahren, in denen ich wegen Depressionen oft in einer Klinik war, musste ich regelmäßig mit dem Joggen wieder bei null anfangen. Am Anfang hechelte ich nach 15 Minuten wie ein Bluthund und hatte Seitenstiche. Mit einem Mix aus drei Minuten Gehen und drei Minuten Laufen erreichte ich mühsam eine halbe Stunde. Was soll ich sagen? Es ist entmutigend, die fehlende Kondition auszuhalten! Der mangelnden Fitness ehrlich ins Auge zu sehen: Ich kann nur eine Viertelstunde joggen? Das ist ja schrecklich! Ich hatte mich fitter in Erinnerung, doch die Jugend war da eben auch schon zwanzig Jahre her.

Bei realistischen Zielen aber zahlt sich das Durchhalten aus. Das Projekt »Ich will mich mehr bewegen« ist ein Marathon, kein Sprint. Um nicht sofort frustriert aufzugeben, muss der Einstieg langsam und motivierend sein! Denn Sport lohnt sich – in jedem Alter! Für die *Eßlinger Zeitung* schrieb ich einen Artikel über Ältere, die trainieren, und las dafür entzückt das Buch *Reife Leistung. Mit Sport dem Alter trotzen. Inspirierende Geschichten von Menschen über 70* von

Christoph Köln. Die Zahl der Pensionärinnen, die klettern, schwimmen oder Tai-Chi machen, nimmt zu. Es gibt Weltmeisterschaften für *Master Athleten:* beim Triathlon, Squash oder Skispringen. Doch wer sich nicht für Leibesübungen begeistern kann, fragt sich, was Ältere motiviert. Warum segeln die einen mit 78 durch die Biskaya, während anderen mit 45 beim Walking die Puste ausgeht? Haben sie genetisch Glück gehabt?

»Nein«, sagt Professor Helmut Frohnhofen entschieden. Er ist Facharzt für Innere Medizin, Geriatrie, Schlafmedizin, Intensiv- und Palliativmedizin. »Zwar verlieren wir schon mit dreißig jedes Jahr an Leistungsfähigkeit. Aber nur rund ein Drittel der Gesundheit im Alter wird von den Genen bestimmt! Zu weiteren 30 Prozent beeinflussen Krankheiten die späten Jahre, und zu 30 bis 40 Prozent hat man es selbst in der Hand.« Nämlich durch den Lebensstil. Dieser setzt sich aus mehreren Faktoren zusammen: Fast Food oder selbst gekochtes Essen? Wie ist der Schlaf? Wie hoch ist der emotionale Stress? Wie viele Zigaretten am Tag? Welche Mengen an Alkohol trinkt jemand? Über- oder Untergewicht? Muss man jemanden pflegen? Eine Scheidung oder einen Todesfall verkraften? Wie stabil sind Familie, Freundinnen? Und: Wie oft bewegt frau sich?

»Bewegung ist Leben, eine biologische Notwendigkeit, und das Alter an sich ist keine Krankheit!«, sagt Helmut Frohnhofen. »Mit zunehmenden Lebensjahren gibt es natürlich einen Verschleiß der Gelenke, die Stärke der Knochen lässt nach und Ähnliches. Aber auch Neunzigjährige können durch Sport ihre Blutwerte noch verbessern.« Genauso wie die Muskelkraft, die Ausdauer oder die Fähigkeit, etwas zu heben oder zu greifen.

Aber die Vergangenheit sagt: Du bist zu dick!

Mich motiviert das – Janine Berg-Peer, eine befreundete Soziologin und Autorin, überhaupt nicht. Auch für ihr gleichsam lustiges wie informatives Buch *Wer früher plant, ist nicht gleich tot. Meine Vorbereitung auf ein entspanntes Leben im Alter* hat sie keinen Sport getrieben. Als sie mir erzählt, warum sie Training hasst, ist das für mich ein Schlüsselmoment: Ihre Erfahrungen stehen beispielhaft für die sehr vieler Frauen. »Als ich in die Pubertät kam, begannen meine Eltern mich darauf hinzuweisen, dass ich zu dick sei. Ich solle weniger essen und mehr Sport machen. Ich war nicht graziös, das sah ich an den kritischen Blicken meiner Mutter. Es führte dazu, dass ich mich ständig schämte. Im Sportunterricht erlebte ich den Klassiker: Beim Völkerball war ich die Letzte, die in eine Mannschaft gerufen wurde. Wenn ich es nicht aufs Pferd schaffte, sagte die Sportlehrerin, ich solle weniger essen und mir Mühe geben, dann käme ich bestimmt leichter auf das Gerät. Das Lachen der Mitschülerinnen war ihr sicher. Im Biologieunterricht wurde bei der Besprechung des Karpfens kichernd auf mich hingewiesen: Die Speckschicht, da kennt Janine sich aus. Das Merkwürdige ist, dass ich auf Fotos aus der Schulzeit gar nicht dick bin. Vielleicht etwas kräftig, aber keinesfalls dick.«

Wieso, weshalb, warum?

Den Ursachen für diesen Widerspruch, der bittere Folgen für das weibliche Geschlecht hat, über die Scham hinaus, will ich auf den Grund gehen. Warum werden normalgewichtige Kinder bereits von den Eltern und normalgewichtige Erwachsene auch von Menschen in Gesundheitsberufen stigmatisiert? Das (falsche) Urteil »zu dick« beeinflusst das gesamte Dasein. Auch ich ging zum Bauch-Beine-Po-Kurs, um dünner zu werden. Zum Glück hat mir Sport aber auch immer Spaß gemacht. In den Klinik-Jahren schaffte ich beim Joggen, nach Monaten des Dranbleibens, immerhin anderthalb Stunden am Stück. Ich federte nicht im Stil der knackigen Rettungsschwimmerinnen aus *Baywatch* dahin. Sondern trabte langsam und in Pluderhosen durch den Wald. Aber: anderthalb Stunden am Stück.

Kurz nach dem Pilates-Kurs musste ich zum Orthopäden, für die Wartezeit nahm ich mir das Fachbuch *Sport & Gender* mit. Der Inhalt ist ernüchternd, erschreckend. Ich las: »Weitere Bedenken gegen das Mädchenturnen waren Beeinträchtigungen von Schönheit und Anmut, z. B. durch sichtbare Muskeln, sowie sittliche Gefährdungen, wie sie z. B. bei der Beteiligung an Turnfesten vermutet wurden. Schließlich war auch die Meinung verbreitet, dass das Turnen Emanzipierte, Amazonen und Mannweiber heranbilden würde.«[1] Ja, das ist (schon) hundert Jahre her. Einerseits. Aber in Relation zum Patriarchat, welches seit Jahrtausenden besteht, sind andererseits hundert Jahre keine lange Zeit. Beliebt sind Bal-

1 Gertrud Pfister: 100 Jahre Frauen im Sport. Anfänge, Entwicklungen, Perspektiven. In: Gabriele Sobiech und Sandra Günter (Hrsg.): Sport & Gender – (inter)nationale sportsoziologische Geschlechterforschung. Springer 2017, S. 27.

lerina, Babydoll, Brigitte Bardot. Bin ich alles nicht. Bin ich stattdessen eine Emanze, eine Amazone, ein Mannweib? Im Loft habe ich mich nicht nur geärgert, dass ich die Übungen nicht konnte. Sondern genauso, dass ich nicht hübsch aussah. Ich stehe aber nicht im Rampenlicht, sondern bin, bestenfalls, ein Durchschnittsmensch. Wenn ich mich als Dicke beschämt als »abweichend von der Norm« wahrnehme, wie fühlen sich dann Menschen mit Behinderung? Oder mit einer nicht *weißen* Hautfarbe? Intersexuelle? Frauen ohne Brüste, als Folge von Krebs? Alte? Frauen mit Kopftuch? Menschen mit Feuermalen, Narben oder Schuppenflechte?

Oft lese ich, dass Adipöse unbedingt Sport machen sollen. Doch es gehört Mut dazu, sich in seinem Anderssein zu zeigen. Ich frage mich, ob die Gesellschaft erwartet, dass sich Mehrgewichtige (genauso wie Behinderte oder Hochbetagte) beim Sport nur in für sie geschaffenen Kursen bewegen. Manche sehen es andersherum und sagen, dass es für Adipöse nicht ausreichend geschützte Räume gibt. Es erinnert mich an die Debatten pro und kontra »Sonderschulen«. In mir entstehen Gedanken, die ich früher nicht kannte. Ob Breitensport inklusiv ist. Ob Bewegung einfach Freude machen darf oder ob es in unserer kapitalistischen, individualisierten Gesellschaft rein um Fitness und Leistung geht, gerade bei den Körpern. Sortiert das Sportangebot Menschen in High und Low Performer, ohne damit die Athletik zu meinen?

Der gleichermaßen komische wie hintergründige Film *Freibad* von Doris Dörrie wirft dazu interessante Fragen auf. Sind Burkinis Fortschritt oder Rückschritt? Braucht es genderneutrale Umkleiden? Trifft es Kinder, Frauen, Migrantinnen und Menschen, die nicht genügend Geld für einen Urlaub haben, am meisten, wenn durch steigende Energiekosten und fehlendes Personal Schwimmbäder geschlossen werden? Zum Thema »Konkurrenz unter Frauen« vertritt die Regisseurin eine klare Haltung: »Es gibt einen einfachen Grund dafür: Frauen wurden und werden für den Markt abgerichtet und zubereitet. Und den Markt bestimmt weiterhin das Patriarchat. Sie müssen nur Frauenzeitschriften aufschlagen, Modeschauen in Mailand besuchen, die Algorithmen von Instagram untersuchen, die Annoncen von Schönheitschirurgen recherchieren.«[1]

Wenn ich im Sommer das Freibad in meinem Viertel besuche, sehe ich weit mehr Menschen mit Schwarzer Hautfarbe als sonst in meinem Alltag, obwohl es dasselbe Stadtviertel ist. Warum? Keine Ahnung. Im (recht günstigen) Freibad in Hittfeld, etwa 30 Kilometer südlich von Hamburg, reagiere ich erst genervt auf die Masse an tobenden, kreischenden Jugendlichen (Hallo! Ich will in Ruhe meine Zeitung lesen! Mist, offenbar werde ich ein alter Grantler). Bis ich Artikel lese, die fragen, welcher öffentliche Raum Teenager im Sommer angeboten wird, wenn deren Eltern kein Geld für einen eigenen Pool im Garten haben. Wenn ich afrikanische oder indische Wurzeln hätte, 75 Jahre alt wäre oder einfach unsportlich und dick, mich aber trotzdem bewegen oder eben im Sommer schwimmen möchte – wo wäre ich willkommen? Oder, noch besser, normal?

In diesem Jahr nehme ich überall meine nach Akzeptanz fragende Brille mit. Wer nimmt am Pilates im Loft in Hamburg-Eimsbüttel teil? Klingt schick, ist schick. Passe ich nicht in den Kurs oder in den Stadtteil? Oder interpretiere ich da zu viel hinein? Bisher habe ich dort in der Dusche erstaunlich unterschiedliche Frauen gesehen. Wie wird mein Resümee in einem Jahr ausfallen? Stimmt es, dass die Elite in Pre-

1 Doris Dörrie: »Frauen wurden und werden für den Markt abgerichtet und zubereitet.« In: *Süddeutsche Zeitung*, 17. August 2022.

mium-Fitnessstudios unter sich bleiben möchte, was sich über Aufnahmegebühr und Mitgliedsbeitrag regeln lässt? Im Kampfsport-Verein ist der Beitrag eher gering. Hier trainieren alle, Kinder, aber auch Hochbetagte. Trotzdem sind die meisten *weiß*. Nur wenige sind Geisteswissenschaftler. Oder BIPoC. Zufall? Wieso, weshalb, warum trainiert wer wo?

Es ist mir klar, dass ich mich nur begrenzt von den Normen meiner Kultur frei machen kann. Aber jede Reflexion führt zu neuen Fragen. In welchem Maße in Wahrheit andere entscheiden, ob ich mich in meiner Haut wohlfühle. Beim Training, beim Klamottenkauf, beim Tanz in den Mai. Im Supermarkt, in der Umkleide, im Wartezimmer, im Bus, im Flugzeug. Wo darf ich sein? Und: Sind diese Fragen relevant, oder handelt es sich hierbei um Luxusprobleme?

Äußere Normen, die eine *weiße*, deutsche Frau beklagt, die anderen Frauen gegenüber sehr privilegiert lebt in der viertgrößten Wirtschaftsnation der Welt. Oder stimmt der Grundsatz der Frauenbewegung aus den Siebzigern (noch): Das Private ist politisch? Egal, ob divers oder pervers?

Mein Selbstbewusstsein ziehe ich aus dem, was mich ausmacht, zum Beispiel Schreiben, Sport, das Interesse für Skandinavien, Filme und Literatur. Und ob ich gemocht und respektiert werde. Gleichzeitig erlebe ich seit Jahren keinen Tag ohne Schuldgefühle. Das Übergewicht empfinde ich als meine Schuld, dass ich keinen Partner habe, keine Karriere, wenig Geld und selten passende Klamotten. Und, ja, selbstverständlich (!) habe ich daran einen Anteil! Natürlich werde ich nicht nur von der Umwelt bestimmt! Aber wie groß ist meine Verantwortung? Und mein Gestaltungsvermögen? Wann renne ich ergebnislos mit dem Kopf gegen die Wand?

Je mehr ich darüber lese, desto mehr bestätigt sich mein Verdacht, dass der gesellschaftspolitische Einfluss, ob Frauen, LGBTQIA+[1], Menschen mit Behinderung, Alte, Schwache, Arme oder BIPoC sich schämen, riesig ist. Wer zieht sich ins Private zurück und meidet durch äußeren Druck öffentliche Räume? Alle, polemisch ausgedrückt, die weder FDP-Politiker Christian Lindner, Supermodel Toni Garrn oder Schriftstellerin Juli Zeh ähneln? Wo ist die Grenze von normal zu divers zu pervers – und wer zieht sie? Ich lerne, dass ich als Dicke sowohl selbst verantwortlich bin als auch diskriminiert werde. Und dass die Gesellschaft mitentscheidet, wer welchen Job, Partner und Redeanteil erhält.

Ist Inklusion eine Fantasie? Oder eine Utopie?

Mir wird suggeriert, dass das Wohlfühlen nur einen Teebeutel entfernt möglich ist. Zumal meine Ansprüche niedrig sind. Schönheit ist kaum noch mein Ziel. Ich möchte mich einfach okay finden. Aber ich wünsche mir, dass meine Umwelt mich ebenfalls okay findet! Ich hätte gern einen Partner (siehe Kapitel 9). Ist das eine Fantasie, die wahr werden kann, oder eine Utopie? Suche ich, im Sinne von #selbstliebe und #selfcare, Lösungen bei mir, die ich kaum beeinflussen kann? Was muss sich ändern, damit meine Umgebung Menschen wie mich freundlicher bewertet?

Sehe ich mir erfolgreiche Ratgeberinnen oder Influencerinnen an, suggerieren sie, dass es vor allem an der Willenskraft liegt, ob jemand abnimmt, mit dem Rauchen aufhört, weniger Alkohol trinkt, trotz Handicap fit wird oder eine

1 LGBTQIA+ meint (in der deutschen Übersetzung): Lesben, Schwule, Bisexuelle, Transgender, Queer, Intersexuelle und Asexuelle, also Menschen mit unterschiedlichen Geschlechtsidentitäten und Geschlechtern.

glückliche Beziehung führt. Und, natürlich, dass es einfach ist! Ein bisschen Erkenntnis, ein bisschen den Blickwinkel ändern, fertig. Es gibt auch eine Gruppe, die das Credo vertritt, dass alle Körper schön sind, dass sich niemand wegen ästhetischer Normen verändern muss. Dazu gehöre ich nicht, aber ich bin dafür, vor allem die Strenge abzulegen! Am Ende geht es um das große Ganze: Gleichberechtigung, Respekt, Freiheit. Für alle, auch für jene, die nicht zur heteronormativen Mehrheit gehören und nicht zu denen, die am meisten Macht besitzen: mittelalte Männer mit *weißer* Hautfarbe.

Manche maulen, genervt davon, dass inzwischen genügend Regenbogenfahnen geschwenkt wurden. Und überhaupt, wer nicht queer sei, würde ja gar nicht mehr beachtet. Zu oft bekämen nur Menschen wie die rassismuskritische Schriftstellerin Alice Hasters oder der schwule Entertainer Riccardo Simonetti eine Bühne. Dann ständig das feministische Gejammer, die Gleichberechtigung sei längst erreicht: Angela Merkel, Kamala Harris, Yasmin Fahimi. Und dieser Gender-Quatsch! Es gäbe wichtigere Probleme!

Gleichberechtigt? Welcome to Reality!

Dabei hat die Coronapandemie überdeutlich bewiesen, dass mehr Frauen als Männer für die Kinder zurücksteckten und mehr Sorgearbeit leisteten, das zeigen unter anderem eine Befragung der Hans-Böckler-Stiftung 2020[1] sowie ein Bericht des Instituts für Arbeitsmarkt- und Berufsforschung.[2]

1 https://www.boeckler.de/de/boeckler-impuls-frauen-in-der-coronakrise-starker-belastet-29949.htm.

2 https://doku.iab.de/kurzber/2022/kb2022–03.pdf.

Auch die Versorgung von Alten, Behinderten und (psychisch) Kranken verschlechterte sich dramatisch, gerade Kinder wurden massiv benachteiligt und gleichzeitig hoch belastet. Mit bitteren Details beschreibt das der Abschlussbericht »Gesundheitliche Auswirkungen auf Kinder und Jugendliche durch Corona« von einer interministeriellen Arbeitsgruppe der Bundesregierung. »Inzwischen (Stand Januar 2023) liegt auch eine neue europaweite Studie des Bundesinstituts für Bevölkerungsforschung (BiB) vor, die erstmalig und auf einer breiten Datenbasis die Evidenz für das Auftreten von Depressionssymptomen bei Kindern und Jugendlichen während der Pandemie in Abhängigkeit von Restriktionsmaßnahmen darstellt. Die Ergebnisse zeigen, dass die Steigerung von Depressionssymptomen bei Kindern und Jugendlichen mit den coronabedingten Restriktionen und Schulschließungen unmittelbar im Zusammenhang steht. Kinder und Jugendliche wiesen während der Schulschließungen zu 75 Prozent häufiger Depressionssymptome auf als vor der Pandemie. Im Vergleich erhöhte sich die Häufigkeit für solche Depressionssymptome im Zeitraum ohne Schulschließungen nur um 27 Prozent. Analoge Effekte konnten für die allgemeinen Restriktionsmaßnahmen (u. a. Erfordernis, zu Hause zu bleiben, Arbeitsplatzschließungen, Mobilitätsbeschränkungen) berichtet werden. Auch nach dem Ende der Maßnahmen liegen die Werte weiterhin teilweise deutlich über denjenigen von vor der Pandemie.«[1]

In der Kinder- und Jugendpsychiatrie mangelte es bereits vorher an Geld und Personal. Während der Pandemie verschärfte sich die Situation, sodass schon Grundschulkinder auf geschützten Stationen aufgenommen werden mussten,

1 https://www.bmfsfj.de/resource/blob/214866/fbb00bcf0395b4450d-1037616450cfb5/ima-abschlussbericht-gesundheitliche-auswirkungen-auf-kinder-und-jugendliche-durch-corona-data.pdf.

weil sie sich das Leben nehmen wollten, und auf den Stationen zusätzlich Matratzen in die Zimmer gelegt wurden, weil die Kapazitäten der Kliniken für die Not der Jüngsten nicht mehr ausreichten. Für Deutschland, eines der wirtschaftsstärksten Länder der Welt, ist das ein Armutszeugnis! Hinzu kommt, dass sichtbar wurde, wie wichtig die Tätigkeiten von nicht akademisch ausgebildeten Frauen (wie Erzieherinnen, Kassiererinnen, Raumpflegerinnen) und von nicht akademisch ausgebildeten Männern (Paketboten, Wachleute, Lkw-Fahrer oder Lagerarbeiter) sind. Doch sie werden trotzdem wenig wertgeschätzt, zumal, wenn sie Wurzeln in einer anderen Kultur haben. Leistung wird in der Regel Menschen zugesprochen, die eine akademische Ausbildung sowie Geld, Macht und Beziehungen haben – und die überdurchschnittlich häufig *weiß*, heterosexuell und männlich sind. Diese Männer haben in der Regel mehr Rechte und Privilegien. Es wäre ein Anfang, wenn sie sich dessen bewusst wären. »Wer durch seine oder ihre Arbeit den Erhalt oder die Wiederherstellung von Gesundheit, der Erziehung von Kindern, die Pflege von Alten oder die Versorgung mit den Notwendigkeiten des täglichen Lebens gewährleistet und so das System am Laufen hält, ist gesellschaftlich nur wenig sichtbar und arbeitet zudem besonders oft unter prekären Bedingungen«, schreiben die Soziologen Nicole Mayer-Ahuja und Oliver Nachtwey in dem von ihnen herausgegebenen Buch *Verkannte Leistungsträger:innen. Berichte aus der Klassengesellschaft.*[1]

Gesundheit und Schönheit sind längst zu einem Distinktionsmerkmal der Oberschicht geworden – und damit auch der schlanke Körper! Ein Mehr an Attraktivität hängt nicht

1 Nicole Mayer-Ahuja und Oliver Nachtwey (Hrsg.): Verkannte Leistungsträger:innen. Berichte aus der Klassengesellschaft. Suhrkamp 2021, S. 23.

nur von der Natur, sondern vom Geldbeutel ab. Es beginnt mit dem Besuch bei der Friseurin, führt über Zahnreinigung, Kronen und Veneers, die Entfernungen von Leberflecken, die Zahl der Schönheitsoperationen, bis hin zu Semaglutid, einem Medikament, welches (für circa 100 Euro im Monat) beim Abnehmen hilft. Auch der berufliche Rahmen, ob jemand eine sitzende oder stehende Tätigkeit ausübt, tagsüber oder nachts arbeitet oder im Schichtdienst, mit Menschen, Konten oder Akten zu tun hat, üben einen enormen Einfluss auf das Gewicht aus. Genauso wie Kantinen und Schulessen, Politik und Industrie, Stadt oder Land, Wohnung oder Haus.

Selbstliebe oder Disziplin?

Um auf das Wohlfühlen zurückzukommen: Mangelt es Dicken, zugespitzt, an Selbstfürsorge oder an Selbstbeherrschung? Wodurch ließe sich beispielsweise die Belastung einer Krankenschwester mit zwei Kita-Kindern verringern? Sollte sie, statt zu bügeln, lieber spazieren gehen? Auf dem Sofa entspannen, statt Ostergeschenke zu planen, zu kaufen, einzupacken und zu verstecken? Wie reagiert die Familie, wenn sie sich nicht (mehr) um die Brotdosen, die Termine bei Ärztinnen und die Planung der Ferien (neudeutsch: Mental Load) kümmert? Oder wäre die Selbstfürsorge zielführender, wenn sie Konsequenzen daraus ziehen würde, dass ihr Job langfristig die eigene Gesundheit schädigt und ihre Altersvorsorge – ohne Ehemann – kaum reichen wird? Sollte sie eine Petition unterschreiben, für mehr Personal demonstrieren, einer Gewerkschaft beitreten oder kündigen? Eine Social-Media-Aktion (wie #notjustsad oder #ichbinhanna) starten oder Sinnfluencerin werden? Ihren Töchtern raten, keine Ausbildung in einem typischen Frauenberuf zu absolvieren, weil Merci-Schokolade sowie Applaus an offenen Fenstern nicht reichen?[1] Denn eine strukturelle Aufwertung der Pflegeberufe ist nicht in Sicht. »Die Held:innen des Alltags mögen nun als systemrelevant gelten, unterbezahlt, schlecht abgesichert und sozial zu wenig geachtet bleiben sie jedoch weiterhin«, so Nicole Mayer-Ahuja und Oliver Nachtwey.[2]

Es ist relativ gleichgültig, was die Gründe für Übergewicht sind: Frauen wird auf tausend Kanälen mitgeteilt, dass sie nicht jung, glatt, dünn und symmetrisch genug sind. Wenn ich mir Werbung anschaue, kann ich kaum fassen, was alles (auch bei Männern) nicht sichtbar sein darf: Pigmentstörungen, Dehnungsstreifen, Falten, Narben, Runzeln, Altersflecken, Muttermale. Auch in dieser Hinsicht sind die integrativen Accounts auf Social Media ein Segen!

Mich stresst, dass ich das Zuviel nicht kaschieren kann. Selbst wenn Menschen nett zu mir sind, wird schnell deutlich, dass ich von der Gruppe unangenehm abweiche. Die Ursache finde ich in meinem Kranksein, gesellschaftlich bin ich dadurch finanziell und sozial abgestiegen.

Und ich erlebe erschüttert, dass andere »Randgruppen« ebenso gnadenlos verurteilt oder, auch vom Staat, schlecht behandelt werden. Ein Kind leidet an ADHS? Das sei, heißt es oft, nur eine Verlegenheitsdiagnose, die Schuld liege bei den Eltern, wie überhaupt bei seelischen Krankheiten. Der Krebs kam zurück? Die Patientin hat wohl nicht positiv genug gedacht. Wer arm ist, ist automatisch faul und müsse

1 https://pflegekraft-mehralseinberuf.de/klatschen-gegen-corona/.

2 Nicole Mayer-Ahuja und Oliver Nachtwey (Hrsg.): Verkannte Leistungsträger:innen, a. a. O., S. 24.

endlich akzeptieren, wie Politikerinnen es gern in Talkshows sagen, dass zum Fördern auch Fordern gehört.

Die jugendliche Tochter hat ein Handicap? Dann muss die Mutter eben zu Hause bleiben. Das Handicap erfordert einen neuen Rollstuhl? Vom Antrag über die Bewilligung bis zur Lieferung vergehen so viele Monate, dass der Rollstuhl, wenn er bei der Familie ankommt, für das Kind bereits zu klein ist. Wer nicht Klaus oder Thomas, sondern Hossein oder Jemal heißt, findet schwieriger eine Wohnung und bekommt auf Anfragen Antwortmails, in denen steht, dass als Zahlungsmittel keine Schafe und Ziegen akzeptiert werden. Was ist da los?

2
Essen und Genuss: Champagner und Kalbshaxe Florida

»Ans Haff nun fliegt die Möwe, / Und Dämm'rung bricht herein; / Über die feuchten Watten / Spiegelt der Abendschein. / Graues Geflügel huschet / Neben dem Wasser her; / Wie Träume liegen die Inseln / Im Nebel auf dem Meer.« So lauten die ersten Zeilen des Gedichts »Meeresstrand« von Theodor Storm – und sie lösen in mir Sehnsucht aus. Nach der Nordsee, der Küstenlandschaft, der Weite Dithmarschens und dem hohen Himmel. Hier heißt es: Das Land ist so flach, dass frau am Mittwoch schon sehen kann, wer Samstag zum Essen kommt.

Ich bin ein Mensch ohne Wurzeln, ohne Familie. Nach dem Tod meiner Mutter, ich war neun, blieben mir, als Folge einer jahrelangen Amnesie, nur einzelne Erinnerungsfetzen. Dank meines Vaters, der nahezu alle Fotos und Gegenstände meiner Mutter wegwarf, auch keine Bilder. Dafür eine posttraumatische Belastungsstörung (PTBS) am Ende einer langen Liste von Diagnosen und Leid. Das Fundament meines Ichs ist entsprechend brüchig, doch Schleswig-Holstein empfinde ich als Heimat. Die Nordsee mit ihren Inseln und Halligen noch etwas mehr als die Ostsee. Knallgelbe Rapsfelder lösen in mir ein intensives Gefühl von Zugehörigkeit aus, genauso wie »Moin!« und weitere Lieblingsvokabeln des Plattdeutschen: krüsch, betüddern, Dösbaddel, duun, Feudel, fünsch, plietsch, tüdelig.[1] Zu meinem Zuhausegefühl ge-

1 Wählerisch, bemuttern, Dummkopf, betrunken, Scheuerlappen, wütend, gewitzt, trottelig.

hören kreischende Möwen, Fischbrötchen und das dringende Bedürfnis, auf jeder Fähre sofort zum Bug zu laufen und die Nase in den Wind zu halten, selbst wenn der Regen von der Seite schüttet. Donnern im Winter die Wellen als sprühendes Weißwasser ans Schiff oder an den Strand, sagt frau im Norden, dass das Wetter nicht kalt, sondern frisch ist. Während meine Freundinnen den Böen, gegen die sie sich stemmen müssen, mit langer Unterhose, Schal, Mütze und Handschuhen begegnen, rufe ich: »Wow, wie das blastert!«, und drehe mein Gesicht nach Luv.

Ist da jemand?

Ich bin auf der Suche nach Resonanz. Zu den wenigen klaren Erinnerungen an meine Kindheit gehört die Aufführung von Theodor Storms *Der Schimmelreiter* in der mehreckigen Aula der Waldorfschule in Kiel. Es war damals üblich, dass die Schülerinnen der achten Klasse für alle ein Theaterstück einübten. Schließe ich die Augen, spüre ich erneut die Angstlust in Kopf und Körper, welche die Geschichte vom Deichgrafen und der drohenden Flut in mir auslöste, als ich im Publikum saß. Ein Stück gemeinsam im Halbdunkel zu erleben, zusammen erschrocken und unwillkürlich den Atem einzuziehen und miteinander erleichtert zu lachen, prägte mich bis in die DNA. In meiner kaputten, leidenden Familie war ich als Kind einsam und damit beschäftigt, den Kopf einzuziehen oder andere zu begöschen (beschwichtigen). Doch das Theater antwortete mir. Durch meine Amnesie erinnere ich mich nicht an den Alltag. Nicht an gemeinsame Abendessen mit beiden Eltern, nicht an die Wochenenden, nicht ans Spielen – aber an den *Schimmelreiter*. Und an meinen ersten Kinobesuch *(Zurück in die Zukunft)*. Verknallt taumelte ich aus dem Saal der Brücke in Kiel und verbrachte Tage mit dem Schauspieler Michael J. Fox in einer Parallelwelt. Auch heute spüre ich Natur und Kultur als körperliche Resonanz! Bei einem Spaziergang am Meeresstrand der Nordsee prickelt durch Salzwasser und Gischt das Gesicht, selbst bei nur drei Windstärken. Die Kunstwerke in Museen fragen mich und antworten mir gleichzeitig. Fest eingebrannt hat sich zum Beispiel das blaue Schmetterlingsbild »Liberation« des britischen Bildhauers und Malers Damien Hirst, das ich bei der Ausstellung »Ikonen. Was wir Menschen anbeten« in der Kunsthalle Bremen erlebt habe. Oder die antiken Skulpturen in der riesigen Glyptothek in Kopenhagen. Ich musste mich zurückhalten, um die des französischen Bildhauers Auguste Rodin nicht zu umarmen.

Fahre ich im grauen Hamburger Nieselwetter mit der Linie 62 auf der Elbe von den Landungsbrücken nach Finkenwerder, mit im Wind wehenden Ohren, ertönt in meinem Inneren sofort ein Shanty-Chor, der »Nimm mich mit, Kapitän, auf die Reise« singt (ich muss dann zwanghaft summen, sehe mich aber um, ob jemand mich hört). Von Konzerten (Jamie Cullum, Fjarill, Silje Nergaard, Julia Kautz, Alicia Keys, Klassik) zehre ich jahrelang. Meinem einstigen Therapeuten, Dr. Weston, habe ich einmal eine Postkarte geschickt, mit einem Mädchen, das interessiert zu einem Oktobass hochsieht.

Mutprobe: Sylt, der luxuriös-dünne Ort meiner Jugend

Itzehoe, Heide, Husum, Niebüll: und dann, Auftritt Sylt! Heimat meiner Jugend. Wir haben, verklärt und absurd, die Insel gerne »Süldi« genannt. Im Februar 2023 reise ich das erste Mal nach Jahren wieder auf die Insel. In Hamburg klettere ich beschwingt in den Zug, und mit jedem Halt weiter im Norden wird mein Lächeln fröhlicher: Heide: Da bin ich! Husum: Theodor Storm! Niebüll: fast da! Früher, in den alten Zügen, ließen sich bei der Fahrt über den Hindenburgdamm die Fenster von oben nach unten öffnen, um den Wind zu begrüßen. Jetzt steigert sich meine Vorfreude in Ungeduld.

Als ich endlich in Westerland meinen Rollkoffer auf den Bahnsteig hebe, bestätigt sich sofort, was die Nordseeinseln einzigartig macht: Es ist die Luft! Kühl, frisch und spritzig, wie erstklassiger Champagner oder Mineralwasser. In der nordvietnamesischen Achtmillionenstadt Hanoi habe ich von dieser Luft geträumt. Die Wangen färben sich schnell rosa, und die Haare zerzausen. Die extrafrische Luft entsteht durch das weite, salzige Meer, denn zwischen Großbritannien und der kleinen Nordseeinsel hält nichts die Wellen auf, bevor sie sich auf den Strand und die Dünen werfen. Im Osten von Sylt, auf der ruhigeren Wattseite, zeigen Ebbe und Flut in ihrer Weite den verlässlichen Einfluss des Mondes, egal, ob er hell am Himmel strahlt oder hinter den Wolken ruht. Wenn ich als Jugendliche die Nacht im Club Rotes Kliff bis fünf Uhr durchgetanzt hatte, zog ich auf dem Weg ins Hotel als Erstes die hohen Schuhe aus, lief dann barfuß, fröhlich und beseelt durch die Morgendämmerung und genoss die Luft, die meinen verschwitzten Körper abkühlte.

Ob wir ein Wochenende oder für einen Urlaub hier waren, meist in Kampen, ich wusste, ich würde wieder zurück in den goldenen Internatskäfig müssen. Und auch auf Sylt ignorierte oder schikanierte mich mein Vater, nicht nur, weil er mich zu dick fand. Einmal drohte er mir mit einem Brotmesser. In der Rückschau ist wohl das Einzige, was uns außer Delikatessen positiv verbunden hat, Loriot. Wenn wir im Fernsehen seine Sketche oder Filme sahen, lachten wir gemeinsam. Zitate daraus wurden auch bei uns zu geflügelten Worten (»Sie haben mir ins Essen gequatscht!«).

Auf Sylt verbesserten die Freundinnen meines Vaters, die Luxushotels, die exquisiten Restaurants, die Tage am Strand und die Nächte im Kliff seine Laune, sodass ich einige Freiheiten genießen durfte. Dass mir Männer in seinem Alter Avancen machten, mit denen ich schlecht umgehen konnte, merkte er nicht. Aber seine Freundin, die immer dabei war, vermittelte mir ein bisschen Halt. Sehnsüchtig nach Aufmerksamkeit, ging ich zwar deutlich über meine, auch körperlichen Grenzen, aber ich verlor nicht ganz den Kopf, wenn sich erwachsene, gut aussehende und erfolgreiche Männer für mich interessierten, sogar im Internat anriefen. In meine Amygdala brannte sich allerdings die Enttäuschung ein, dass nach einer Phase des Werbens, die ich für Interesse mit Unterton Flirt hielt, nicht meine Person, sondern meine Vulva gemeint war. Jahrzehntelang erzählte ich niemandem davon, ich war beschämt, dass ich so naiv gewesen war zu glauben, jemand könnte mich mögen.

XOXO: Gossip Girl

Als ich mit Mitte dreißig elektrisiert die Serien *Gossip Girl* und *Glee* sah, erlöste mich die Erkenntnis, dass nicht nur ich, sondern viele Menschen ihre Schulzeit als grausam empfunden haben müssen. Denn es gibt wohl nicht von ungefähr so viele Serien und Filme (*Ungeküsst*, *Raus aus Åmål*, *In einer besseren Welt*), die den Alltag von Schulkindern, die sich als Außenseiter durch die Schule quälen, zum Thema machen. Doch das wusste ich weder mit zwölf noch mit sechzehn, und ich konnte damals nicht abstrahieren und nicht mentalisieren. Zudem gab es niemanden, der über meine Erlebnisse mit mir sprach, sie einordnete, ihnen eine Referenz, einen Rahmen gab.

Ein weit abgelegenes Internat auf dem Land, zumal ohne Internet und Mobiltelefone, hat etwas von einem Goldfischglas: Ich fühlte mich wie eingesperrt, auch räumlich. Hier galt mein Vater als neureich, weil er sein Geld erst mit Spielhallen und später mit Immobilien verdiente – und weil ich unwissend, heute würde ich sagen: dumm genug war, um es genauso zu erzählen. Culture Clash nennt frau das, ein Aufeinanderprallen von unterschiedlichen Kulturen. Meist bilden die Unterschiede den Boden für Komik (wie in dem Film *Monsieur Claude und seine Töchter*), in meinem Leben entstand daraus Tragik. Als ich den Roman *Meine geniale Freundin* der italienischen Schriftstellerin Elena Ferrante las, spürte ich wieder die Härte, die durch diametrale Gesellschaftsschichten entstehen kann.

Im Internat diente ich als Prellbock, da ich aus keiner adeligen, bildungsbürgerlichen, akademischen oder Unternehmerfamilie stamme. Mein größter Fehler: Ich beherrschte die sozialen Codes nicht. Ständig rannte ich ins offene Messer:

durch die Poster, die ich an die Wand hängte, durch meine Kleidung, meine Schuhe (»Sie hat keine Moonboots! So peinlich!«), mein Flirtverhalten und meine tölpelhaften Versuche, Freunde zu finden. Interesse erntete ich im Internat nur durch die in uns allen erwachenden Hormone. Leider galt ich, um es äußerst vorsichtig zu formulieren, als sexuell freizügig, auch, weil für Jungen und Männer andere Maßstäbe galten: Nicht nur manche Schüler verhielten sich sexuell übergriffig. Mein Groll darüber hält bis zu diesem Moment an, genützt hat er mir nichts. Lange dachte ich, dass ich »nur« unter den Schimpfworten gelitten hätte, mittlerweile ist mir aufgegangen, wie körperlich meine Erfahrungen waren. Mit den meisten Lehrerinnen kam ich zurecht, aber von den Schülerinnen erhielt ich Resonanz in Form von Anmache oder Beschimpfungen. Was am weiblichen Körper alles als falsch und/oder eklig bewertet werden kann, lernte ich in nicht enden wollenden Einzelheiten, wie: zu dick, zu dünn, zu groß, zu klein, zu dunkel, zu hell, zu feucht, zu trocken. Erst mit Mitte dreißig erfuhr ich, dass es Jungen und Männer gibt, die ernsthaft (und nicht nur in der *Bravo*, neben Fotos von perfekten Jungen und Mädchen) unsicher sind, ob ihr Penis zu klein, groß, dünn, dick, krumm oder zu farbig ist, ihr Rücken zu behaart, ihre Statur zu schmal oder ihre Brust zu »weiblich«. Von dem, was ich als Klatsch gehört habe, waren einige Jungs im Internat untereinander auch brutal. Aber dass der männliche Körper von ihnen selbst als unzureichend wahrgenommen wurde, habe ich weder gelesen noch je gehört. Die Beschämung über meine Verurteilungen aber brannte sich ein; selbst in der Psychotherapie brachte ich es nicht über mich, die vulgären, auf das weibliche Geschlecht zielenden Schimpfworte auszusprechen, mit denen ich bombardiert worden war. Damals schienen die Beschimpfungen meine Haut zu entflammen. Ich hatte ihnen nichts entgegenzusetzen.

Bei meiner Ankunft, ich war zwölf, lernte ich die beiden Mädchen kennen, mit denen ich zusammenwohnen würde. Schnell vermittelten sie, wie daneben sie mich fanden. Allein die Poster der norwegischen Band a-ha, die ich an die Wände hängte: erbärmlich. Es schien sie zu nerven, dass ich in ihren Raum eindrang, sie duldeten mich lediglich. Die nächtliche Angst, weil ich keinen Rückzugsraum hatte, lässt mich auch 35 Jahre später nicht los. Im Haus teilten wir mit weiteren Mädchen das Bad, die Duschen, den Abstellraum für die Schuhe und das Festnetztelefon. Eigentlich nichts Schlimmes, doch ich fühlte mich wie eine Schnecke ohne Haus. Das Zusammenleben mit fremden Kindern überforderte mich, und ich litt darunter, dass ich keinen eigenen Platz mehr hatte. Die Hauseltern behandelten uns längst nicht so drakonisch wie in *Das Damengambit*, eher etwas gleichgültig, aber wenn ich die Netflix-Serie sehe, kommen mir die Emotionen der Kinder, die Zweckgemeinschaften und die Konkurrenz zwischen ihnen, ihre Verletzlichkeit und ihre Wut vertraut vor. Zumindest versuchten die Hauseltern energisch zu verhindern, dass wir Kinder nachts, durchs Fenster, das Haus verließen, um uns mit anderen (Ziel: Knutschen und mehr) zu treffen. An einen durchschlagenden Erfolg erinnere ich mich nicht.

Vorher, bei meinem Vater in Kiel, fühlte ich mich auch nicht gewollt und gemocht, aber zumindest lebte er in dem Einfamilienhaus, in dem ich aufgewachsen war, es galt offiziell als Zuhause. Es half, dass ich mich auf einen Aggressor einstellen musste, nicht auf mehrere. Vor Jahren erzählte mir eine frühere Mitschülerin aus der Waldorfschule, dass sie mich beneidet hatte, weil ich auf ein teures Internat gehen durfte, etwas Besonderes. Ich war baff. Denn leider hatte es mit *Hanni und Nanni* oder *Dolly* nicht das Geringste zu tun.

Ozelot und Friesennerz

Diese eine Liebe wird nie zu Ende gehen: Sylt, der Frischekick, die Nordsee! Da bin ich wieder! Das Lied »Westerland« von der Band Die Ärzte summt in meinem Kopf, als ich vom Bahnhof in Richtung Strand laufe. 2023 wohne ich zum ersten Mal in einer normalen, hell renovierten Ferienwohnung und nicht im Hotel. Zum ersten Mal fahre ich mit dem Bus (der einem provinziellen Zeitplan folgt) und nicht mit dem Auto über die Insel. Zum ersten Mal besuche ich das örtliche Kino. Zum ersten Mal bin ich allein hier. Und zum ersten Mal als dicker Mensch. Per E-Mail habe ich mich mit einigen Bekannten von früher verabredet, ich bin neugierig, aber mir graust davor, ihnen mit 60 Kilo mehr zu begegnen. Ich hasse das Übergewicht und damit mich. Egal wie eloquent, wie charmant, wie gepflegt ich bin, mein Körper ist ein Megafon, das bis in jedem Raum, bis in die letzte Ecke ruft: »Sie hat – sie ist – ein Problem!« Vermutlich könnte ich zu diesem – zu mir – besser stehen, wenn es nicht derart offenkundig wäre! Oder geht es, psychoanalytisch oder philosophisch betrachtet, genau darum?

Als ich noch Kleidergröße 38 und lange, hellblonde Haare trug, blieb mein Leid ungehört, ungesehen. Entweder wurde es ignoriert oder unterschätzt, von meiner Umwelt und damit auch von mir. Frauen, lernte ich früh, sollen hübsch, dekorativ, unkompliziert und möglichst dünn, also auch möglichst wenig sein. Nicht auffallen, nicht anecken, nicht unangemessen Raum einnehmen. »Diese Aufforderungen, sich unsichtbar zu machen, sind nicht verschwunden. Sie werden unentwegt von all denen verinnerlicht, die sich bedroht fühlen, weil sie schwarz, muslimisch oder homosexuell sind, weil sie körperlich beeinträchtigt oder krank sind, weil sie Frauen sind«, schreibt die französische Philosophin Claire Marin in ihrem Buch *An seinem Platz sein. Wie wir unser Leben und unseren Körper bewohnen.* »Der öffentliche Raum, diese gemeinschaftlichen oder gemeinsam genutzten Orte sind nicht neutral, sondern in viele unsichtbare Plätze aufgeteilt, die frau schon sehr früh, auf dem Pausenhof, zu erkennen lernt. Den Kindern wird schnell dieses Raster der Räume bewusst: Einige werden beim Spielen von den Jungen besetzt, andere den Mädchen überlassen, in einer Logik der Distanzierung, des Abstandnehmens. Die Mädchen, die sich über ihre symbolischen Begrenzungen hinauswagen, haben gefährlich schnell einen ›schlechten Ruf‹ weg.«[1] Meinen Ruf im Internat »schlecht« zu nennen, wäre eine Untertreibung. Ich hielt mich nicht an das ungeschriebene Protokoll der elitären Klasse (weil ich es nicht kannte) und bezahlte dafür reichlich.

Außer der Schule formte Sylt, diese knapp 100 Quadratmeter kleine Insel, in der Pubertät mein Selbst- und mein Körperbild. »Size Zero« war noch kein Begriff, Kleidergröße 34 galt als Ideal, 36 war immerhin fortgeschritten. Weder war von »Winkfleisch« die Rede noch wurden Oberarme wie von Michelle Obama mit speziellem Hanteltraining angestrebt. Was mich im Nachhinein erstaunt, denn längst werden Körper als optimierbar bewertet: »Eine entscheidende Wende kündigt sich im späten 18. Jahrhundert vor dem Hintergrund der industriellen Revolution an und setzt sich im 19. Jahrhundert fort: Das moderne Paradigma der Maschine prägt auch die Vorstellungen, wie der Körper begriffen und wie in ihn eingegriffen werden kann.«[2] Heute heißt es: »Stark

1 Claire Marin: An seinem Platz sein. Wie wir unser Leben und unseren Körper bewohnen. Reclam 2023, S. 52 f.

2 Jutta Franzen: Fröhliche Chirurgie oder wie der wahre Körper endlich zur Ware wurde. In: Matthias Winzen (Hrsg.): Baden in Schönheit. Die Optimierung des Körpers im 19. Jahrhundert. Athena bei wbv 2020, S. 245.

ist das neue sexy.« Dazu gehört ein Waschbrettbauch wie der von Anna Lewandowska. Es erscheint mir bezeichnend, dass sich normale Frauen an einer Fitnesstrainerin messen, die 2008 mit der Nationalmannschaft bei der Karate-Weltmeisterschaft die Bronzemedaille für Polen gewann. Es zeigt den Stellenwert von Schönheit – denn welche Frau würde sich schämen, weil sie nicht kochen kann wie Léa Linster?

In meiner Jugend reichte es, dünn genug zu sein, um auch in unvorteilhaften Kleidern (etwa mit Puffärmeln oder in einem groß karierten Rock) nicht dick auszusehen. Dass ich nicht dünn genug war, wusste ich auch, weil mir meistens die Größen M und nicht S passten. Die Haut sollte eine »gesunde« *Baywatch*-Bräune zeigen. Nur Ängstliche nutzten Sonnencreme mit Faktor 20, Männer wie mein Vater cremten sich aus Prinzip nicht ein und behaupteten, trotz absterbender Hautfetzen, dass die rote Haut noch braun werden würde. Die Freundin meines Vaters sonnte sich wie auch ich ohne Bikinioberteil. Mit meinem Busen war ich dank seiner Mittelmäßigkeit zufrieden. Nicht groß, nicht klein, Brustwarzen in einer durchschnittlichen Farbe und Größe; mein Vater brachte zwar manchmal Kommentare, aber in Richtung »Du wirst ja eine Frau«.

Tagsüber bewohnten wir einen Strandkorb, von einer Sandburg umkränzt. Am Imbiss der Buhne 16 standen wir ewig nach Bockwürstchen und Eis am Stiel an, und die Erwachsenen lästerten detailverliebt über diejenigen, die den Strand schon früh, um 16 Uhr, verließen, damit sie um 17 Uhr aufgebrezelt und mit rot glühenden Gesichtern, in Jackett und Kostüm im Gogärtchen in Kampen herumstolzieren und den ersten Champagner trinken konnten. Wir blieben, bis die Sonne unterging, mein Vater wollte den Tag voll auskosten. Segeln, auch wenn ich darum bettelte, durfte ich nicht, stattdessen zwang mich mein Vater zum Tennis.

Am Strand aber hatte ich Ruhe, solange ich keine Fisimatenten machte (nicht zu viel Eis aß) und keine Widerworte gab. Es sprach kaum jemand mit mir, ich langweilte mich oft, wurde aber nur punktuell attackiert und konnte mich dem Meer hingeben, Muscheln suchen, fotografieren und lesen. Dort ist ein Genussgarant entstanden, der heute umso mehr wirkt.

Baden mit Sonne und Mond

Das Baden in Himmelblau, Königsblau, Marineblau, Cyanblau, Ultramarinblau. Mein Sommerferienglück besteht aus fünf Zutaten: Sonne, Strand, Meer, Roman und Fotoapparat (aka Handy). Zu Hause bin ich aktiv, aber im Hochsommer möchte ich eine Liege, einen Sonnenschirm und drei Romane zur Auswahl. Der Tag liegt vor mir, ohne Termine, ich lese und bade abwechselnd, je mindestens eine Stunde. Mal spaziere ich, mal fotografiere ich, Hauptsache, ich kann baden – bis die Sonne unter- und der Mond gleichzeitig aufgeht; die Erinnerung daran gehört zu den schönsten der letzten Jahre.

Am liebsten würde ich den ganzen Tag nackt baden. Ich weiß noch, wie zärtlich und frei sich das vor Jahren vor der Küste der schwedischen Insel Gotland angefühlt hat. Aber mit meinem jetzigen Körper traue ich mich das nicht, egal, wo ich bin. Lange habe ich mir keine Gedanken gemacht, warum ich gerne stundenlang bade und andere nicht, heute weiß ich, dass das Meer mir früh, nämlich vor Sylt, das Gefühl geschenkt hat, willkommen zu sein. Liebkost zu werden, gehalten und beantwortet. Im Meer ist mein Bedürfnis nach Mehr nicht pathologisch, Salzwasser ist gesund, und im Urlaub ist dieses Genussmittel fast rund um die Uhr verfügbar.

Als ich Jugendliche war, hieß es, dass frau nach dem Essen eine halbe Stunde mit dem Baden warten sollte, aber heute bin ich, herrlich, erwachsen! Nur die Sonne und ich entscheiden, wann ich baden gehe und wann ich das Meer verlasse. Eigentlich bin ich kein Fan von All inclusive, klar würde ich gern in einer Finca oder einem Designhotel wohnen, aber mit begrenztem Budget zählen der Preis, die Logistik und die Nähe zum Meer. An der Costa Calma, in der Bucht von Antalya und am Nissi Beach auf Zypern spürte ich täglich, wie sich mein Selbst- und mein Körperbild veränderten. Durch den intensiven, freundlichen Hautkontakt und die Berührung. Dazu die Muße! Wenn ich eine Stunde im Meer verbringe oder länger, dümple ich einfach vor mich hin, schwimme oder halte mich an einer Boje fest. Mein Körper fühlt sich leicht und wie in einem Bett aus Seide an. Um mich herum ist alles blau, blau, blau, das indigoblaue Meer, der hellblaue Himmel. Blau bis zum Horizont. Nicht umsonst heißt es »Sonnenbad« und »Sonne tanken«, ich tanke auch das Gefühl, vom Salzwasser ummantelt zu sein. Mein Körper und mein Ich kommen sich näher, im Meer bin ich leichter, und gleichzeitig muss ich mich nicht schützen. Noch Wochen später erzähle ich meiner Freundin Tina von dem Blau. Freitags tausche ich mit Freunden vom Sport Urlaubserlebnisse aus, wir berichten uns, jeden Sommer wieder, genüsslich vom Mittelmeer- und Atlantik-Strandleben, nie braucht es eine Jacke, nur Shorts, Kleid und Flipflops.

Das Rote Kliff ruft!

An einem Freitag im Februar nehme ich den Linienbus nach Kampen und laufe nach Jahrzehnten zum ersten Mal wieder durch die Whiskymeile. Offiziell heißt die Straße Strönwai, sie führt vom Ortskern in Richtung Strand, zum roten Kliff, nach dem der Club benannt wurde. Die kurze Straße mit ihren ausladenden Reetdachhäusern ist berühmt und berüchtigt. Hier trifft sich im Sommer die Hautevolee, parkt demonstrativ ihre weit über 100 000 Euro teuren Autos, isst im Gogärtchen, shoppt ein bisschen Gucci oder Pullover aus Kaschmir und tanzt im *Pony*. Wir wohnten immer fußläufig; mir ist eine Suite, die ich mit meinem Vater und seiner Freundin teilte und die über 600 Mark pro Nacht kostete, in Erinnerung geblieben, weil ich dadurch leider nicht in einem eigenen, die Geräusche unterdrückenden Zimmer übernachten konnte. Mir gefiel ein anderes Hotel auch deshalb mehr, weil es zum Frühstück Blaubeeren gab – und zwar satt. Der Film *e-M@il für Dich* der US-amerikanischen Regisseurin Nora Ephron wurde Ende der 1990er-Jahre auch wegen der Unterschiede der Hauptpersonen (Culture Clash) populär, da sich Tom Hanks in seiner Rolle als großkotziger Joe Fox am Büfett mit einem Löffel den ganzen Kaviar auf den Teller häuft, was die Buchhändlerin Kathleen Kelly, gespielt von Meg Ryan, empört »Der Kaviar ist die Dekoration!« ausrufen lässt. Tom Hanks nimmt dann alles.

Sylt war das umgekehrte Prinzip: das Teure, Seltene wurde zum Hauptgericht. Es gab Nordseekrabben – satt. Champagner. Weißwein. Und eben Blaubeeren. Das Hotel servierte zum Frühstück Pfannkuchen mit Blaubeeren, Blaubeerjoghurt, Blaubeerquark und Blaubeeren einfach so. Ich sehe die vielen Schüsseln mit den Blaubeeren genau vor mir und fühle mein Jubeln, dass es so viele gibt, wie ich essen möchte – jeden Tag!

Da ich keine Familie, keine Mutter habe, die Erinnerungen und Bilder für mich und mit mir bewahrt, erreichen mich manche Bücher umso intensiver. Wie *Ozelot und Friesennerz. Roman einer Sylter Kindheit* von der Journalistin Susanne Matthiessen. Sie schreibt über die 1960er- und 1970er-Jahre, als Sylt zum Hotspot der Schönen, Reichen und Extremen – von Gunter Sachs über Rudolf Augstein bis zu Arndt von Bohlen und Halbach – wurde. Ihre Eltern besaßen das führende Pelzgeschäft auf der Insel, gar in ganz Deutschland. Die Autorin schafft es, beim Lesen ein Erkennen der Komplexität dieser Zeit auszulösen. Zum Beispiel, woher der Rausch, der Protz, das Absurde, das Maßlose kamen. Warum es für die Insulaner wichtiger war, zusammenzuhalten, ihren Wohlstand zu bewahren und das Grauen draußen vor der Tür zu lassen, als die Nationalsozialisten von früher, die nach 1945 weiterhin in politischen Spitzenpositionen waren, zur Rechenschaft zu ziehen. Das kam erst später. Mit der Perspektive der heutigen Pädagogik vernachlässigten die Eltern, Großeltern und Institutionen ihre Kinder, misshandelten sie zum Teil sogar.

Manche Stellen in diesem Buch lösten in mir Entsetzen aus. Doch die Menschen, durch die Erbarmungslosigkeit des Zweiten und zum Teil auch des Ersten Weltkriegs geprägt und hart geworden, glaubten, dass ihre Kinder, für die sie rund um die Uhr schufteten, alles hatten: genug zu essen und zu trinken, warmes Wasser und eine beheizte, große Wohnung. Sie mussten nicht im Keller Wäsche waschen, Kohleneimer runter- und Asche hochtragen. Sie mussten nicht das lediglich zehn Zentimeter hohe Badewasser mit der kompletten Familie teilen. Später gab es sogar eine Spülmaschine.

In *Ozelot und Friesennerz* lebt die Ambiguität: einerseits

das anspruchsvolle Handwerk der Kürschner und der immense Wert von wärmendem Fell zu Kriegszeiten. Die massenhafte, sinnlose Tötung von Tieren für dekorative Kleidung andererseits, die schließlich öffentlich geächtet wurde und dem Handwerk in dieser Form ein Ende setzte. Die Schonungslosigkeit, die mit dem unbedingten Willen zum gesellschaftlichen Aufstieg einherging, der Preis dafür und wer ihn, auch unfreiwillig, viel zu teuer zahlen musste.

Exzess und Mangel, Vernachlässigung und Fürsorge: Für mich liegt der Wert des Buchs darin, dass es die Gleichzeitigkeit von Gut und Böse, Komik und Tragik, Wut und Mitgefühl nachvollziehbar und plastisch in Worte fasst.

Was die Vorträge anlässlich meiner beiden ersten Büchern für mich besonders wertvoll macht, sind die Begegnungen mit den Patientinnen und Expertinnen. Nachhaltig in Erinnerung blieb mir ein Psychiater aus Berlin. Als wir nach der Lesung im Restaurant zusammen Pizza aßen, traute ich mich, nach den Wurzeln seiner Eltern zu fragen. Sie stammen aus dem Iran, kamen Ende der 1970er-Jahre nach Deutschland. »Bestimmt sind sie sehr stolz auf Sie«, sagte ich. Und erfuhr, dass der greise Vater mit ihm, dem ältesten Sohn und Oberarzt, nie zufrieden ist, egal, was er leistet. Wenn er früher versuchte, mit seinem Vater über seine Kränkung zu sprechen, reagierte dieser wütend: Er hätte als Kind weit Schlimmeres erlebt, allein das Haus in der Heimat, ohne fließendes Wasser! Wie ähnlich die Erfahrungen mit unseren Vätern waren, berührte mich. Zumal ich ihn bis zu diesem Augenblick für jemanden gehalten hatte, der alles vorweisen konnte: Er war schlank, charmant, klug, überdurchschnittlich gut aussehend, erfolgreich im Job. Nun sah ich kurz das verletzte Kind. »Selbst wenn ich Chefarzt werde, wird es nicht reichen. Ich werde nie gut genug für ihn sein«, sagte er. »Das war der zentrale Inhalt meiner Selbsterfahrung, während der Ausbildung.«

Mir fiel ein psychoanalytisches Filmseminar ein, an dem ich teilgenommen habe. Gezeigt wurde *Die große Reise* des marokkanisch-französischen Regisseurs Ismaël Ferroukhi. Der Film offenbarte einen blinden Fleck in meiner Wahrnehmung: Die sensiblen, verletzten Jungen, die sich danach sehnten und sehnen, von ihrem Vater geliebt und wertgeschätzt zu werden. Nicht nur im Kindesalter, sondern auch als Erwachsene mit ihrem inneren Kind, egal wie unempfindlich, dominant oder stark sie äußerlich wirken. Als der Oberarzt mir von seinem wenig einfühlsamen Vater erzählte, tat es mir stellvertretend weh. Auch er hatte oft den Satz gehört: »Du weißt gar nicht, wie gut du es hast!« Aber nicht im Sinne einer Mentalisierung oder um Verständnis zu wecken, sondern voller Anklage und Zorn. Spontan sagte ich: »Vielleicht ist es nicht nur mein Hunger, der mich so viel essen lässt, sondern auch der meiner Eltern.«

Heute blicke ich auf meinen Vater mit Abstand, und ich würde ihm gern sagen, dass er recht hatte: Ich kann nicht ermessen, was es heißt, im Krieg groß zu werden! Als Kind war mir diese Sicht erst gar nicht möglich. Zudem fehlte im Urteil meines Vaters etwas: die Anerkennung, wie wichtig außer Nahrung, Wärme und körperlicher Unversehrtheit Liebe und Fürsorge für die Erziehung von Kindern sind. Für die Entwicklung gesunder Seelen, das zeigen nicht nur die Erkenntnisse des US-amerikanischen Verhaltensforschers und Psychologen Harry Harlow (1905–1981), sie gingen in die Geschichte ein. In einem Experiment konnten Primatenkinder zwischen zwei Attrappen wählen: einer »Mutter« aus Draht, die Milch gab, und einer, die mit Stoff bezogen war, aber keine Milch spendete. Die jungen Affen stillten kurz ihren Hunger, dann aber kuschelten sie sich an die plüschige Mama. Am Beispiel von Babys, die eng am mütterlichen Körper getragen werden, wies man nach, dass Hautkontakt,

Wärme und die Wirkung des Herzschlags beruhigend und existenziell wichtig sind. Die Sterblichkeit von Frühchen sank stark, seitdem sie so oft bekuschelt werden wie möglich. Nicht nur der Krieg schadet bereits den Ungeborenen und prägt die folgenden Generationen, sondern genauso das Ideal von stählerner Härte.

»Jedes Kind ist eine Schlacht!«

In dem Buch *Adolf Hitler, die deutsche Mutter und ihr erstes Kind* der Soziologin und Politikwissenschaftlerin Sigrid Chamberlain lese ich über die Brutalität der österreichisch-deutschen NS-Ärztin Johanna Haarer, die sie in ihren Erziehungsratgebern (*Die deutsche Mutter und ihr erstes Kind*; *Unsere kleinen Kinder*) als Grundlage für Säuglingspflege und die Erziehung von Kindern vorgab. Dabei steigen mir Tränen in die Augen. Hier finden sich Erklärungen, wie Menschen zu empathielosen Nationalsozialisten geformt werden können. Und wie Eltern ihre eigenen Kinder, selbst wenn sie gerade geboren wurden, nicht liebevoll und wertschätzend versorgen, sondern sie wie einen Feind, einen Tyrannen behandeln sollen, grausam: »Jedes Kind ist eine Schlacht!« Schon das Baby sollte unterworfen und zu einem gefühllosen Soldaten erzogen werden, bereit, dem Volk zu dienen.

Unabhängig von der nationalsozialistischen Propaganda, die ständig einen Bezug zwischen dem Ziel des NS-Staats und der Kindererziehung herstellte, ignoriert das in den Ratgebern vermittelte »Wissen« die Ergebnisse der Bindungs- und Säuglingsforschung, die zum Teil bereits bekannt waren und später empirisch durch umfangreiche Studien (unter anderem per Video und verkabelt, um zum Beispiel den Herzschlag und den Puls zu messen) geführt wurden. Zu den berühmtesten Forschern in diesem Fachgebiet gehörten der US-Amerikaner Daniel N. Stern und Martin Dornes.

Johanna Haarer war fachlich nicht für die Erziehung von Kindern ausgebildet, sondern um erkrankte Lungen zu behandeln. Zu ihrer Ideologie gehörte, dass Säuglinge sofort nach der Geburt für 24 Stunden von den Müttern getrennt werden sollten (diese Haltung passte sie im Laufe der Jahre an). Was blieb: kein Haut- und kein Körperkontakt, kein Kuscheln, Stillen nur alle vier Stunden, maximal 20 Minuten lang, kein »Bummeln an der Brust«. Das Baby musste allein im dunklen Zimmer liegen, das Schreien sei gut für die Lunge (und kein Ausdruck von Hunger, Verlassenheit und Angst). Es sollte nicht herumgetragen, auf den Arm oder auf den Schoß genommen, beschmust und getröstet werden. Auch musste das Baby, weil es von Natur aus unrein und damit ekelhaft sei, einer strengen Reinlichkeitspflege unterzogen werden.

Wie wichtig gerade der Geruch der Bezugspersonen und der Säuglinge für die Bindung ist, wurde unterschlagen.

Kleinkinder durften nicht spielen. Sie mussten ohne Gnade den Teller aufessen, also auch das Erbrochene, wenn sie etwas heruntergewürgt hatten und sich übergeben mussten. Essen diente ohnehin als Machtmittel, auch Babys mussten zur Strafe hungern. Zu festen Zeiten kamen sie auf den Topf, um zu lernen, dass das Entleeren eine Pflicht sei. Schlafen sollten Kinder mit den Händen über der Bettdecke (wie Soldaten), geweint wurde nicht – das galt für Jungen wie für Mädchen. Auch bei ernsten Krankheiten bis hin zur Lebensgefahr hieß es: kein Mitleid, kein Kümmern, keine Aufmerksamkeit. Gefühle wie Hunger, Angst oder Frieren sollten unterdrückt werden, ebenso wie das Bedürfnis, zur Toilette zu gehen.

Sigrid Chamberlain zitiert in ihrem Buch Kinder von Nationalsozialisten: »Die Mutter ließ auch Gerhild nach Flucht und Kriegsende nachts schreien, nachdem ihr am Tage verboten worden war, sich vor feindlichen Soldaten zu fürchten – da war sie drei Jahre alt. Für Bettnässen gab es Essensentzug, wodurch das nächtliche Missgeschick dann auch öffentlich wurde.«[1] Positive Schlagworte waren: Drill, Gehorsam, Schweigen, Widerstand brechen, Abhärten, Kameradschaft, Klaps, Sich-Fügen. Negative: Affenliebe, verzärteln, verweichlichen, trösten, verwöhnen. Manche dieser Begriffe und die dazugehörenden Haltungen lehnte Haarer als »jüdisch« ab, wie auch die »Seelenkunde«, deren bekanntester Vertreter dieser Zeit der Österreicher Sigmund Freud war, Arzt und Gründer der Psychoanalyse. Wie viele seiner Schülerinnen und Kolleginnen floh auch er aus Deutschland.

Johanna Haarer verfolgte bei der Erziehung die Ziele der Nationalsozialisten: absolute Kontrolle und Bindungslosigkeit. Kinder, die als widerspenstig galten, mussten notfalls früh aus der Familie entfernt werden. Manche Geburt diente vor allem dazu, dem »Führer« einen späteren Soldaten zu schenken. Haarers Ratgeber, nur wenig vom nationalsozialistischen Gedankengut bereinigt, wurden noch Jahrzehnte nach 1945 erfolgreich verkauft. »1983 edierte die betagte Ärztin ihr Erstlingswerk zusammen mit ihrer Tochter Anna Hutzel, die als Co-Autorin zeichnete. Und sogar der Tod von Johanna Haarer am 30. April 1988 bedeutete nicht das Ende. Die letzte Auflage von ›Die Mutter und ihr erstes Kind‹ erschien 1987.«[2] Nicht erneut aufgelegt wurde ihr Buch *Mutter, erzähl' von Adolf Hitler!*. Ihre beiden Hauptwerke aber wur-

1 Sigrid Chamberlain: Adolf Hitler, die deutsche Mutter und ihr erstes Kind. Über zwei Nazi-Erziehungsbücher. Psychosozial-Verlag 2016, S. 36.

2 Ebenda, S. 210.

den, seit 1934 gezählt, über eine Million Mal verkauft. Sie blieben eine Anleitung zu Gewalt.[1]

Wie mein Vater erzogen wurde, weiß ich nicht. Aber an seine Strenge mir gegenüber erinnere ich mich mehr, als mir lieb ist. Mit etwas Distanz kann ich mir vorstellen, dass mein Vater seinem Kind wenig geben konnte, was er selbst vermutlich von seinen Eltern nicht bekommen hatte. Als der Zweite Weltkrieg begann, 1939, war die Mutter meines Vaters 28 Jahre alt. Wie sie erzogen wurde, ob sie Teil des NS-Systems war, weiß ich leider auch nicht. Ich habe sie nur einmal kurz gesehen, als Siebenjährige, im Krankenhaus, kurz vor ihrem Tod. Möglicherweise war mein Vater, wie andere Eltern seiner Generation, enttäuscht, weil er gehofft hatte, dass seine Tochter seine Wunden heilen würde. Heute ist der pädagogische Konsens, dass Eltern sich um die Kinder kümmern; lange Zeit galt aber, dass Kinder Vater und Mutter emotional nähren sollten. Als mein Vater 1941 geboren wurde, war seine Mutter 30 Jahre alt. Er hat also seine vier ersten, die prägendsten Jahre für das Gehirn, den Körper und emotionale Entwicklung der Persönlichkeit, im Krieg erlebt. In einer Zeit, die von Bedrohung, Mangel und Hunger geprägt war und sich bis in die 1950er-Jahre fortsetzte – insbesondere Letzteres.

Warum meine Mutter eine Lehre zur Konditorin absolvierte? Auch über diesen Teil meiner Familiengeschichte weiß ich zu meinem Bedauern nichts. Als Bürgerin der DDR konnte meine Mutter sich ihre Ausbildung eventuell nicht aussuchen. Aber durch den Bestseller *Es muss nicht immer Kaviar sein* von Johannes Mario Simmel und die Bücher des Nestors der Psychotherapie im Alter, Hartmut Radebold, habe ich erfahren, wie selten und kostbar bestimmte Zutaten

1 Ebenda.

im und nach dem Zweiten Weltkrieg waren: Zucker, Butter, Sahne, Eier und weißes Mehl. Die Zutaten von Kuchen, Torten und Keksen. In Krisen esse ich Unmengen an Schleckereien, weil ich sie innerlich mit Trost, mit meiner Mutter verknüpfe. Der wichtigste, mir die Augen öffnende Satz, den Dr. Weston gleich am Anfang der Behandlung zu mir gesagt hatte, war: »Sie haben Hunger, Frau Fuhljahn. Auch im übertragenen Sinn.« Später kamen wir zu dem Schluss, dass ich auch die Sucht meiner Mutter geerbt habe, wenn auch nicht auf den Alkohol bezogen wie bei ihr. Während mein inneres Kind Kuchen mit Liebe gleichsetzt, vergifte ich mich physiologisch durch das maßlose, hochkalorische Essen.

Nach dem Tod meiner Mutter, da war ich neun Jahre alt, verbot mein Vater mir radikal Süßes. Er fand mich zu dick; als Körperideal galt die Ballerina, ich tanzte selbst Ballett. Trotzdem musste ich den Teller leer essen. Und essen, was auf den Tisch kommt! Später, auf Sylt, lästerte mein Vater über diejenigen, die er protzig fand – und war zugleich Teil von ihnen. Aber auch er freute sich über die Blaubeeren im Hotel wie ein Kind.

Frühstück bis 16 Uhr

Noch mehr schätzten wir auf der Insel den Benen-Diken-Hof in Keitum. Der Grund: Hier durften alle Gästinnen[1] bis um 16 Uhr regulär frühstücken! Eine Freude – und für mich

1 An diesem Wort zeigt sich, dass sich Recherche lohnt: »So ist *Gästin* bereits seit mehr als 160 Jahren in Gebrauch, nachweislich notiert im ›Deutschen Wörterbuch‹ von 1854. Wir hatten *die Gästin* nur vergessen.« Christine Olderdissen: Gender-leicht. Wie Sprache für alle elegant gelingt. Dudenverlag 2021, S. 44.

eine prägende Erfahrung. Nicht nur in der gehobenen Hotellerie geht fast alles, wenn frau es will und bezahlen kann. Es lohnt sich, Regeln zu hinterfragen. Ich habe sture »Das haben wir schon immer so gemacht«- oder »Es geht ums Prinzip«-Bedenkenträger nie gemocht.

Bei meinem Besuch auf Sylt 2023 treffe ich Claas-Erik Johannsen, er leitet gemeinsam mit seiner Frau Anja das Hotel; es besteht aus weißen Häusern mit Reetdach, darin Dachgauben. Zum Eingang führt vor den Häusern mittig ein Schotterweg, gerahmt rechts und links von weiß eingezäunten Rasenflächen. Die Sylter Flagge flattert am Mast. Als Backfisch habe ich seinen Vater, der heute Seniorchef ist, kennengelernt. Der Sohn, nun selbst ein älterer Herr mit runder Hornbrille und dunkelblauem Pullover über dem Hemd, strahlt die Gelassenheit eines erfahrenen Hoteliers aus. Wir treffen uns nachmittags in der kleinen, dunkel gehaltenen Bar zum Tee. Ich frage ihn als Erstes, wie sich hier das Essen in den vergangenen dreißig Jahren verändert hat.

Er lacht. »Wenn uns heute eine sechsköpfige Familie besucht, bestellt sie sechs unterschiedliche Kaffees zum Frühstück und sechs unterschiedliche Milchsorten. Bei manchen eine Frage des Lifestyles, bei anderen eine der Gesundheit.«

»Stört Sie das?«, hake ich nach.

»Überhaupt nicht. Das ist der Lauf der Zeit, das ist okay.«

»Was hat sich noch verändert?«

»Gänsestopfleber können wir nicht mehr anbieten, heute muss es eine Bio-Gans sein, die aber nicht gestopft wurde. Schildkrötensuppe geht auch nicht mehr.«

»Ach, die kenne ich auch noch. Wie sieht es aus mit Fleisch?«

»Es sind mehr Gerichte ohne hinzugekommen, auch wenn das nicht die Leidenschaft eines jeden Kochs ist. Aber Essen ohne Fleisch besteht nicht nur aus Verzicht! Ich habe schon hervorragend vegan und vegetarisch gegessen, obwohl ich vorher skeptisch war.«

Überhaupt: Die Gästinnen sind heute gesundheitsbewusster, fahren Fahrrad, bestellen Schon- oder Diätkost, besuchen den Fitnessbereich. »Bewusste Ernährung und Bewegung, das passt zu Sylt«, sagt Claas-Erik Johannsen.

»Merken Sie einen Unterschied der Jungen zu Kriegskindern?«

»In manchem schon. Wenn meine Oma früher Frikadellen gemacht hat, haben wir das geliebt! Die würden heute nicht auf der Karte stehen. Es war eine andere Zeit. Ich erinnere mich auch an einen Satz meiner Großmutter, als 2015 viele Geflüchtete kamen. Sie sagte, dass sich nach dem Zweiten Weltkrieg die Zahl der Bewohner in Schleswig-Holstein durch die Flüchtlinge aus dem Osten verdoppelt habe! 2015 kamen nach Deutschland eine Million. Wenig für eine Wohlstandsgesellschaft.«

Geblieben ist das Bedürfnis der Gästinnen, sich verwöhnen zu lassen. Damit trifft er exakt das Gefühl, das ich mit dem Benen-Diken-Hof verbinde: verwöhnt werden. Von zu Hause kannte ich das nicht – und mein Vater vielleicht von seinem Elternhaus auch nicht, denn er hat den Service des Hotels genauso genossen wie ich. Das Fundament dafür legten die Mitarbeiterinnen in diesem weißen Friesenhaus. Im Bademantel bis um 16 Uhr erstklassig zu frühstücken, hat etwas Heimeliges, Persönliches. Ich frage nach und erfahre, dass das Hotel sehr große Bademäntel bereithält, die auch mir passen würden. Sollte ich im Lotto gewinnen, buche ich mich sofort für vier Wochen hier ein! Auch wenn die Gästinnen heute »nur noch« bis 13 Uhr frühstücken können.

»Ich kenn Peter«

Champagner mit Eiswürfeln: Den tranken wir an den Abenden vor dem späten Frühstück, im Club *Rotes Kliff.* Wer drinnen Platz in einer der Sitznischen oder in der Küche fand, konnte sich der Anerkennung und Beachtung sicher sein. Auch Susanne Matthiessen verknüpft in *Ozelot und Friesennerz* Entbehrung und Ekstase, sie schreibt über den überall fließenden Alkohol, besonders bei den Gästinnen, die sich an der Grenzenlosigkeit berauschten. Meinen nächtlichen Sylter Rausch ermöglicht nicht der Alkohol, sondern die Bewegung. Oft konnte ich mir eine der hüfthohen Musikboxen erobern, stellte mich auf sie und tanzte, verklebt und losgelöst. Das Gefühl dazu finde ich in den ekstatischen Tanzszenen der Fernsehserie *Babylon Berlin* wieder. Die Boxen gaben mir einen Sicherheitsabstand, ich genoss es, meine Lieblingsmusik in Bewegungen umzusetzen, mich sogar sinnlich und sexy zu bewegen (nein, nicht wie auf dem Kiez). Die Reaktionen der Jungs und Männer spürte ich, aber ich wurde nicht angefasst. Manchmal flirtete sogar ein Junge in meinem Alter respektvoll mit mir. Es war überraschenderweise nicht schlimm, bis in die Haarspitzen verschwitzt zu sein, denn der Club war so überfüllt, dass niemand trocken blieb. Allein von der Tanzfläche im Gedrängel zu den Toiletten zu kommen, dauerte mindestens eine halbe Stunde, auch wenn es nur wenige Meter waren. Den Champagner tranken wir mit Eis, und gerade weil es im Club klebrig und schwül war, schmeckte der kühle Schaumwein umso besser.

In Kampen, am roten Kliff, wo ich jetzt stehe, geht die Sonne unter, ich beobachte einen einsamen, blitzschnellen Windsurfer mit neongelbem Segel zwischen der grauen Nordsee und dem hellgrauen Himmel und mache mich dann auf den Weg zurück zur Whiskymeile. Um 22 Uhr bin ich mit Peter Kliem verabredet, dem Inhaber vom *Kliff*. Er ist seit vierzig Jahren im Club, zuerst als DJ, seit Langem als Chef; er ist eine respektierte Größe in der Partyszene und Gastronomie, in diesem Frühjahr wird er wieder wochenlang zum Auflegen auf die Malediven eingeflogen. Eigentlich ist mir nicht nach Feiern, Alltagssorgen beschäftigen mich: einen neuen Therapeuten finden, Geld verdienen, gesünder essen. Aber ich möchte den Club wiedersehen. Es rührt mich, dass Peter sich an uns erinnert. Auf meine etwas förmliche E-Mail, woher ich ihn kannte, hatte Peter geantwortet: »Hallo Heide, ich bleib mal bei der Du-Form. In den Neunzigern haben wir uns sicherlich im Club geduzt. :) Lieben Dank für dein Schreiben. Du und Dein Vater und sein Champagner aus Maßkrügen! Wie könnte man so etwas vergessen. Auch an die damalige Einladung aufs Oktoberfest kann ich mich noch gut erinnern. Oder an diverse WOKI-Runden in der Küche!«

Was mag Woki sein? Ich weiß noch, dass wir den Champagner aus Maßkrügen getrunken haben. Aber wieso? Auch erinnere ich mich, dass ich im Club Weltoffenheit gelernt habe, und Gleichberechtigung. Mein Vater war, ob in Hamburg, München oder auf Sylt, ständig mit Schwulen unterwegs. Seine Freundin, er und ich besuchten mit ihnen Cafés, Restaurants und Biergärten, trafen sie am Strand oder im Club. Selten ging es um politische Fragen, HIV und Aids, und wenn, war die Haltung klar: Gleichberechtigung, selbstverständlich. Nicht Toleranz, sondern absolute Normalität. Mein Vater mochte offenbar das Vielschichtige, Lebensfrohe, Bunte, Exzessive. So lernte ich nette und unfreundliche Homosexuelle kennen, durchschnittliche und exzentrische, mit Familie oder ohne.

Bevor ich die Treppen zum Club hinuntergehe, stelle ich

Kampen auf die Probe. Ich besuche, nachdem ich in Westerland in der *Alten Friesenstube* gegessen habe, hier auf Peters Empfehlung hin das Restaurant *Kaamp Meren*. Ist Kampen nur Protz, wie viele glauben, oder ist die Qualität wirklich gut? Verkläre ich meine Erinnerungen? Ich bestelle Ente mit Kartoffelklößen, Rotkohl und Soße, ein klassisches Winteressen. Und was soll ich sagen? Das Gericht ist ein Gedicht! Das Entenfleisch saftig und zart, die Haut dagegen richtig kross, alles zusammen würzig und süß. Es schmeckt dermaßen köstlich, dass ich sehr langsam esse, bewusst kaue, jeden Bissen auskoste. Ich blicke nicht aufs Handy und möchte auch nicht lesen, sondern nur das Essen genießen. Wenn ich jeden zweiten Tag auf diesem Niveau speisen könnte, bräuchte ich, da bin ich sicher, keine Schleckereien mehr. Dieses Essen befriedigt auch die hungrige Seele. In der *Friesenstube* gefiel es mir auch, das 300 Jahre alte Haus, die blau-weißen Fliesen, die Speisekarte auf Plattdeutsch. Mit der Ente konnten aber leider weder der Pannfisch noch die Fliederbeersuppe mit Klümp, typisch norddeutsch, mithalten.

Let the Fun Be Gin!

Zwei Stunden später geht es ein paar Stufen hinab, nach Jahrzehnten betrete ich wieder den Club und sage am Eingang, ohne nachzudenken: »Ich kenn Peter.« Das sagt jede Zweite, es gibt bereits Pullis und Aufkleber damit. Die Einrichtung ist komplett neu, an den Wänden funkeln LED-Platten. Peter bietet mir einen Gin an und schafft es, mich zu überzeugen, da ich eigentlich nichts mag, was bitter schmeckt. Aber der hier ist anders. Ich dachte immer, dass ich mich – außer für Champagner und Cocktails – nicht für Alkohol begeistern kann, aber dieser Gin Tonic mit etwas Mandarine schmeckt sehr lecker. Es fällt mir trotzdem schwer, mich mit Peter zu unterhalten. Er ist nur wenig größer als ich, gut trainiert, aber eher schmal. Zu einer schwarzen Trainingshose und weißen Sneakers trägt er einen Hoodie aus Kaschmir, außerdem riecht er fantastisch und wirkt insgesamt sportlich, dynamisch und gepflegt. Ich fühle mich in seiner Gegenwart wie eine Tonne. Wuchtbrumme, hätte frau früher gesagt. Nebenbei lasse ich, so nonchalant wie möglich, in das Gespräch einfließen, dass ich ein paar Jahre krank war und durch Medikamente zugenommen habe. Ich täusche eine Souveränität vor, die ich nicht habe. Aber was soll ich tun? Heulen? Mich entschuldigen? Mir wäre danach. Zumindest die Verpackung stimmt, ich trage ein gut sitzendes, gebügeltes Kleid, die Farbe passt zu meinen Haaren, diese sind gekurt und gekämmt, ich bin dezent geschminkt, habe lackierte Nägel.

Peter ist 63, sieht aber zehn Jahre jünger aus. Inzwischen kennt auch er mehr und mehr Menschen, die krank werden. Wir teilen die Angst vor Siechtum im Alter.

Ich frage ihn nach seinem Start. »1991 übernahm ich, gemeinsam mit Beate Stoltenberg, den Club. Ich hatte es erst nicht leicht als junger Schwuler«, erzählt Peter. Ich bin überrascht, mir war nicht klar, dass auch auf Sylt die Akzeptanz hart erkämpft werden musste.

Wie erlebt er heute den Wandel der Schönheitsideale? »Früher hat man sich selbstverständlich schick gemacht für den Club, heute muss man die Leute oft dazu nötigen«, sagt er. »Man freut sich doch über Attraktivität, auch wenn jemand sich schön macht. Das ist doch hier keine Dorfdisco!« Für ihn ist geschmackvolle Kleidung eine Form von Wertschätzung. Genau wie ich findet er operierte Schlauchbootlippen hässlich, und er ist sich sicher: Der Waschbrettbauch war für Frauen früher keine Pflicht! »Und klar, eine ältere

Frau hat vielleicht etwas mehr drauf, Größe 40, aber das ist ja okay.« Ich fühle mich noch dicker und schäme mich. Mehr Gin, bitte!

Nun erfahre ich etwas, was ich nicht wusste: Wie streng die Schönheitsideale der homosexuellen Männer sind. »Für Schwule zählt das Innere nicht so sehr«, erklärt Peter, »dafür Jugend und Schönheit, ein toller Body, Muskeln, Sixpack. Mit Mitte vierzig ist man fast schon raus aus dem Dating-Markt.« Ach? Und was ist mit den »Bären« (stämmige Männer mit reichlich Körperhaaren, habe ich durch die Serie *Modern Family* gelernt)? »Klar, die gibt es, auch die Sugardaddys, aber ich will keiner sein.« Die sehr Jungen und sehr Schönen würden tagelang auf Gay Prides und Festivals gefeiert, wie in Barcelona. Peter bezweifelt, dass es gut ankommen würde, wenn er außerhalb des Clubs »in Federboa oder als Transe rumlaufen würde«. Ist Sylt konventioneller, als ich dachte? Und galten Schwule bei Frauen nicht lange als die besseren Männer, jenseits der Sportschau-und-Bier-Heteros, nämlich als einfühlsam, sensibel und kultiviert? Ist das eine der zahlreichen Illusionen, wie in *In & Out* mit Tom Selleck oder in *Die Hochzeit meines besten Freundes* mit Julia Roberts und Rupert Everett? Sind »in Wirklichkeit« homosexuelle Männer triebhafte, oberflächliche Dauergeile? Oder sind das Klischees? Und wie ist es eigentlich mit lesbischen Frauen, mit Bisexuellen und Genderfluiden? Welche Schönheitsnormen haben sie? In dem Moment zeigt mir Peter ein Video des britischen Sängers Sam Smith, der in den vergangenen Jahren sichtbar ab- und zugenommen hat und seit einiger Zeit versucht, öffentlich zu seinem Mehr an Gewicht zu stehen. »Ich komm da irgendwie noch nicht so drauf klar«, sagt Peter, »aber natürlich, er soll sich in seiner Haut wohlfühlen.«

Ich nehme noch einen Mandarinen-Gin und bekomme

danach ein kleines Glas mit einer roten Flüssigkeit angeboten: Woki. Ah! Wodka-Kirsch! Ich besuche mit Peter die Küche, rausche durch Erinnerungen und bestaune die Kühlschränke mit dem Champagner. Mein Vater hatte offenbar die Krüge vom Oktoberfest mitgebracht. Oder war es anders? An der Bar plaudere ich mit einem Mann, der gestern von Mallorca zurückgekommen ist. Und mit dem gut aussehenden Barkeeper. Ich frage den Security-Typ und die sehr hübsche, leicht curvy zu nennende Frau an der Garderobe aus. Und gehe dann zur Tanzfläche. Neben mir stehen blonde, junge Frauen. Alle sind deutlich dünner als ich. Ich schlucke das runter, beschließe, Spaß zu haben. Und tanze.

3
Luxus und Opulenz: Darf es etwas Meer sein?

»Wie bitte?«, fragte mein Vater konsterniert. »Es gibt keinen Champagner mehr?«

Komplett in Weiß gekleidet stand der junge Schiffssteward vor ihm und sah ihn verlegen an. »Es tut uns wirklich leid«, antwortete er, »aber wir haben keine einzige Flasche mehr.« Mein Vater runzelte kurz seine cognacbraune Stirn. Automatisch zog ich den Kopf ein. Selbst wenn er mich nicht als Auslöser verhaftete: Seine Wutausbrüche entzündeten sich schnell und machten selten vor mir halt.

»Was? Wie kann das sein?«, fragte er den Steward.

»Es tut uns sehr leid, aber Sie haben bereits alle Flaschen vom Veuve Clicquot Rosé, die an Bord waren, ausgetrunken. Selbstverständlich haben wir sofort in Frankreich neue bestellt, aber es dauert, bis die in der Karibik ankommen – und bis sie dann bei uns an Bord sind. So etwas ist uns noch nie passiert!«

Mein Vater drehte den Kopf zu seiner Tischgesellschaft. »Habt ihr das gehört?«, rief er laut in die Runde: »Der Champagner ist alle!« Er fing herzlich an zu lachen. »Das gibt's doch nicht! Wir haben den ganzen Rosé ausgetrunken!« Wie die Feuerwehr raste die Nachricht von einem zum Nächsten, nacheinander lachten alle mit und amüsierten sich königlich. »Na gut«, meinte mein Vater schließlich erheitert zu dem Steward, »dann trinken wir eben Bollinger. Oder ist der auch schon alle?« C'est la vie!

Mein Vater war damals so alt wie ich heute, fünfzig. Er

hielt am Kopfende Hof, seine zwei Jahrzehnte jüngere, sehr schmale Freundin und ich neben ihm an dem langen, am Boden festgeschraubten Esstisch auf dem Achterdeck des Kreuzfahrtschiffs MS *Berlin*. Auf den hellbeigen Tischtüchern standen Vasen mit Margeriten, Geschirr und die Champagnerkühler. Bei uns saß ein bekannter deutscher Schauspieler, Typ Serien-Chefarzt mit sonorer Bassstimme. Neben ihm seine zweite, ebenfalls deutlich jüngere und dünnere Frau. Außerdem drei weitere Paare, die wir an Bord kennengelernt hatten, zwei davon schwul. Der Seewind fuhr uns leicht über die rot verbrannten Arme, es roch nach Tiroler Nussöl, dem Ruß des Schornsteins und nach Salzwasser. Hinter der weißen Metalltreppe und der Reling leuchtete indigoblau der Atlantische Ozean, bis zum Horizont. Wir reisten um den Jahreswechsel 1990/1991.

Vor einer Woche waren wir in Genua über die Gangway an Bord geklettert, genau wie bei *Das Traumschiff*. Damals wurde die Fernsehserie auf diesem Schiff für das ZDF gedreht. Die Smokings, Taftkleider, Alltagssachen, Schuhe und Bikinis befanden sich in schweren Hartschalenkoffern. Beim Ablegen winkten wir den Italienerinnen von der Reling euphorisch zum Abschied zu. Die MS *Berlin* – mit 139 Metern Länge klein im Vergleich zur heutigen Aida-Flotte – fuhr an der spanischen Küste entlang durchs Mittelmeer und dann nach Marokko, Madeira und La Palma.

Nun peilten wir die Karibik an, eine Woche würde die Überfahrt dauern, die Wärme nahm täglich zu. Auf diese sieben Seetage hatte sich mein Vater besonders gefreut. Jede Nacht stellten wir die Uhr um eine Stunde zurück; jeden Tag lümmelten wir barbusig in den Liegestühlen am Oberdeck. Schmierten uns mit Sonnenöl ein, dösten, lasen Romane und Zeitung, planschten im schlumpfblauen Außenpool oder blickten aufs Meer. Zu dritt nutzten wir eine kleine

Minox-Kamera, extra mit Negativfilmen für 36 statt nur für 24 Bilder. Da es Wochen dauern würde, bis wir die Fotos in der Hand hielten, kaufte mein Vater Abzüge des Profifotografen; sie kosteten pro Stück acht Mark. Dass die Freundin meines Vaters drei Kleidergrößen dünner war als ich, war sofort sichtbar. Ich bekam Ärger dafür (»Guck, wie fett du bist!«).

Milch und Honig: Im Kreuzfahrt-Schlaraffenland

Im Mittelpunkt der Reise stand das Essen. Das *Traumschiff* bot Haute Cuisine – und zwar täglich zu neun regulären Mahlzeiten. Ein fast unerhörter, aber jedes Mal aufs Neue bejubelter Luxus. Morgens gab es französische Croissants mit hausgemachter Konfitüre. Mittags Scampi-Spieße oder papierdünnes Carpaccio vom Rind. Zwei Stunden später, als Snack, gebeizten Lachs (damals luxuriös) auf krossem, gebuttertem Toast. Nachmittags schlenderten wir vom Pool zum Büfett und holten uns selbst gemachtes Limetteneis. Dazu aufgeschnittene Mango, Papaya, Passionsfrüchte und Ananas. Süß und doppelt köstlich, weil sie damals in Deutschlands Supermärkten noch eine Seltenheit waren – zumal in dieser Qualität, am Baum in der Sonne gereift. Abends wurden gegrillte Riesengarnelen serviert, ich lernte, wie frau elegant die Schale und den Darm entfernt. Oder ein echtes Wiener Schnitzel aus Kalbfleisch, nur wenige Millimeter dünn, in zarter Panade, die luftige Blasen warf, weit über den Tellerrand lappend. Zum Dessert bestellten wir weiße und dunkle Mousse au Chocolat, garniert mit Beeren und essbaren Blüten. Oder Crêpe Suzette, die Stewards flambierten sie direkt am Tisch. Oder schaumig-leichte Zabaione, die ebenfalls direkt am Tisch aufgeschlagen wurde. Dekoriert war das Restaurant mit meterhohen Schwänen aus Butter oder durchsichtigem Eis.

Diese Reise nannte sich Kreuzfahrt, aber gemeint war das Schlaraffenland. Milch und Honig, Nektar und Ambrosia: Nahrung für die Götter im gelobten Land. Alle Speisen so fein, so exquisit, dass unsere Runde einfach durchgehend darüber sprechen musste! Das Einzige, was gegen Ende der Reise ein ähnliches Entzücken auslöste, war die Frage, auf welchem Schiff der nächste Urlaub stattfinden sollte: auf der MS *Europa*? Oder sogar auf der historischen Viermastbark *Sea Cloud*? Beide galten als Inbegriff von Luxus.

Nur nebenbei: Die aktuelle Reise sollte eigentlich zwei Wochen dauern. Mein Vater begeisterte sich aber derart für die Karibik, dass er kurzerhand für uns den zweiwöchigen Anschlusstrip buchte, damit waren wir vier Wochen unterwegs. In dem sehr knappen, heute nicht mehr vorstellbar teuren Telefonat wies ihn die Sekretärin im Internat auf die Schulpflicht hin. Mein Vater wies sie empört auf die einmalige Gelegenheit hin. Finito.

Üppige Trinkgelder gehörten zum guten Ton, aber wie hart das Personal, zumal unter Deck, auf engstem Raum und ohne Fenster, für die Gästinnen arbeitete, verstand ich erst als Erwachsene. Die Crew bereitete mir einen freundlichen Geburtstag, auf dem Törn mit der MS *Berlin* wurde ich 17 Jahre alt. Ich freute mich, weil zumindest dieser Geburtstag Beachtung fand, mit Tischfeuerwerk, mehrstöckiger Torte und Gesang. Auch die Pause vom Internat tat mir gut. Als ich 2023 zum ersten Mal den Song *Ich hass dich* von Nina Chuba hörte, fragte ich mich, ob sie meine ehemaligen Mitschülerinnen kannte. Jedenfalls trifft der clevere Text punktgenau die wütend-neidischen Gefühle, die ich als Jugendliche für –

beziehungsweise gegen – die Internatskinder hegte, die zum 18. Geburtstag ein Cabrio, einen Mitsubishi Pajero oder eine Jacht bekamen und alles konnten außer Bescheidenheit.

Was sie auch taten, meine Mitschülerinnen schienen dank ihrer Herkunft über jeden Verdacht erhaben zu sein. Im Studium sah ich den Film *Evil* (*Ondskan*) von Mikael Håfström, gedreht nach einem autobiografischen Roman des schwedischen Autors Jan Guillou. Der Film fühlte sich vertraut an. Durch ihn erfuhr ich erstmals, dass meine Erfahrungen im Internat auch in anderen Institutionen vorkamen, in Schulen (damals wurde die Odenwaldschule als leuchtendes Beispiel gepriesen), Chören, Heimen, Kirchen – auch in denen der sogenannten Elite. Gleichzeitig überrollte mich Erleichterung: körperliche Gewalt wie in *Evil* hatte ich nicht erlebt.

Und auch wenn mein Vater mich in den Ferien abwertete, machte er in dieser Zeit mein Leben im Vergleich zum Internats-Mobbing leichter. Wie immer fand er im Urlaub schnell eine Gruppe, die mit ihm feierte. Dadurch meckerte er seltener an meinem Benehmen herum (»Sitz gefälligst gerade!«), an meinen offenen Haaren (»Das sieht liederlich aus!«), an dem, was ich sagte (»Keine Widerworte!«), infrage stellte (»Werd nicht frech!«) oder aß (»Friss nicht so viel!«). Von mir wurde erwartet, dass ich dankbar war, mich unauffällig verhielt und jederzeit gehorchte. Meist saß ich einfach still dabei, las oder versuchte, mich mit dem Personal anzufreunden. Es gab damals keine Kreuzfahrten, die sich alle leisten konnten, deshalb reisten auch in den Schulferien nur wenige Kinder und Jugendliche mit. Champagner durfte ich trinken, aber wenn ich mir an der Bar Cocktails – wie Piña Colada oder Planter's Punch, mit saftigen Fruchtstücken am Glasrand und kunterbunten Schirmchen aus Papier – bestellte, zog mein Vater warnend die Augenbrauen hoch. Trank ich als Digestif einen Baileys auf Eis, packte er mich auf dem Weg zurück zu den Kabinen fest am Oberarm und blaffte mir ins Ohr: »Trink nicht dieses süße Zeug! Du wirst zu fett!« Als ich ihm, wieder zu Hause, wütend an den Kopf warf, dass ich sogar abgenommen hätte, änderte das nichts an seinem Urteil über mich. Und so übernahm ich es.

Meist trug ich Shorts und lockere T-Shirts oder Blusen. Kurze Hosen waren okay, weil auch er an meinen langen Beinen nichts auszusetzen fand. Meinen Bauch, meinen Po, die Statur insgesamt fand er aber zu dick, also bemühte ich mich, die »Problemzonen« zu kaschieren. Damals wog ich 58 Kilo und trug Größe 38. Die Freundin meines Vaters passte in eine 32/34, ohne je Diät machen zu müssen. Er ermahnte mich ständig, sie als Vorbild zu nehmen.

Abgesehen von Luxus, Komfort und Zielen am anderen Ende der Welt, sonnte sich mein Vater in dem Gefühl, Teil des Jetsets zu sein. Ich glaube, dass sich damals niemand Billig-Fluglinien, Schifffahrten für den Massenmarkt und Handys hätte vorstellen können. Erstaunt las ich in dem kenntnisreichen Buch *Gebrauchsanweisung für Kreuzfahrten* von Thomas Blubacher, welche Schiffsreisen heute angeboten werden: für Golfer, Gartenfreunde und Gourmets, für Liebhaber von klassischer Musik, für Pokerfreunde oder Tattoofreaks. Angebote mit Bezug zu Kunst, Motto-Reisen für Fans von *Star Wars*. Trotzdem haben Kreuzfahrten oft ein schlechtes Image. Wegen der enormen Umweltbelastung durch Schweröl und durch ihre Klientel: Die teuren gelten als anmaßend, die günstigen als peinlich. Ohne Referenzrahmen kamen mir unsere Reisen damals zwar opulent, aber weder vermessen noch snobistisch vor. Mich würde heute interessieren, wie das Personal uns damals wohl erlebt hat? Hoffentlich als großzügig und freundlich und nicht wie in dem Film *Triangle Of Sadness* des schwedischen Regisseurs Ruben Östlund, der 2022 die »Goldene Palme« bei den Filmfestspielen in Cannes gewann: ein satirisches Lehrstück über Arme und Reiche.

Mehr als für den Luxus, zu dessen Kosten ich überhaupt keine Relation hatte, war ich dankbar, dass mein Vater von exzellenten Dienstleistungsprofis bei Laune gehalten wurde. Dadurch konnten wir einen großen Teil unserer Probleme, zusammen mit Europa, im Kielwasser hinter uns lassen. Stattdessen sanken wir in ein hedonistisches Himmelbett aus flirrenden Sonnenstrahlen, einem Seewind, der die sonnenverbrannte Haut kühlte, tintenblauen Wellen mit weißen Schaumkämmen und feinster Kochkunst. Allein die Auswahl auf der Speisekarte! Und dann der Champagner. Der normale, gelbe Veuve Clicquot? Einhelliger Befund: taugt nichts. Moët & Chandon? Billig und bäh. Bollinger? Gut. Taittinger? Sehr gut. Laurent-Perrier? Hervorragend – die grüne Flasche mit den hellen Blumen nahm ich mit nach Hause, weil ich sie so schön fand. Ich lernte, bei welcher Temperatur Champagner getrunken wird (sieben Grad Celsius) und wie die Größen heißen (anderthalb Liter: Magnum; drei Liter: Jeroboam; sechs Liter: Methusalem). Wie frau sich die Flasche zum Einschenken mit dem Daumen in der Einbuchtung unten am Boden richtig in die Hand und auf den Unterarm legt (den anderen Arm verschränkt frau auf dem Rücken). Welche Vor- und Nachteile Champagnerflöten im Vergleich zu Champagnerschalen haben. Intensiv diskutierte die Runde die Technik des Sabrierens – dabei öffnet frau die Glasflasche mit einem Säbel – und verwarf sie als zu gefährlich und zu dekadent. Neureich? Bestimmt. Protzig? Sowieso. Ein bisschen Rio Reiser und die Neue Deutsche Welle: endlich mal König von Deutschland sein!

Erzähle ich dankbar, froh und auch etwas amüsiert von dem Wohlstand, den ich einmal hatte und für den ich mich bis heute begeistere, ernte ich manchmal befremdete Blicke.

Das Teure scheint unter Verdacht zu stehen, ausschließlich eine Mogelpackung oder soziale Abgrenzung zu verkörpern. In dem Buch *Luxus!?* diskutiert der Kunsthistoriker Wolfgang Ullrich mit dem Philosophen Lambert Wiesing über die Unterschiede zwischen dem Schönen, den Statussymbolen und dem Protz. Luxus, so erfahre ich, muss nicht selten oder wertvoll sein. Geld, Zeit, Komfort und Eleganz können luxuriös sein, Kultur, Mode, Design, Handwerkskunst und Architektur jedoch genauso; sowohl im Übermaß als auch im Verzicht. Den einen geht es um das ästhetische Erleben, den anderen um das Mehr des Zweckmäßigen. Wieder andere wollen sich exponieren, sei es durch einen Rolls-Royce Phantom V (das einstige Automobil der englischen Queen Elisabeth II.), eine handsignierte Erstausgabe von Franz Kafkas *Die Verwandlung* oder eine Hochzeitsfeier im Wert eines Volkswagens. Hauptsache: Saus und Braus!

Denke ich an die MS *Berlin* zurück, kann ich mir gut vorstellen, klar, dass manches, was wir aßen und tranken, durch Marke und Ort überteuert war. Aber zumindest ging es wirklich ums Essen. Wenn ich im Fernsehen Reiterinnen, Rennfahrerinnen oder Fußballerinnen sehe, die bei ihrer Siegerehrung Champagnerflaschen schütteln, damit er weiß und heftig aus der Flasche schießt, kommt mir das vor wie eine raumgreifende symbolische Ejakulation, die bei mir keinerlei Sympathie weckt. Bei der Kulinarik überzeugt mich, restlos und bis heute, die Qualität: Bündner Fleisch ist hochwertiger als Schinken vom Discounter, Tête de Moine komplexer im Aroma als Gouda; Wachteleier schmecken delikater als Hühnereier und Champagner feiner als Sekt, verkürzt ausgedrückt. Deshalb bin ich meinem Vater, dem Parvenü, heute dankbar. Obwohl wir in Hader und Hass auseinandergingen, bereits Jahre vor seinem Tod keinen Kontakt mehr hatten, weiß ich jetzt zu schätzen, dass er mich von seinem

Reichtum profitieren ließ. Denn vor allem brachte er mir bei, dass Genuss etwas Schönes und Wertvolles ist.

Das Herausragende erlebte ich nicht nur in Form von Jahrgangschampagner oder Blinis mit Sauerrahm und schwarzem Beluga-Kaviar, sondern auch mit seiner Neugierde auf andere Kulturen. Es war ihm sichtlich unangenehm, dass er nur ein paar Brocken Englisch sprach, kaum einen kompletten Satz bilden konnte, aber es hielt ihn nicht davon ab, die Welt zu entdecken. Dass er seinen Reichtum gerne zeigte – mit Champagner, britischen Oldtimern und einer Audemars Piguet aus Gold –, war mir peinlich. Elternsprechtage im Internat interpretierte er in Narzissmus um, und seine überzogene Show musste ich hinterher monatelang ausbaden. Aber als mir neulich ein Kollege erzählte, dass im Hotel *Adlon* in Berlin mal eine Currywurst mit Blattgold serviert wurde, dachte ich, dass das sogar mein Vater obszön gefunden hätte. Ich erinnere mich, wie er einmal, in einem Restaurant an der Hamburger Elbchaussee, wütend den Koch kommen ließ und ihm lautstark eine Szene machte. Denn auf der Speisekarte stand ein Gericht mit Steckrüben. Mein Vater, 1941 geboren, tobte. »Steckrüben! Die mussten wir nach dem Krieg von den Feldern sammeln! Und Sie wagen es, dafür sechzig Mark zu nehmen? Das ist eine Frechheit!« Der Koch entschuldigte sich und bot andere Beilagen an.

Über die Lebensgeschichte meines Vaters weiß ich fast nichts. Aber meine kommt sicher nicht von ungefähr: nicht gewollt, nicht geliebt. Ich litt von Anfang an, schon vor dem frühen Tod meiner alkoholkranken Mutter. Während der Zeit im Kinderheim. Nachdem mein Vater, ich vermute, nicht freiwillig, mich von dort zu sich holte. Denn er drohte in den folgenden Jahren ständig damit, mich zurück ins Heim zu schicken. Dann das Mobbing meiner Mitschülerinnen. Als ich mit dreißig den Film *Mein Leben als Hund* (Mitt liv som hund) des schwedischen Regisseurs Lasse Hallström sah, tröstete er mich; in dem kleinen, ausgestoßenen Ingemar fand ich einen Seelenverwandten. In dieser Zeit wurde ich oft in psychiatrischen Kliniken behandelt. Ich lernte, dass Schicksale wie meines – ein Trauma reiht sich an das nächste, eine Diagnose folgt der nächsten – oft vorkommen. Zudem erfuhr ich, dass laut der Weltgesundheitsorganisation (WHO) nicht defekte Gene, Viren oder Bakterien die meisten Krankheiten auslösen. Weder Unfälle noch fehlende Botenstoffe, Hormone oder Gewebeneubildungen. Sondern: Armut. Und für Arme ist es erheblich schwieriger, Krankheiten zu bewältigen, Stichwort Ressourcen.

Ich zehre noch heute davon, dass ich zehn Jahre lang einen hohen Lebensstandard hatte (inklusive Verwöhnschaden). Mit Haute Cuisine, Fünfsternehotels, spektakulären Reisen, teurer Schule und Ausbildung. Denn Reichtum ermöglicht weit mehr als Konsum. Ich lernte die Insignien der Oberschicht: von modischen Accessoires wie die berühmte Handtasche von Hermès (Kelly Bag) bis zu erlesenen Spirituosen (Ziegler Nr. 1, Wildkirsche). Das wirkt sich heute positiv auf meinen Job aus, zum Beispiel, wenn ich in der Hamburger Buchhandlung Heymann am Eppendorfer Baum aushelfe. Seit mehr als fünfzehn Jahren arbeite ich vor Weihnachten mit, und die hohen Ansprüche der Kundinnen trotz Vorweihnachtsstresses zu erfüllen, fällt mir leicht: Ich bin, wie es heißt, »parkettsicher«.

Manchmal setze ich mich mit den Standards, die mir beigebracht wurden, allerdings in die Nesseln, ohne es zu wollen. Vor Jahren wünschte sich eine Bekannte von mir zu ihrem 40. Geburtstag von ihren Eltern einen Trinity-Ring von Cartier. »Den? Warum das denn?«, fragte ich erstaunt. »Der ist doch nichts Besonderes.« Daraufhin sah sie wiederum mich erstaunt an, und ich erfuhr, dass der aus drei ineinander verschlungenen Ringen (einer in Weiß-, einer in Gelb- und einer in Roségold), den bei uns im Internat jede zweite noch nicht volljährige Schülerin getragen hatte, in der einfachsten Form über 1000 Euro kostet.

Von ganz oben nach ganz unten

Ich fiel aber auch tief. An dem Tag, an dem ich Leistungen nach dem Zweiten Buch Sozialgesetzbuch beantragte, weinte ich. Zumindest aber hatte ich durch den Wohlstand meines Vaters die innere Gewissheit gelernt, dass frau Rechte und einen Anspruch auf etwas hat. An den ersten Termin beim Jobcenter erinnere ich mich genau. Meine Depression vernichtete den größten Teil meiner Arbeitsfähigkeit, daher musste ich Hartz IV beantragen. Ich weinte tagelang, das Behördendeutsch der Unterlagen überforderte mich, und ich schämte mich vor meinen Freundinnen, die gerade coole Jobs an Land zogen. Vor dem Gespräch mit dem Sachbearbeiter hatte ich Angst. Anfangs lief es okay, dann sagte er plötzlich: »Vergessen Sie nicht, dass der Staat Sie subventioniert!«

Es fühlte sich an wie eine Ohrfeige, im ersten Moment war ich wie gelähmt. Anschließend ging jedoch die Kreuzfahrt-Prägung, zusammen mit meinem Hochschulstudium (Skandinavistik, Strafrecht und Kriminologie) mit mir durch. »Ich bekomme keine Subventionen!«, erwiderte ich harsch. »Arbeitslosengeld II zu beantragen ist mein Recht! Und wenn Sie krank wären, hätten Sie genauso das Recht, diese Leistungen zu erhalten! *Subventioniert* wird in diesem Land mit seinen Anti-Raucher-Kampagnen übrigens der Anbau von Tabak in Südeuropa!«

Erst auf dem Nachhauseweg rollten mir Tränen um Tränen übers Gesicht bis in den Kragen, weil die Ablehnung von »Vater Staat« mich ins Mark traf. Jahrelang habe ich mich gefragt, warum ich mit dem Jobcenter oft Schwierigkeiten habe. Das Hartz-IV-Gesetz ist das meistverklagte seit jeher, und mehr als die Hälfte der Klagen wurden zugunsten der Leistungsbezieherinnen entschieden – wenn sie die Energie für die anstrengende, teils jahrelange Schlacht hatten.

Vor den Terminen (zu denen ich nie mehr allein ging) konnte ich nächtelang nicht schlafen. Panikattacken umklammerten mich. Morgens musste ich Loperamid nehmen, weil ich so extremen Durchfall hatte, dass ich sonst das Haus nicht hätte verlassen können. Doch egal, wie heftig die Angriffe waren (sie reichten von »Menschen mit Persönlichkeitsstörungen können nicht arbeiten!« bis zu »Sie simulieren!«): Ich versuchte, mich zu wehren. Und versuche es immer noch.

Wie mächtig Sprache sein kann, habe ich im Internat gelernt. Selbst wenn ich kurz davor bin zu dissoziieren oder, wörtlich gemeint, aufzustehen und mit dem Kopf gegen die Wand zu rennen: Die Fähigkeit zu reden verliere ich als Letztes. Deshalb vermute ich, dass ich dem Jobcenter und deren Medizinischem Dienst nie unterwürfig genug war. Eine Sachbearbeiterin sagte einmal aufgebracht zu mir: »Sie passen nicht in unser System!« Das kenne ich schon mein ganzes Leben lang. Bin ich eine Systemsprengerin? Heute ist es vor allem mein Körper, der nicht passt. Aber anders als früher habe ich durch ihn jetzt einen Schutzpanzer.

»Heul doch«, sagte mein Vater regelmäßig, »das ist mir scheißegal!« Auch im Internat gab es genügend Schülerinnen, die sich an meiner Beschämung ergötzten, mit mir spielten wie eine Katze mit der Maus. Als Erwachsene kann ich mich in meinem Schutzpanzer verstecken. Aber ich wünsche mir, dass ich endlich lerne, mich anders zu schützen! Bisher reichten mein Wunsch und mein Wille einfach nicht, um es zu ändern. Die Ohnmacht ist entsetzlich.

Betrachte ich heute die Fotos von der Reise mit der MS *Berlin*, sehe ich eine große, schlanke, braun gebrannte Jugendliche mit schmalem Gesicht, schüchternem Lächeln und langen, dunkelblonden Haaren. Ich sah nie aus wie ein Model, aber ich finde mich in der Rückschau attraktiv. Und ich bin traurig über das, was mir genommen wurde. Ich fühle mich dick, hässlich, dumm und nicht liebenswert, weil frau mir vermittelte, dass ich so sei. Mit dem richtigen Mindset, drei, vier Selbstliebe-Ratgebern oder einer Kurzzeittherapie lässt sich das nicht umpolen. Was ich mir aber bewahren konnte, ist die Fähigkeit zum Genuss. Es kostet mich Überwindung, mich in der Umkleide nackt zu zeigen, denn dort bin ich allein unter Dünnen. Aber ich trainiere so gerne, dass mein Bedürfnis, sowohl zum Sport zu gehen als auch direkt danach zu duschen, größer ist. Im Bikini an den Strand zu gehen finde ich schwierig. Aber ich liebe es, im Liegestuhl in einem Roman zu versinken und zwischendrin zu baden. Auch diesen Genuss lasse ich mir nicht nehmen. Denn für mich steht er allen zu.

Ich lebe vom Bürgergeld und verdiene in Teilzeit als freie Journalistin und Autorin etwas dazu. Die ersten 100 Euro darf ich behalten, von den weiteren 30 Prozent, also 30 Euro, 70 Euro gehen an den Staat. Deswegen muss ich seit Jahren auf vieles verzichten. Es entlastet mich, dass mir die meisten Statussymbole meiner Peergroup egal sind. Ich brauche kein eigenes Haus, keinen Kombi, keinen Vitra Lounge Chair von Eames und keine Handtasche von Hermès. Bei Lebensmitteln aber bin ich krüsch, wie es Norddeutsche sagen: wählerisch. Denn leckeres Essen ist nahezu das Einzige, was mir meine Eltern an Zuwendung gegeben haben. Fast alle Erinnerungen hält meine Amnesie unter Verschluss, aber was ich noch weiß, ist, dass meine Mutter mir Haferbrei gemacht, für mich Leber gebraten und mit mir Weihnachtsplätzchen gebacken hat. Natürlich können weder Baumkuchen noch Saltimbocca emotionale Nahrung ersetzen (auch wenn mein Gehirn das oft glaubt). Aber es ist eine Ressource. Bis heute investiere ich gerade bei Lebensmitteln in Qualität, vom Apfel bis zu Zitrusfrüchten. Ich esse lieber nur einmal im Jahr Bio-Rehrücken als jeden Monat billiges Fleisch. Immer wenn ich im Krankenhaus war, empfand ich das an Subunternehmer outgesourcte, also vorgekochte, dann wieder aufgewärmte Essen als Beleidigung: An den Mahlzeiten für die Patienteninnen wird massiv gespart.[1]

Es ist mir sehr bewusst, dass es beispielsweise Obdachlosen oder Geflüchteten schlechter geht als mir! Deutlich! Aber auch relative Armut tut weh, gerade, wenn ich auf Instagram sehe, dass meine Freundinnen mehrfach im Jahr in den Urlaub fahren, sich ein Tier kaufen oder stylische Yogasachen tragen. Mein ganzes Leben lang träume ich bereits von einem eigenen Hund! Mein Vater hat mir nichts vererbt, und ich weiß, dass er lieber alles Geld verschenkt hätte, als mir, die sich von ihm lossagte, etwas zu hinterlassen. Nach langen Jahren der Therapie lodert der Hass jedoch nur noch selten. Inzwischen kann ich meinen Vater besser verstehen. Liebe hatte es offenbar auch für ihn nicht genug gegeben. Aber als Erwachsener konnte er sich die Haute Cuisine erobern – und wenigstens das an mich weitergeben. Als es in den Tischrunden früher um Fragen ging, ob noch eine Flasche Champagner, ein ganzer Hummer bestellt oder ein höheres Trinkgeld gegeben werden sollte, sagte mein Vater oft

1 https://www.aerztezeitung.de/Wirtschaft/Ernaehrungsmediziner-fordern-bessere-Ernaehrungsversorgung-im-Zuge-der-Klinikreform-438364.html.

in einer Mischung aus Überheblichkeit und Erleichterung: »Selbstverständlich! Es ist ja hier nicht wie bei armen Leuten!«

Mutprobe: Kochkurs bei Verena Lugert

2017 las ich in der *Brigitte* einen Artikel von Verena Lugert. Die Journalistin schrieb darin über ihren Traum, eine professionelle Köchin zu werden. Mit 39 setzte sie ihn in die Tat um und absolvierte eine Ausbildung zur Köchin in der legendären Kochschule Le Cordon Bleu in deren Niederlassung in London. Danach fing sie in einem Restaurant des britischen Sterne-Kochs Gordon Ramsay an. Als Commis de Cuisine, Jungköchin, das kleinste Licht in der Küche, vor den Lehrlingen und Spülern. Zu ihrem neuen Leben gehören 16-Stunden-Tage, schreiende Kolleginnen, Messer aus hundertlagigem Damaszenerstahl, zerschnittene Finger, verbrühte Finger. Stundenlang im Akkord Petersilie hacken. Nachts, nach der Schicht, noch die weiße Uniform waschen und bügeln. Warum hat sie das gesucht?

Auch in meinem Umfeld startete in dieser Zeit die »Was wäre, wenn …?«-Phase. Zwischen vierzig und fünfzig hatten die meisten die klassisch-bürgerlichen Lebensziele erreicht und etabliert: Ausbildung, Eigenheim/Eigentumswohnung, Hochzeit, Kinder, Autos, solider Job, zwei Urlaube im Jahr. Nun meldete sich die Sehnsucht nach dem Neustart. Um verborgenen Talenten Raum zu geben, aus dem anstrengenden Job auszusteigen oder um sich Jugendträume zu erfüllen. Weit oben auf der Beliebtheitsliste: Coachin oder Yogalehrerin. Manche eröffneten ein Café, eine Eisdiele, eine Buchhandlung oder ein Hotel; mehrere Kolleginnen schrieben Bücher. Ein paar nahmen ein Sabbatical und reisten um die Welt, andere arbeiteten mit Tieren oder wurden Heilpraktikerin.

Verena Lugert liebt seit ihrer Kindheit das Kochen, als Erwachsene sammelte sie Erfahrungen in der Gastronomie. Trotzdem war ihr Wechsel mit Ende dreißig in eine Sterne-Küche ein ungewöhnliches Ziel. Dieser Beruf ist so unbarmherzig, dass er an Leistungssport erinnert. Wer hier dabei sein will, sucht Qualität, Perfektion – und den Rausch. Entsprechend atemlos las ich ihr Buch *Die Irren mit dem Messer. Mein Leben in den Küchen der Haute Cuisine*.

Ich war fasziniert, abgeschreckt und begeistert in einem; mit der Hingabe für die feine Küche schien mir Verena eine »verwandte Seele« zu sein. Sie imponierte mir, weil sie einen Beruf gewählt hatte, in dem nicht zu faken ist. Kochen ist Handwerk, ein pochiertes Ei, das im Wasser zerfleddert, kann kaum zu einem Kunstwerk umdeklariert werden. Auf Instagram erfuhr ich, dass sie während der Pandemie auf *spiegel.de* die Kolumne »Nervennahrung« gestartet hatte, Essen für die Seele in Zeiten von Angst und Unsicherheit. Als sie 2022 ihre Experimentierküche I LOVE FOOD in Hamburg eröffnete, fragte ich sofort nach einem Kochkurs.

Im März 2023 treffe ich Verena in ihrer Küche, sie liegt nahe dem Universitätsklinikum in einem Wohnviertel. Sie begrüßt mich herzlich; dass sie aus Bayern kommt, höre ich an ihrem rollenden R. Mit ihrem Lächeln, der rot-weißen Schürze und der sinnlichen Ausstrahlung wirkt sie überaus appetitlich, genau wie ihre Räume. Hier werden Kurse, Partys, Abendessen, Tastings (Verkostungen) und Lesungen gefeiert. Der vordere Raum wirkt wie eine Eisdiele. In der Mitte leuchtet die Kochinsel (pulverbeschichtet, rosa, mit Rollen), an den dunkelgrauen Wänden stehen ein schmaler, hoher Kühlschrank (rot) und die Spüle (blau). Auf der Kücheninsel, neben der Kitchen Aid und dem schweren Mörser, warten die Zutaten: unter anderem Birne und Blumenkohl, kleine rote Chilis, ein Bund Radieschen, Limetten, Salatköpfe, ein Granatapfel, Kastanienmehl – und ein Schraubglas mit Safranfäden. Denn ich habe einen Wunschzettel mitgebracht. Am wichtigsten: alles ohne Zucker, nur mit Stevia gesüßt. Ansonsten leicht umzusetzende Gerichte mit viel Gemüse.

Ich lechze nach seltenen Geschmacksrichtungen, wie bei dem herzhaften Crêpe Bánh Xèo. Ich habe ihn durch meine Freundin Yen kennengelernt, bei unserer Reise nach Nordvietnam im Oktober 2022 für die Zeitschrift *Brigitte*. Außerdem stehen ein würziger Blumenkohl und ein toskanischer Kuchen aus Kastanienmehl auf dem Programm. Als Erstes aber bewundere ich die großen Messer von Jay Patel, Inhaber der Japanese Knife Company, die sich Verena für den zweiten Platz beim »Gordon Ramsay Award of Excellence« erkocht hat.

Abgesehen von meinem Faible für Champagner komme ich bei ihr mit Basiswissen an, die Themen Gewicht und Ernährung begleiten mich lange. Als ich mit fünfzehn vom Schüleraustausch in Australien zurückkehrte, wog ich zehn Kilo mehr – ein halbes Jahr lang hatte ich so viele Süßigkeiten gegessen, wie ich wollte, hauptsächlich Eis und Pancakes mit Ahornsirup. Mein Vater tobte, deswegen nahm ich ab. Mit Anfang zwanzig veränderte sich mein Stoffwechsel, während des Studiums saß ich meist am Schreibtisch, und das Zusammenwohnen mit meinem damaligen Freund mündete in Spaghetti Carbonara oder Cannelloni mit Bolognese. Ich begann, mich von meinem Vater zu lösen, den damit verbundenen Stress beruhigte ich mit Schokolade. Das Ergebnis: Ich nahm 25 Kilo zu und begann mit Diäten.

Zwanzig Kilo zu verlieren gelang, entpuppte sich aber als Schinderei. Anfangs beflügelte mich jede Kleidergröße weniger, jeder Rock von früher, der mir wieder passte. Als ich bei 64 Kilo hängen blieb, packte mich die Verzweiflung: Ich war nicht gut genug im Abnehmen. Dabei trieb ich fünfmal die Woche Sport: Ju-Jutsu, Rückengymnastik, Joggen. Obwohl ich mich ständig zur Kohlsuppendiät zwang, Magic Soup aß (im dazugehörigen Buch stand, dass die Suppe den Einstieg in ein neues schlankes Leben erleichtern und dass dieses voller Energie und Fröhlichkeit sein würde). Ich empfand die Magic Soup schnell als Qual. Für sie gab es vier Rezepte von Sterneköchen. Immer sehnte ich mich nach dem vierten Tag, an dem ich drei Bananen essen durfte. Sie kamen mir weit süßer vor als früher, und wenn ich nach den Kohlsuppen-Phasen wieder Ketchup aß, schmeckte der wie Baklava. Sonst kämpfte ich gegen jeden Apfel, jeden Teelöffel Olivenöl und wog alle Zutaten aufs Gramm genau ab. Das Ergebnis: Ich nahm nicht ab, hatte aber Hunger. Obwohl ich mir Mühe gegeben hatte, schließlich bin ich mit »Leistung lohnt sich« aufgewachsen.

Zwischendrin studierte ich das *Fit for Fun*-Kochbuch und probierte die *Brigitte*-Diät. Ich trank nie Alkohol, verbat mir Süßes – und scheiterte. 64 Kilo bei 1,74 Meter. Schlank, aber nicht dünn, sportlich, aber kein Waschbrettbauch. Mehr Steffi Graf als Audrey Hepburn. Heute wäre ich überglücklich über diesen Körper. Damals aber, so pervers es klingt, wünschte ich mir, magersüchtig zu sein. Ich beneidete Frauen, die es schafften, am Tag nur eine Scheibe Gurke zu essen. Zehn Jahre später sagten mir mehrere Therapeutinnen, dass das, was ich als Schwäche verflucht hatte, ein gesunder Lebenswille sei.

Mit dem Zusammenbruch meiner Seele 2006, den Jahren mit Depressionen, PTBS, Binge-Eating-Störung und Kliniken, brach auch mein zwanghaftes Essverhalten zusammen. Ich nahm angsteinflößende 50 Kilo zu. Das Scheitern blieb. Auf Dauer halfen weder das wöchentliche Wiegen noch Low Fat, Low Carb, Metabolic Balance, Intervallfasten oder Weight Watchers. Über Nüsse statt Nougat und Vollkornbrot statt Brioche freute sich meine Bauchspeicheldrüse; mein Über-Ich lobte das Kilo lila Möhren mit Harissa und Koriander aus dem Ofen, gesünder als Pizza. Doch ich blieb nie lange satt.

In der Therapie lernte ich, dass ich vor allem seelisch hungere. Nach elterlicher Liebe, Aufmerksamkeit, Zuwendung. Ging es mir schlecht, katapultierten mich Flashbacks in Mikrosekunden zurück in meine Kindheit. Die Sehnsucht nach meiner Mutter, oder, viel mehr, nach liebevollen fürsorglichen Eltern riss mich mit. Sehnsucht wird gern romantisch verklärt, aber ich empfinde sie als ebenso quälend wie Suchtdruck. Manchmal tut mir dieser Schmerz so weh, meine Haut brennt dermaßen, dass ich mir am meisten wünsche, ich wäre nie geboren worden. Ich verfluche meine Eltern in diesen Momenten, denke, warum zum Henker habt ihr nicht verhütet? Ich hadere mit ihnen, werde noch verzweifelter und esse mehrere Packungen Kekse. Geht es mir dann etwas besser, fürchte ich mich bis kurz vor der Atemlähmung, dass ich so schwer gestört bin, dass ich nie ausreichend heilen kann.

Auch Essen kann eine Sucht sein

Würde ich mein Essen der letzten zehn Jahre protokollieren, wäre auf die Stunde sichtbar, wie es mir wann in mir aussah. Das Essen von Süßigkeiten ist, das fand ich mithilfe von

Dr. Weston heraus, bei mir eine Sucht. Dazu das Wissen von Forschern: »In einer Reihe von Untersuchungen konnten deutliche Parallelen zwischen Ess- und Gewichtsstörungen und Abhängigkeitserkrankungen nachgewiesen werden. Diese betreffen insbesondere reizabhängige appetitive Reaktionen und Beeinträchtigungen kognitiver Steuerungs- und Regulationsfunktionen.«[1]

In der Klassifikation der Krankheiten der WHO, ICD-10-GM-2023 (Essstörungen), wird unter der Ziffer F50.4. die Binge-Eating-Störung beschrieben: »Essattacken bei anderen psychischen Störungen.« Als Information steht dahinter: »Übermäßiges Essen als Reaktion auf belastende Ereignisse, wie etwa Trauerfälle, Unfälle und Geburt.« Meine Familie mütterlicherseits ist eine voller alkoholkranker Menschen, keine Generation ohne Sucht, ich bin sowohl sozial als auch genetisch vorbelastet. Zwar trinke ich höchstens ein-, zweimal im Jahr Alkohol, aber ich tröste, reguliere, beruhige und betäube mich mit Essen.

Süchtige und Schizophrene gelten als »Stiefkinder« der Psychiatrie: Ihr Leid ist enorm, die Abweichung von dem, was die Mehrheit als »normal« bezeichnet, oft auch. Die Behandlung ist langwierig und komplex. Leider glauben bis heute nicht wenige – weil es auch durch manche Ratgeber falsch beschrieben wird –, dass eine Sucht mit starkem Willen, Einsicht in die Ursachen, Wissen um die Langzeitfolgen und neuen, positiven Glaubenssätzen besiegt werden kann. Oder dass Süchtige fallen gelassen werden müssen, damit sie endlich die Einsicht zum Aufhören finden. Beides stimmt nicht!

1 Sabine Steins-Loeber und Georgios Paslakis: Suchtmechanismen bei Ess- und Gewichtsstörungen. In: Stephan Herpertz, Martina de Zwaan und Stephan Zipfel (Hrsg.): Handbuch Essstörungen und Adipositas. Springer 2023, S. 212.

Als ich den Hirnforscher Eric Kandel über Zoom, also online, interviewte, saß der damals Neunzigjährige in seinem Büro in New York und wirkte wie auf dem Psychiatrie-Kongress, bei dem ich ihn (zugeschaltet) bereits erlebt hatte: klug und charmant. Geboren wurde er 1929 in Wien. Als er zehn Jahre alt war, musste seine Familie vor den Nationalsozialisten fliehen. In Amerika studierte er Europäische Geschichte in Harvard und Medizin an der New York University. Nachdem er jahrelang als Psychiater gearbeitet hatte, wandte er sich der Neurowissenschaft zu. Am Bildschirm fragte ich ihn auch nach Süchten und wie sie am besten zu behandeln seien. »Alkoholabhängigkeit ist nicht der Ausdruck eines schwachen Charakters, sondern eine Fehlfunktion des Belohnungssystems, eine chronische Krankheit«, sagte er. »Sucht raubt uns die Fähigkeit, frei zu wählen. Süchtige wollen das, was sie tun, nicht tun, aber sie können nicht damit aufhören.« Es sei ihm wichtig, das zu betonen, fuhr er fort, da Untersuchungen gezeigt hätten, dass Betroffene früher Hilfe suchen würden, würden sie nicht von Schuldgefühlen zerfressen. Den Preis der (unbehandelten) Krankheit nannte er auch: »Sucht richtet im Leben der Menschen großes Unheil an. Unter Umständen kostet sie den Arbeitsplatz, die Gesundheit oder den Partner. Am Ende stehen möglicherweise Armut oder Haft. Manchmal führt Sucht zum Tode.«

Drogen, Alkohol, Esssucht und Magersucht: oft ein Suizid auf Raten. Laut Kandel sind manche Zwangsstörungen, die das Essen, das Glücksspiel, das Internet oder die Sexualität betreffen, einer Drogensucht ähnlich. Tabak kann für härtere Drogen der Einstieg sein, ebenso Cannabis. Unterschieden wird in stoffgebundene Süchte und Verhaltenssüchte, die Parallelen und Unterschiede werden noch untersucht.

Nachdem ich Etliches versucht habe und oft gescheitert bin, probiere ich es mit Abstinenz, um den Schaden im Belohnungssystem des Gehirns nicht zu vergrößern. Mittlerweile weiß ich aus der Suchttherapie, dass Rückfälle, selbst nach einer adäquaten Behandlung, bei vielen kaum vermeidbar sind – aber die Phasen der Abstinenz helfen. Es geht darum, Rückfälle zu integrieren und langfristig nicht aufzugeben. Nach den ersten Versuchen merkte ich, dass es mir tatsächlich hilft, den Auslöser zu meiden: Zucker. Ich esse keinen weißen, raffinierten Zucker mehr; auch keinen Honig oder Rohrohrzucker. Ich vermeide Agavendicksaft, Dattelsüße, Kokosblütenzucker, Kandis, Reissirup, Birkenzucker und Ahornsirup. Nur Stevia oder Erythrit: Teure, künstlich verarbeitete Pulver, schwierig zu dosieren, aber sie verursachen keine Karies und lösen keinen Suchtdruck aus.

Obwohl es funktioniert, bringt dieser Verzicht neue Probleme mit sich. Zum einen bleibt die Ursache bestehen: Ich bin nicht gut darin, Gefühle ohne Süßes zu regulieren! Mir springen schnell die Sicherungen raus, und es ist für mich äußerst schwierig, mich zu beruhigen. Geschieht etwas Schmerzhaftes, lechze ich nach Zucker. Zu meiner Erleichterung gibt es heute Schokolade, Kekse, Nuss-Nugat-Aufstriche und Ketchup mit dem Zuckerersatz Erythrit. Was alternativ stärkt, aber nicht rund um die Uhr verfügbar ist: Sport, Therapie, Zuwendung und Genuss. Doch um in das Stadium der Enthaltsamkeit zu kommen, muss ich zuerst Anlauf nehmen und »entgiften«. Jeder Entzug ist quälend, und ich brauche mindestens einen Monat, bis mein Gehirn nicht mehr wie das Krümelmonster in der *Sesamstraße* ständig »Keeeeekse!!« schreit.

Was es noch schwieriger macht, ist die extrem überzuckerte Welt der westlichen Industrienation, in der ich lebe. Wenn ich vom Bus nach Hause gehe, empfange ich Sirenen: vom Café, Bäcker, Kiosk und Dönerladen. Voller Eclairs, Muffins, Mandelhörnchen, Berliner, ABC-Kekse oder Baklava. Sie locken mit betörendem Gesang, senden die Verführung wie die Sirenen von Homers Odysseus: an mein Gefühl, obwohl mein Kopf weiß, dass die Fett-Salz-Süß-Mischungen nicht nur die Blutgefäße ruinieren. Befinde ich mich zwischen dem Bedürfnis nach Beruhigung und Entzug, also im Kampf, balle ich die Fäuste, gucke runter auf den Asphalt, versuche schneller zu gehen und denke: Nein! Nein! Nein! Oder ich rede mir ins Gewissen: »Du vergiftest dich!« Oder ich blicke zum Himmel und flehe nach oben: »Bitte, ich will nicht!«

Der Weg von der Bushaltestelle nach Hause dauert etwa acht Minuten. Komme ich in meiner Wohnung an, bin ich fix und fertig. Aber Zucker ist überall. Im Supermarkt weiche ich angespannt den Regalen mit Süßigkeiten aus, aber an der Kasse warten, nicht zufällig, neben Zigaretten, Tabak und kleinen Schnapsflaschen die Schokoriegel. In seinem Buch *Was ist der Mensch?* beschreibt Eric Kandel das, was ich erlebe, so: »In der hohen Rückfallquote spiegeln sich die langanhaltenden Veränderungen wider, die sich im Gehirn während der Sucht abspielen. Sucht ist eine Art Langzeiterinnerung. Das Gehirn wird so konditioniert, dass es bestimmte Anhaltspunkte aus der Umwelt mit Glücksgefühlen assoziiert, und eine Begegnung mit solchen Begleitumständen kann dann den Drang auslösen, die Droge zu konsumieren. Die Erinnerung an das Glücksgefühl bleibt auch dann noch lange erhalten, wenn eine süchtige Person die Droge nicht mehr nimmt.«[1]

Oft stand ich sehnsüchtig vor einem Frankfurter Kranz, ein Kuchen meiner Mutter, und sagte stumm: »Er schmeckt dir nicht, kauf ihn nicht!« In meiner Erinnerung aber ist dieser Kuchen mit Buttercreme und Krokant pure Liebe. Mich

1 Eric Kandel: Was ist der Mensch? Störungen des Gehirns und was sie über die menschliche Natur verraten. Siedler 2018, S. 274.

vom Baumkuchen, den uns, als ich noch Kind war, die Verwandten aus dem Osten schickten, zu entwöhnen, dauerte erheblich länger. Wenn mir der Verzicht trotzdem gelingt, ernte ich bei anderen oft Irritation. Gar keinen Zucker mehr? Ist das nicht zu extrem? Ein Stück Kuchen ist doch nicht viel … zum Sommer gehört doch Eiscreme … zur Vorweihnachtszeit Plätzchen … ja, in der Soße ist Honig, aber nur wenig … Süße sei doch etwas Schönes … Und auch wenn ich manchen bereits mehrfach erklärt habe, dass ich keinen Zucker esse, weil ich krankhaft süchtig bin, bekomme ich trotzdem in Phasen, in denen mir die Abstinenz gelingt, Süßigkeiten angeboten.

Heute lässt diese Überzuckerung manche Frauen energisch widersprechen. Die Journalistin Ann-Kristin Tlusty schreibt in ihrem Buch *Süss. Eine feministische Kritik*, dass sich die süße Frau durch die Augen eines anderen betrachtet und zwar, als sei sie eine Ware, nämlich verfügbar und konsumierbar. Tlusty wehrt sich kenntnisreich und deutlich gegen solche Assoziationen. Die zarte, süße, sanfte Frau ist allerdings bis heute sehr beliebt. Nein zu sagen, sich sozialen Gepflogenheiten zu verweigern, kann anstrengend sein. Deshalb versuche ich einen Spagat, werde in starken Phasen zum »Es tut mir wirklich leid, aber …«-Erklärbär: »Es ist wie bei Alkohol. Ich kann es nicht. Wirklich nicht! Nein, gar nicht.«

Ich würde mich freuen, wenn es mir möglich wäre, nur selten Süßes zu essen. Als Ausnahme. Zu Ostern, an Geburtstagen oder Silvester. Aber: Ich kann es nicht! Ein Freund sagte mir mal, dass er nie mit dem Rauchen aufgehört hätte, wenn es ihm gelingen würde, sich auf fünf Zigaretten am Tag zu beschränken. Das schaffte er aber nicht – und ich kenne auch kaum jemanden, bei dem das klappt. Viele Genussmittel sind eben auch Suchtmittel. Ich reagiere bei Zucker auf jedes Gramm. Es kommt vor, dass ich etwas esse, von dem ich dachte, es wäre zuckerfrei (Knoblauchsoße im Lahmacun, Créme fraîche mit Kräutern) – aber der Suchtdruck meldet sich sofort. Dann entsteht ein entsetzlicher Sog: Mehr! Mehr!! Mehr!!! Hunger! Hunger!! Hunger!!! Er führt schlimmstenfalls dazu, dass ich nachts, im Schlafanzug, zur Tankstelle gehe. Dort treffe ich Menschen, die ebenfalls Süßigkeiten und Chips kaufen, oder Alkohol und Zigaretten. Auf dem Rückweg stopfe ich mir ein Bounty in den Mund und ersticke fast am Selbsthass. Gescheitert. Wieder.

Mehrere Male ist es mir aber bereits gelungen, den wochenlangen Entzug durchzuhalten – und irgendwann war ich frei. Frei! Frei von den Sirenen, frei vom zwanghaften Essen. Sogar Kindergeburtstage konnte ich entspannt mitfeiern, ohne auch nur das geringste Bedürfnis nach Gummibärchen, Marmorkuchen oder Pommes mit Ketchup zu verspüren. Unabhängigkeit kann ein Hochgenuss sein. Manchmal fühlte ich mich so high, dass ich am liebsten mit Pompons eine Cheerleader-Choreo zu *Good Vibrations* von den Beach Boys quer durchs Zimmer getanzt hätte. FREI! Keine Schuldgefühle. Keine Scham. Kein Rückwärtsgang. Druck und Stress zogen aus, Mühelosigkeit bei mir ein. Es waren immer erstaunliche, herrliche, ruhige Wochen! Einfach im Bahnhof eine Zeitschrift kaufen, ohne innerlich mit den Schokoriegeln zu diskutieren. Einfach fernsehen, ohne auf dem Handy schnell die Öffnungszeiten des Kiosks nachzuschauen. Nach dem Sport den Heimweg antreten, ohne zur Tankstelle abzubiegen.

Leider hielt die suchtfreie Zeit nie länger als ein paar Monate an. Immer kam ein Tag, an dem etwas mein Leben erschütterte. Druck vom Jobcenter, das Ende einer Therapie, Geldsorgen, die Trauer, keinen Partner und keine Kernfamilie zu haben, die Pandemie oder der Beginn des Krieges von

Russland gegen die Ukraine. Dazu die 24/7-Verfügbarkeit von Süßigkeiten, eine orale Befriedigung, die gleichzeitig meine Seele beruhigt und den Schmerz lindert. Sofort, überall. Welcher Wochentag und wer Bundeskanzlerin ist, kann ich immer korrekt benennen, doch mein Gefühl ist dann blitzschnell ins Gestern gerutscht, und ich empfinde wieder die Not des hungernden Kindes, das sich sehnlichst wünscht, dass es endlich geliebt wird.

Nicht immer kann ich mir helfen. Wie viele Menschen (gerade Kinder, Menschen mit Behinderung und seelischen Krankheiten sowie sozial Schwache) warf die Pandemie mich psychisch um Jahre zurück. Allein die Angst vor Ansteckung. Als ich dann an Corona erkrankt war, ging es mir hundeelend. Es dauerte Wochen, bis ich wieder ein paar Stunden am Tag arbeiten, und Monate, bis ich wieder im Wohnzimmer trainieren konnte. Was mich normalerweise stabilisiert – Treffen mit Freundinnen, berufliche Reisen, Kino, Lesungen, Museen, Sport –, war nicht möglich. Auch finanziell stieg die Angst: weniger Artikel, kaum noch Lesungen und Vorträge. Es ging mir so schlecht, dass ich danach einen zweimonatigen vollstationären Aufenthalt in einer psychotherapeutischen Klinik brauchte. Und obwohl ich fest entschlossen war, alles Süße zu meiden, aß ich dort nachts, heimlich, acht Toasts mit Nutella.

Ich versuchte in der Klinik mit der sehr kompetenten Körpertherapeutin, die psychodynamische Ebene zu verstehen. Was wäre eigentlich, wenn ich frei bliebe, ohne Sucht nach Süßigkeiten? Würde ich endgültig die Verbindung zu meiner Mutter verlieren? Darf sich mein inneres Kind von ihr abgrenzen, weggehen wie bei Orpheus und Eurydike? Zu dem Preis, dass sich dann kaum noch jemand an sie erinnert? Wäre es möglich, dass ich ihr positives Erbe bewahre, nicht Baumkuchen, sondern die Freude am Sport? Hinter einem hüfthohen Schutzwall aus Yogakissen, den ich in der Körpertherapie gebaut hatte, verkroch ich mich in die Ecke und weinte.

Auch Freundschaften hat die Pandemie gekostet. Mit der Therapeutin kam ich langsam dahinter, dass ich, im Guten wie im Schlechten, mit Freundinnen, die selbst Mütter sind, oft in eine Symbiose gerate. Ich fühle mich verantwortlich. Wenn sie Kummer haben, bin ich davon getrieben, sie um jeden Preis zu stützen, zu stabilisieren. Dabei verhalte ich mich liebe- und verständnisvoll, ignoriere meine Grenzen, stelle meine eigenen Bedürfnisse zurück und zeichne mich mehr durch Hilfsbereitschaft als durch Persönlichkeit aus. In mir ist dann das kleine Mädchen aktiviert, das ganz allein seine Mutter retten muss. Bis es knallt. Weil eine Übertragung entstanden ist, eine unbewusste Wiederholung. Ich über-gebe mich, kann das irgendwann nicht mehr aushalten – und wehre mich gegen die (erneute) Parentifizierung. Aggression entsteht, die ich unglücklicherweise nur schlecht dosieren kann, weil sie sich lange angestaut hat. Außerdem geht mir mit blanker Wut auf, dass meine gesunden Freundinnen sehr viel mehr emotionale, soziale und finanzielle Ressourcen haben: als ich, als mich! Sie könnten bei ihren Partnern, Geschwistern, Eltern, Tanten, Onkeln und Freundinnen Unterstützung suchen. Oder professionelle Hilfe. Warum belasten sie ausgerechnet mich, die seelisch krank ist und selbst Hilfe braucht? Weil sich da – vor allem unbewusst – zwei mit ähnlichen Prägungen und Sehnsüchten finden. Manchmal schließe ich die emotionale Lücke, die in einer Ehe oder Partnerschaft besteht – vermutlich habe ich es bei meiner Mutter ebenso gemacht. Manchmal bemuttere ich diejenigen, bei denen es auch eine Rollenumkehr in der Kindheit gab. Wenn es mir selbst schlecht geht und ich trotzdem versuche, ganz viel für andere zu geben, weil ich ihre

Not wahrnehme, fühle ich mich am Ende, weil ich total überfordert bin, ausgenutzt und nicht gesehen. Gleichzeitig ist mir klar, dass dazu natürlich zwei gehören.

Eine Therapie ist kein Kuschelkissen, ich muss mich mit den eigenen Anteilen an Konflikten auseinandersetzen, wahrlich kein Vergnügen. Inzwischen weiß ich daher, wie sehr ich, selbst wenn es mir manchmal schadet, die Symbiose suche und fördere. Weil mein Wunsch nach Bemutterung und Bevaterung riesengroß ist und ich als Kind erlebt habe, dass ich nur Zuwendung bekomme, wenn ich mich aufopfernd um andere kümmere. Es ist ein altes Muster. Beschämend finde ich nicht nur, dass ich selbst manchmal übergriffig und überflutend werde. Nähe und Distanz, Zuneigung und Ärger schlecht ausbalanciere. Nach den letzten Konflikten arbeite ich umso mehr daran, ein gesundes Maß zu finden, mich rechtzeitig abzugrenzen und einfach Freundin zu sein. Es fällt mir schwer. Denn ich fürchte, dass ich nicht viel Persönlichkeit habe, für die ich gemocht werden kann. Und ich fürchte mich, dass ich wieder so einsam sein werde wie als Kind. Macht mir Freiheit Angst? Als dünnes Kind habe ich mich auch körperlich schutzlos gefühlt. Kann ich jetzt autark werden?

Nennenswert abgenommen habe ich das letzte Mal in Vietnam, im Oktober 2022. Und auf Zypern, im August 2023. Warum, erklärt sich aus mehreren Gründen, hier am Beispiel Vietnam. Zum einen ist die Küche dort gesund und frisch, sie besteht vor allem aus Gemüse, Fisch, Fleisch, Pilzen und Reis oder Reisnudeln. Und als Nachtisch reichlich Obst. Weil es heiß war in Hanoi, Bắc Giang und Hạ Long, aß ich langsam. Da ich mit Stäbchen keineswegs virtuos hantierte, aß ich noch langsamer, gut für das Sättigungsgefühl. Auch musste ich nicht selbst in der Küche stehen, bekam aber jeden Tag ein Füllhorn an Köstlichkeiten serviert: die bekannte Rindfleischsuppe Pho, Sommerrollen und Bánh Xèo mit Pilzen und Büscheln von Kräutern. Den frischen, grünen Klebreis Com, verpackt in ausladenden Lotusblüten. Gebratenen Wasserspinat mit Knoblauch, saftige Kokosnüsse, Jackfruit, Pampelmuse und Drachenfrucht. Was ich überhaupt nicht aß: Käse, Milch und Sahne, Vollkornbrot und Müsli. Zwar brutzelt es in Hanoi an jeder Straßenecke, aber es liegen nicht überall, wie bei uns, Weißmehl-Zucker-Fett-Mischungen aus (zum Beispiel Franzbrötchen aka Kuchen mit Zimt). Nach drei Wochen wog ich fünf Kilo weniger. Die Zeit in Vietnam hat mir gezeigt: Ohne Genuss schaffe ich es nicht. Wenn ich schon auf die Pâtisserie verzichte, muss der Rest fantastisch schmecken.

Kurkuma, Kokosmilch und Kräuter

Deshalb möchte ich von Verena, hier in ihrer farbenfrohen Experimentierküche, unter anderem die Zubereitung von Bánh Xèo, meinem neuen Lieblingsgericht, lernen. Ein Rezept haben wir auf Youtube gefunden. »Pack' ma's!«, sagt Verena, und: »Ach schau, ich geb dir eine Schürze.« Kurz befürchte ich, dass sie keine in meiner Größe hat, doch die schwarz-weiß gestreiften Bänder kann ich sogar hinten und vorne zusammenknoten. Während ich versuche, mit der richtigen Technik, die meine Fingerkuppen schützen soll, auf einem Holzbrett das Grüne der Lauchzwiebeln in feine Ringe zu schneiden, schüttet Verena aus einem 400-Gramm-Beutel samtiges Reismehl in einen Messbecher und dann in eine Schüssel. Aus einer Schublade nimmt sie ein kleines Schraubglas mit einem ockergelben Pulver und fragt: »Hier, Kurkuma, warum ist der so g'sund?«

Meine Freundin Nina, sie ist Phytotherapeutin, könnte jetzt alle Details referieren. Ich antworte: »Äh, gut für die Gefäße?«

»Kurkuma wirkt gegen Entzündungen«, erklärt Verena. »Und es ist kein klassisches Gewürz, sondern wie Ingwer eine Wurzel.«

Was bei uns in kleinen Dosen daherkommt, importiert die vietnamesische Mutter meiner Freundin Yen in riesigen Packungen. Oft fällt ein Glas des bei ihr hellgelben, feinen Puders für mich ab.

Verena gibt Stärke in die Schüssel und gießt anschließend Kokosmilch, Wasser und Öl dazu. Sie schnappt sich einen Schneebesen und rührt kräftig: Kochen ist Handwerk. Ich gieße Sonnenblumenöl in die hellgraue, beschichtete Pfanne und danach eine Kelle Teig, »Xéo« benennt das zischende Geräusch, welches jetzt entsteht. Hübsch sieht der gelbe Crêpe aus, aber er kommt uns recht dick und nur am Rand knusprig vor. In Hanoi benutzten die Köchinnen einen Wok, hoch wie ein Zehn-Liter-Topf.

Verena schneidet Speck und grauweiße Scampis klein und legt sie auf den Crêpe, danach hebe ich ihn mit einem Pfannenwender an: immer noch nur am Rand knusprig. Vorsichtig versuche ich, ihn zur Hälfte umzuklappen. Anschließend rühre ich die grünen Frühlingszwiebelröllchen in den restlichen Teig und gieße etwas Mineralwasser dazu.

»Wir testen einfach eine andere Pfanne«, sagt Verena.

Der Crêpe sieht nicht aus wie in Vietnam, riecht und schmeckt aber großartig. Wir essen im Raum hinter der Küche, trinken aus langen bunten Gläsern aus den 1950er-Jahren mit kurzem Sockel, die Verena auf einem Flohmarkt entdeckt hat.

Es wird ein berauschender Nachmittag. Nicht nur wegen Verenas Können macht der Kurs Spaß, sondern weil sie selbst vor Anekdoten (von ihrer Ausbildung als Gewürz-Sommelière), Ideen (die nächsten Kochbücher), Zutaten (Pyramidensalz) und Techniken sprudelt.

Während ich mit einer Mandoline die Radieschen in feine Scheiben schneide, geht Verena kurz nach hinten durch die zweite Küche in den kleinen Stadtgarten und schneidet für uns zwei Zweige Rosmarin für den toskanischen Kuchen ab. Dann saust sie schnell zum Supermarkt, ich bekomme es kaum mit. Erst später fällt mir auf, wie gut sie organisiert ist, alles ist ratzfatz abgewaschen und liegt wieder an seinem Platz. Wenn ich in meiner Wohnung auf meinen vier schwarzen Herdplatten aufwendig koche, stapeln sich daneben schief die Teller, ich fege die Gewürze unfreiwillig auf den Boden, das Geschirrhandtuch landet aus Versehen im Müll, und ich suche unter dem Tisch nach dem Tomatenmesser. Damit der Rauchmelder nicht anspringt, muss ich die Balkontür aufreißen. Bei Verena ist neben dem Induktionsherd ein schmaler, vergitterter Spalt, der den Geruch von Fisch und Fleisch nach unten abzieht.

Nach vier unfassbar leckeren Speisen satt und selig, wird mir bewusst, dass manche Zutaten, selbst in kleinen Mengen, teuer sind. Daher frage ich Verena, wodurch ich den Cointreau für den Kastanienmehlkuchen aus der Toskana ersetzen könnte (Orangensaft). Und ich erzähle von meinem Besuch auf Sylt, von der krossen Entenbrust und dem Gin, den ich getrunken habe. Und von meiner Champagner-Leidenschaft. Da kommt mir eine Idee.

»Willst du nicht Drinkfluencerin werden?«

Verena lacht, winkt aber ab. »Deren Wissen kann ich nimmer aufholen. Gerade für Wein oder Champagner braucht man eine sehr gute Ausbildung. Da geht es auch darum, an welchem Hang eine Traube wächst oder von wo das Sonnenlicht einfällt.« Ich schätze ihre Bescheidenheit. Und stelle eine letzte Frage: »Du kommst doch aus Bayern. Bist du eher der Käfer- oder der Dallmayr-Typ?«

»Ich mag beide«, antwortet Verena. »Wieso?«

»Neulich war ich wieder bei Käfer in der Prinzregentenstraße, es war himmlisch! Ich habe eine Bergamotte gekauft, Ingwer und Ziegenkäse mit Asche.« Und dann erzähle ich ihr, warum ich ein Feinkost-Käfer-Typ bin.

Zu Besuch in einem Feinkostgeschäft in München

»Servus«, sagt der junge Mann und strahlt mich an. Er erinnert mich an den französischen Schauspieler Omar Sy aus dem Film *Heute bin ich Samba*, nur in jung.

»Moin. Sie haben doch bestimmt Obazda, oder?«

»Hausgemacht!« Er lächelt mir zu, geht zur Kühltruhe hinter den Parmesan-Laiben, groß wie Autoreifen, und holt ein Schälchen.

»Zwei, bitte«, sage ich und sehe mir gleichzeitig die Käsesorten in seinem Tresen an. Tête de Moine, der runde Mönchskäse aus der Schweiz, er wird mit einer Girolle, einem Käsehobel, zu hübschen Röschen geschabt. Französischer Morbier aus Frankreich, aus Kuhmilch und mit einem Streifen Pflanzenasche in der Mitte. Bergkäse, die Rinde voller Kräuter.

»Und ich hätte gerne einen Kegel von dem Ziegenkäse.« Ich zeige auf einen Valencay fermier aus Frankreich, er ist mit Asche bestreut und mit Blauschimmel überzogen.

»Bitte schön«, sagt Omar, strahlt wieder und wickelt mir den Käsekegel vorsichtig in beschichtetes Papier.

Eine Stunde gönne ich mir hier im Stammhaus von Feinkost Käfer. Innen wirkt es, als würde sich ein Lädchen an das nächste anschließen, ich spüre kaum, dass das Geschäft viele Quadratmeter umfasst. Nach der Käsetheke steuere ich die Abteilung für Obst und Gemüse an, sofort steht eine freundliche Verkäuferin neben mir, Täfelchen weisen darauf hin, dass ich mir nichts selbst nehmen soll. In bunten Schalen sehe ich Drachenfrüchte, Bananen, Passionsfrüchte, Mangos, drei Sorten Limetten und außerdem Aprikosen.

»Sagen Sie, haben Sie zufällig Rambutan?«, frage ich. Rambutan ist eine Litschi-ähnliche Frucht mit wuscheliger, roter Schale und hellem Fruchtfleisch, die ich in Vietnam mit Vorliebe gegessen habe.

»Leider nicht«, sagt die Verkäuferin bedauernd. »Wir haben sie manchmal, aber momentan nicht.«

Schade. Aber da steht ein Korb voll frischem Ingwer mit ganz heller, dünner Schale, so habe ich ihn noch nie gesehen (und er schmeckt, zurück in Hamburg, fein und köstlich). Daneben Kisten aus mattgrauem Holz, die vor grünen, orangefarbenen und roten Tomaten überquellen. Mir geht das Herz auf – und gleichzeitig spüre ich einen heftigen Stich. Ich dürfte gar nicht hier sein. Eigentlich kann ich mir nichts davon leisten, vielleicht noch die Tomaten und Brot. Vor mir selbst rechtfertige ich meinen Besuch mit der Recherche zu meinem Buch und auch damit, dass ich meinen Freundinnen, bei denen ich in München übernachten kann, etwas mitbringen möchte. Vermutlich werden es einige nicht verstehen, aber ich sehne mich schmerzlich danach, Hunderte Euro auszugeben. Einfach so. Einfach kaufen können, was ich haben möchte. Maximale Bedürfnisbefriedigung, würde mein früherer Therapeut vielleicht sagen. Ich würde Käse, Obst und Gemüse und, klar, auch Champagner kaufen. Die Blutorangen hätte ich gerne, die vier verschiedenen Mangosorten, die violetten Kartoffeln, Roastbeef (dieses hier ist sicher auch ohne Remoulade ein Genuss), frischen Kurkuma. Für die Qualität, für den Hedonismus, für den Rausch.

Die Macht der Zuckerindustrie

Nicht selten wird von Politikerinnen in Talkshows oder in Artikeln in Zeitschriften behauptet, dass sich auch Geringverdienerinnen und Menschen unterhalb der Armutsgrenze in Deutschland gesund ernähren können, da Lebensmittel bei uns (zum Teil zu) billig sind. Als ich mich neulich mit einem Freund vom Sport über die neue Ernährungsstrategie von dem Grünen-Politiker Cem Özdemir, Minister für Landwirtschaft und Ernährung, unterhielt, der mehr gesundes Essen forderte, mit weniger Fett, Salz und Zucker, meinte er, man müsse ja keine ungesunden Produkte kaufen. Lieber gutes Fleisch, dafür weniger, lieber selbst kochen statt Fertiggerichte. Ich verkniff mir, ihn zu fragen, ob er im Alltag kochen würde oder seine Frau. Ich stimmte ihm zu, erklärte jedoch, dass das nur ein Rädchen und meine Wahl eingeschränkt sei. Klar, die nötigen Kalorien zum Überleben zu sich zu nehmen, ist in westlichen Wohlstandsgesellschaften kein Problem. Ernährt hieße aber nicht automatisch gesund. Immerhin sind Kartoffeln, Möhren, Äpfel, Kohl und Brot günstig – wobei ich die Inflation bei jedem Einkauf erschreckend merke. Deutlich teurer sind Nudeln und Mozzarella geworden. Wenn ich aber Abwechslung wünsche, wie es gesundheitlich auch notwendig ist, wird es schwierig – allein schon wegen des Zuckers. Und damit meine ich weder Süßigkeiten noch Alkohol. Es ist bekannt, dass gerade in den westlichen Ländern deutlich zu viel Zucker gegessen wird. »Mit dem Konsensuspapier schließen sich die Deutsche Adipositas-Gesellschaft e. V. (DAG), die Deutsche Diabetes Gesellschaft e. V. (DDG) und die Deutsche Gesellschaft für Ernährung e. V. (DGE) der Empfehlung der *World Health Organization* (WHO) aus dem Jahr 2015 an und sprechen sich für eine maximale Zufuhr freier Zucker von weniger als 10 % der Gesamtenergiezufuhr aus. Freie Zucker umfassen Mono- und Disaccharide, die Hersteller oder Verbraucher Lebensmitteln zusetzen, sowie in Honig, Sirupen, Fruchtsaftkonzentraten und Fruchtsäften natürlich vorkommende Zucker. Bei einer geschätzten Gesamtenergiezufuhr von 2 000 kcal pro Tag entspricht diese Empfehlung einer maximalen Zufuhr von 50 g freien Zuckern.«[1]

Bereits 2018 machte der *Spiegel* das Thema zum Aufmacher. Das Cover zeigte eine üppige Torte, darauf verziert stand: »Süßes Gift. Wie die Zucker-Lobby uns belügt und verführt.« In der Titelgeschichte, geschrieben von dem Diplom-Biologen und Wissenschaftsjournalisten Jörg Blech, werden unter anderem die Verflechtungen der Zucker-Industrie mit der Politik beschrieben, wie die Vertreter der Zucker-Lobby die Wahrheit über den Stoff Zucker verschleiern und wissenschaftliche Erkenntnisse einfach ignorieren. Manche behaupten gar, dass Zucker weder dick noch krank mache, während Medizinerinnen unter anderem vor Diabetes Typ 2, Fettleber, Herz-Kreislauf-Erkrankungen und Adipositas warnen.

Wie ich in der Therapie gelernt habe, starten alle Menschen mit der Erfahrung von Süße ins Leben: Muttermilch ist süß. Es gibt also eine biologische Prägung, dass wir auf

1 Aus: Kurzfassung des Konsensuspapiers der Deutschen Adipositas-Gesellschaft e. V. (DAG), der Deutschen Diabetes Gesellschaft e. V. (DDG) und der Deutschen Gesellschaft für Ernährung e. V. (DGE), 2019; https://www.dge.de/wissenschaft/stellungnahmen-und-fachinformationen/stellungnahmen/quantitative-empfehlung-zur-zuckerzufuhr-in-deutschland/.

Süße positiv reagieren. Vor Jahrhunderten und selbst noch nach dem Zweiten Weltkrieg war raffinierter weißer Zucker Luxus. Heute ist er billig, ein Kilo kostet im Durchschnitt zwischen einem und zwei Euro. Und er ist in der Lage, Lebensmittel, die fad sind oder besser schmecken sollen, als es die Inhaltsstoffe hergeben, genießbarer zu machen. Zudem sorgt er dafür, dass Produkte länger haltbar sind. Deshalb ist Zucker als Zusatzstoff beliebt – und die Industrie erschwert Menschen, die wenig Geld haben, das gesunde Essen, weil sie süßt, was sie kriegen kann.

Ich wohne in Hamburg zentral und habe drei Discounter in Fuß- und Fahrradnähe, außerdem zwei Supermärkte, zwei Bio-Supermärkte sowie eine türkische und eine asiatische Gemüsehändlerin. Ich kaufe, allein wegen des Zuckers, in allen ein. Denn massiv gesüßt ist beim Discounter, aber vermehrt auch im Supermarkt, fast jedes Produkt. Dazu gehören: Bratwurst. Brezel. Buchstabensuppe. Chicken Nuggets. Chips. Cracker. Cranberrys. Currywurst. Eiersalat. Essigmischungen. Frischkäse, mit Kräutern oder ohne. Fischstäbchen. Fleischsalat. Fruchtjoghurt. Fruchtquark. Gemüsebrühe. Gewürzmischungen. Guacamole. Gewürzgurken. Grillfleisch. Grillsoßen. Hühnerbrühe. Hummus. Kartoffelsalat. Ketchup. Knäckebrot. Kräuterbutter. Lachs. Mayonnaise. Müsli. Nudelsoßen. Nuss-Frucht-Mischungen. Grünes und rotes Pesto. Rinderfond. Salami. Salatsoßen. Salz-und-Pfeffer-Mischungen. Schinken. Silberzwiebeln. Sucuk. Tiefkühlpizza. Toastbrot. Tomatensoße. Tütensuppen. Wurst.

Fast alles also. Selbst Senf ist gezuckert. In manchen Lebensmitteln, wie Guacamole oder Hummus, kommt im Originalrezept gar kein Zucker vor. Zu anderen – wie Wurst und Schinken – gehört manchmal ein bisschen (!) Süße dazu. Aufschlussreich ist dann die Nährwerttabelle auf der Rückseite (in jedem Laden wirklich jede Verpackung umzudrehen und zu studieren ist für mich so normal geworden wie Zähneputzen). Was in einem Produkt enthalten ist, muss nach Menge von vorn nach hinten angegeben werden. In hochwertiger Wurst oder in veganen Brotaufstrichen findet sich bei der Aufzählung am Ende etwas Zucker oder Apfelsüße. Das ist für Menschen, die nicht darauf achten müssen, völlig okay. Bei der Ware vom Discounter aber steht Zucker oft an zweiter oder dritter Stelle; häufig ist er mehrfach enthalten, also Zucker (Saccharose) plus Dextrose, Fructose oder Glucosesirup. Das gilt auch für sogenannte Premiumprodukte, die vor Weihnachten oder Ostern verkauft werden: Schinken aus Reh- oder Hirschfleisch, Leberpasteten, Tapas – alles massiv übersüßt. Hummus besorge ich in arabischen oder türkischen Läden. Meine Gemüsebrühe und den Senf kaufe ich im Biomarkt. Wenn es beim Bio-Bäcker nur noch verschiedene Sorten Brötchen gibt, frage ich, ein Automatismus, ob es eine Sorte ohne zugesetzte Süße gibt. Die Antwort, die ich vorwiegend zu hören bekomme, lautet: »Nein.« Werde ich zum Grillen eingeladen, kann ich, was mir notwendig, aber unhöflich vorkommt, das meiste, was die Gastgeberinnen anbieten, nicht essen.

Im April 2023 besuche ich in Hamburg mit einer befreundeten Familie die »Lange Nacht der Museen«. Wir treffen uns beim Polizeimuseum, sitzen draußen, es ist angenehm warm. Wir wollen zusammen essen. Leider gibt es nur Pommes, Bratwürste, weiße Brötchen, Ketchup und Senf. Alles ungesund: zu süß, zu fett, zu salzig, zu verarbeitet. Bin ich zu Hause, lässt sich das Einkaufen zumindest steuern. Im Krankenhaus aber wird es nahezu unmöglich, auch nur zuckerarm zu essen. Das abgepackte Schwarzbrot ist, genau wie das Grau- und das Weißbrot, stark gesüßt. Die Brötchen auch, das Müsli, das Salatdressing, die Wurst. Es ist bekannt, dass das Essen ebenso in Kantinen, Seniorenheimen, Schulen und Kindergärten oft schlecht ist, also wieder zu süß, zu salzig, zu fett, zu sehr verarbeitet.

Bei meinen Klinikaufenthalten war ich immer unglaublich dankbar, dass mir Freundinnen große Carepakete mit Nüssen, zuckerfreiem Müsli und Ähnlichem geschickt haben. Doch die meisten Kranken, die Alten in den Heimen, die Studentinnen in den Mensas und die Kinder in den Kitas haben keine Wahl. Und Zucker ist nicht nur schlecht für die Zähne und für das Gewicht – sondern er bewirkt, dass frau immer noch mehr davon essen will. Raffinierten Zucker allerdings braucht niemand, da der menschliche Körper die Stärke, zum Beispiel aus Getreide, in Traubenzucker umwandeln kann. Eine natürliche Süße haben auch Pastinaken, Tomaten, Kohlrabi oder Karotten. Wenn Kleinkinder »überzuckern«, zum Beispiel nach Geburtstagspartys, lässt sich glasklar beobachten, wie sie überdrehen – und mehr, mehr, mehr wollen.

Vermutlich stehe ich jetzt als komplette Spaßbremse da, die sich zu jedem Anlass Mineralwasser mit Eiswürfeln bestellt, missmutig in ein Stück Paprika oder Kohlrabi beißt und anderen ungefragt eine mahnende Vorlesung zu ihrer Saftschorle hält. Dabei will ich nur Folgendes sagen:

- Es ist schwierig, sich mit wenig Geld ausgewogen und zuckerarm, geschweige denn zuckerfrei zu ernähren.
- In Institutionen, die sich der Sorge verschrieben haben (wie es bei Kitas oder Krankenhäusern der Fall ist), ist es ebenfalls schwierig bis unmöglich.
- Selbst diejenigen, die keine oder nur selten Süßigkeiten essen, nehmen oft weit mehr Zucker zu sich, als es gesund wäre.
- Kinder werden, oft unfreiwillig, zu mehr Zucker angefixt, was sich schädlich auf ihre Gesundheit auswirkt.

Das führt auch dazu, dass Übergewicht ein gesellschaftliches Problem ist: Laut dem Statistischen Bundesamt brachten bereits 2019 rund 54 Prozent aller Erwachsenen zu viele Kilos auf die Waage. Was ich nicht leugne, ist, dass es auch mir – unabhängig von den sozialen und politischen Rahmenbedingungen – an der nötigen Willenskraft fehlt. Das ist ein Puzzlestück von vielen, aber ich bin traurig, dass ich keine Nerven aus Stahl habe. Ich bin es aber leid, dass Übergewicht oft als reine Faulheit bewertet wird – wie es der European Regional Obesity Report 2022 der WHO im Detail darlegt. Darin heißt es unter anderem, dass falsche Wahrnehmungen zu einer Stigmatisierung des Gewichts führen. Vielleicht meint nun jemand, dass ich und meinesgleichen halt selbst kochen müssen. In einem bestimmten Rahmen trifft das auch zu. Aber bis wohin geht das? Bis zur Gemüsebrühe? Dann landen wir bei den Hausfrauen der Fünfziger und Sechziger, denn eine muss alles planen, einkaufen, zubereiten und vorrätig halten. Oder Care-Arbeit, von der Säuglings- bis zur Seniorenpflege, müsste angemessen bezahlt und wertgeschätzt werden.

Frustriert bin ich auch, wenn ich gut gemeinte Ernährungstipps lese. Beeren, so betonen Expertinnen gerne, sind besonders gesund: Johannisbeeren, Himbeeren, Brombeeren, Blaubeeren, Erdbeeren. Ja, und sie sind auch lecker, auf Sylt besonders. Aber für mich sind sie vor allem: zu teuer. Genauso Fisch, und sei es nur das tiefgefrorene Lachsfilet vom Discounter. Ich esse daher fast nie Fisch. Zu teuer ist nicht verarbeitetes Fleisch. Orangen und Grapefruit, Mango und Kiwi. Und bestimmt meckert mich an dieser Stelle jemand an und meint, ich solle dankbar sein, jeden Tag Äpfel essen zu können. Wie immer ist es eine Frage, woran solche Dinge gemessen werden.

Bei Feinkost Käfer ist das alles für eine Stunde lang weit

weg. Die Atmosphäre und das Personal sind so wohltuend wie ein Schaumbad. Auch bei Verena Lugert schwelge ich in den köstlichen Gerichten, Bánh Xèo, Kuchen aus Kastanienmehl, auch wenn sie danach auf meinem Speiseplan die Ausnahme sein werden, die Zutaten sind insgesamt zu teuer für den Alltag. Doch abwechslungsreiches, gesundes Essen, ohne zugesetzten Zucker, sollte im reichen Deutschland von heute für alle möglich sein.

4
Sport und Bewegung: Freude schöner Götterfunken

Nach fünf Minuten bin ich verschwitzt. Nach sieben singe ich halblaut mit. Nach zehn Minuten genieße ich den Rausch. Jeden Freitagabend. Auch beim Ju-Jutsu bin ich die Dicke, allein unter Dünnen – aber trotzdem fühle ich mich in meinem Körper wohl. So geht es mir selten. Was ist beim Sport anders als im Alltag? Vor dem Training gewittert die Arbeit durch mein Gehirn, jeder Punkt der To-do-Liste ein greller Blitz. Unterwegs springe ich mehrfach vom Fahrrad und schicke mir über das Handy selbst E-Mails, damit ich nichts vergesse: Augenarzt! Geschenk Christine! Netflix kündigen! Wie immer bin ich spät dran. Und traurig beim Radfahren, denn 50 Kilo Übergewicht plus Sportrucksack sind schwer.

Beim Ju-Jutsu: Fang nie an, aufzuhören

19 Uhr, ich erreiche abgehetzt als Letzte den Raum und stelle mich wie üblich rechts ans Fenster. Los geht's, *Keep On Jumpin'* dröhnt aus den Boxen, wir wärmen uns mit einem Mix aus Kampfsport und Aerobic auf. Die Begeisterung ist bei allen zu spüren. Manche nehmen anderthalb Stunden pro Fahrt auf sich, um dabei zu sein, bei Wind und Wetter. Null Grad? Wir sind hier. Draußen gießt es in Strömen? Wir kommen trotzdem. Angrillen? Gerne. Aber erst nach dem Training!

»Hoch!«, ruft Christian. »Hoch! Hoch! Hoch!« Er, der Trainer – 78 Kilo, Waschbrettbauch, braun gebrannt, silbernes Haar, ein Gesicht wie Jean Reno –, marschiert von Minute eins an enthusiastisch an der Spitze, mit kräftigem Einsatz der Arme. Die Gruppe schlufft noch. Auch ich fühle mich steif, jedes Kilo zu viel beschwert mich wie Blei, während ich im Stand die Knie hoch in Richtung Brust ziehe. Dicht an dicht stehen wir barfuß auf den roten und grünen Matten. Der Raum ist ein typisches Kampfsport-Dojo, auch die Wände sind halbhoch mit Matten ausgekleidet, zum Schutz vor Verletzungen. Die meisten trippeln auf der Stelle, winkeln leicht die Ellbogen an, die Muskeln sind kalt, die Woche war lang. Wir müssen noch in den Rhythmus finden – doch Christian kann frau sich kaum entziehen. »Hoch!«, schreit er wieder, bestens gelaunt: Er wirkt wie ein Welpe, der endlich von der Leine gelassen wird. Andere mitzureißen ist seine Stärke.

Der 68-Jährige steht nicht nur rum und klopft Sprüche, sondern er macht alles mit. Mal brüllt er, mal lobt er, seine Methode ist eine Mischung aus Peitsche und Zuckerbrot. Er selbst treibt quasi rund um die Uhr Sport: An fünf Tagen die Woche joggt er morgens zehn Kilometer, nachmittags stemmt er im Kraftraum 90 Kilo, abends steht er mit uns auf der Matte. Immer pünktlich. Christian lässt sich nur im Urlaub vertreten. So macht er das seit Jahrzehnten – für ihn ist das ein Klacks. Für mich nicht.

Schon nach wenigen Minuten rollen mir die ersten Schweißtropfen die Schläfen hinunter. Meine Masse zu bewegen ist anstrengend. Ich bin kurz frustriert – warum tue ich mir das an? Aber jetzt rufen die Pointer Sisters aus den Boxen, ihre Musik löst in mir das Ich-muss-sofort-tanzen-Gefühl aus, wie ich es von Partys kenne. Als Kind sang ich im Chor und träumte davon, mit der Band a-ha oder als Musicalstar auf der Bühne zu stehen. Jetzt singe ich halblaut mit: »And if you want more, if you want more / More, more, then … Baby, jump!«

Michi, 54, ein Pädagoge mit Lausbubengesicht und einem Hang zum Exzess, zwinkert mir von links zu und deutet halb ironisch einen akzentuierten Hüftschwung an. Sofort übernehme ich seine Moves. Wir tanzen wie Hugh Grant in dem Film *Tatsächlich … Liebe*, bleiben dann stehen und lachen. Wie ich dabei aussehe, ist mir egal. Doch Christian brüllt wieder, jetzt: »Hopp!« – die Hampelmänner. Manche hüpfen wie im Lehrbuch für Sportwissenschaftlerinnen. Andere konsequent außer Takt, was mich erstaunt, schließlich bewegt sich die Gruppe um sie herum vollkommen synchron. Mich beißt heftig die Trauer, weil ich nicht mehr mithüpfen darf. Die Diagnose des Orthopäden: im linken Fußknöchel Arthrose, beim rechten Fuß schwillt die Achillessehne sofort an. Noch ein Defizit auf meiner inneren Liste des Versagens. Früher sprang ich die Hampelmänner gern, es erfüllte mich mit Stolz, wenn ich trotz Extrakilos mit den anderen hüpfen konnte. Mein Talent ist überschaubar, aber trotzdem bin ich eine Streberin. Ich will Spaß haben, aber ich bin auch ehrgeizig und versuche fleißig, die Techniken zu lernen. Als Kind habe ich mir nachts im Fernsehen die Übertragung der Olympischen Spiele angeguckt und meine Heldinnen bewundert: Daniela Silivaş aus Rumänien und Svetlana Boginskaya aus der Sowjetunion. Dass die Mädchen halb nackt turnten, schien ein Naturgesetz zu sein. Es dauerte mehr als dreißig Jahre, bis es sich änderte: Die deutschen Turnerinnen traten bei Olympia 2021 – gegen den Widerstand der Verbände – mit Ganzkörperanzügen an, diese Nachricht ging um die Welt.

Dass mein Erfolg begrenzt ist, bremst meine Motivation nicht. Peinlich ist mir nur, wenn ich etwas gar nicht kann.

Wie Burpees, eine fließende Abfolge von Kniebeugen, Liegestütz und Strecksprung. Ich möchte! Aber auch wenn Ratgeber und Gurus etwas anderes behaupten: Es reicht nicht, etwas zu wollen. Ich stehe dann neben denen, die es können – und mich überflutet der Selbsthass: zu dick.

Dr. Weston veränderte meine Sicht auf mich als fettleibige Frau beim Sport nachhaltig. Niedergeschlagen erzählte ich meinem Therapeuten, dass ich beim Ju-Jutsu nur unteres Mittelmaß sei. Manche würden sich nach sechs Monaten der nächsten Gürtelprüfung stellen, ich hätte Jahre gebraucht, um erst den Gelb- und danach den Orangegurt zu erreichen. Dr. Weston sah mich entrüstet an und erwiderte energisch, dass ich stolz auf mich sein könne. Zum einen hätte ich es buchstäblich schwerer. Darüber hinaus fände er es bewundernswert, dass mich meine Scham nicht vom Sport abhalten würde, mir mein Gewicht nicht noch mehr Freiheit raube. Er fände es ohnehin großartig, dass ich Selbstverteidigung lerne und mich meinen Ängsten stelle. Seitdem kann ich es besser aushalten, wenn ich vor allem konditionell hinterherhechle. Die meisten im Verein trainieren mehrmals die Woche. Immer wieder plagt mich der Neid, auf die Begabten, die Schönen, die Dünnen. Aber mittlerweile blicke ich die Besten manchmal still von der Seite an und denke, ja, ich bewundere euch ehrlich. Aber wie fit wärt ihr eigentlich, wenn ihr einen Neufundländer auf dem Rücken hättet? Ich würde den Überfliegern gern mal Manschetten mit Gewichten anlegen. Sie würden sicher auch schnaufen. In solchen Momenten kann ich zu mir stehen: Es ist nicht so, dass ich nichts kann und nichts leiste. Aber warum ist es mir wichtig, das zu beweisen? Wirkt das Prinzip meines Vaters in mir – Liebe gegen Leistung? Kann ich das ändern? Disziplin hat ja auch etwas Gutes.

Jetzt: Kniebeugen, mit den Armen lang über den Kopf gestreckt, das zieht fordernd im Rücken. »Noch mal zehn!«, ruft Christian. Das königsblaue, atmungsaktive T-Shirt klebt ihm am Oberkörper, trotzdem wirkt er weiterhin unangestrengt. Anders als wir. Eigentlich kann ich die Kniebeugen sogar recht gut. Aber da wir schon eine halbe Stunde dabei sind, muss ich mir ständig mit dem Handtuch das schweißnasse Gesicht trocknen und Wasser in mich reinschütten, sonst halte ich nicht durch. »Burn, Baby, burn! Disco inferno! / Burn, Baby, burn!«, klingt es nun aus den hüfthohen Lautsprechern. Also versuche ich, weiter runterzukommen. Durch das beschauliche Hamburg-Alsterdorf weht nun ein Hauch des legendären *Studio 54*. Der New Yorker Nachtclub gilt als Sinnbild der Disco-Ära der 1970er- und 1980er-Jahre. Jahre in hedonistischer Ekstase, es ist die Musik meiner Jugend. Ich fühle mich wieder wie mit siebzehn, als ich noch hoffte, mich in einen Schwan zu verwandeln. Mein Körper ist warm, die geschmeidigen Muskeln bringen ein sattes, wohliges Körpergefühl mit sich – und im Dojo hängen keine Spiegel. Anders als im Fitnessstudio.

Sehe ich mein äußeres Bild, erschrecke ich. Nicht weil ich lilarot im Gesicht bin, sondern weil ich groß und plump aussehe. Dabei empfinde ich mich innerlich als fragil. Das Erschrecken lässt meine Freude einfallen wie ein Soufflé, das zu hastig aus dem Ofen geholt wird. Meine Falten und Narben, meine Cellulite und Dehnungsstreifen, all das stört mich weit weniger als mein massiger Körper. Der Spiegel offenbart die Kluft zwischen innen und außen. Er führt mir vor, dass ich auch hier negativ abweiche. Wenn ich mich nicht sehe, bin ich einfach ein Mensch, der gerne tanzt.

Da ich schon lange dabei bin, kenne ich sicher rund 300 Vereinsmitglieder. Doch dick sind außer mir nur zwei: jeweils Männer. Bisher ging ich davon aus, dass das für sie weniger schlimm ist als für Frauen. Der eine ist verheiratet und gilt als dick, aber auch muskulös und kräftig. Den anderen nennen manche heimlich »Schwabbel«, er hat aber eine Freundin und einen angesehenen Job. Beide erzählen freudig, wenn sie abgenommen haben. Wenn nicht, tragen sie trotzdem unvorteilhafte ärmellose Shirts und schlabberige Shorts. Sie wirken mit sich zufrieden. Jetzt, auf meiner Mut-Reise, frage ich mich, ob das stimmt. Wohnt in ihnen auch ein Seelchen, welches durch den Körper gepanzert wird? Was sehen sie, wenn sie mich angucken – und sich selbst? Wo treiben Dicke Sport? Sind nur bei uns im Verein wenig Übergewichtige? Training soll beim Abnehmen helfen, Muskeln definieren, gesund machen und effektiv sein. Ich vermute, dass Übergewichtige Sport meiden, weil sie sich peinlich sind. Ob sich das ändern lässt, will ich noch herausfinden.

Zack, zack! Tritt nach vorn, Stopp-Fußstoß, eine Ju-Jutsu-Technik! Ekkehard, eine Reihe vor mir, bewegt sich langsam zu *Born To Be Alive:* Er ist neunzig Jahre alt. Gerade deshalb gehört er zu unseren Heldinnen. Seine Sportfreundinnen sind stolz auf ihn und lieben es, Anekdoten über ihn zu erzählen. »Kennst du Ekki?«, werden neue Mitglieder gefragt, die über schlechtes Wetter und/oder das Trainingspensum klagen. Denn der schmale Pensionär macht mehrfach die Woche zwanzig Klimmzüge – nachdem er anderthalb Stunden Ju-Jutsu trainiert hat. Dass er mit (militärischer) Disziplin groß geworden ist, ist nur ein Grund für seinen Fleiß: Das Training macht ihm Freude. Mit neunzig ist er grundsätzlich gut in Form, nicht nur »für sein Alter«. Selbst Jugendliche können oft nicht, was er kann.

Ekki, der Ingenieur, hat sein Leben lang Sport gemacht. Er beweist, dass das Alter nicht automatisch körperlichen Verfall mit sich bringt. Auch erlebte er Krieg, Verzicht, Krankheiten und Todesfälle, die Themen seiner Generation. Natürlich trauert er um seine Frau; sie waren siebzig Jahre zusammen, als sie starb. Doch Ekki ist nicht einsam, er wird gemocht, weil er geistreich und witzig ist. Er macht mir Mut, scheinbar bestehende Grenzen anzugehen. Wir verstehen uns prima – und irgendwann stellte ich verblüfft fest, dass mein jüngeres Alter die Kilozahl wettmacht. Denn Ekki flirtet gern, auch mit mir. Während Männer in meinem Alter mich meist nicht mehr als sexuelles Wesen wahrnehmen (was mich abwechselnd kränkt und erleichtert), vermittelt Ekki mir das Gefühl, attraktiv zu sein (was gleichzeitig schmeichelt und nervt).

Es liegt an meinem Körper, dass ich keinen Freund habe, dessen bin ich mir sicher. Der Schmerz, dass meine Persönlichkeit nicht reicht, damit sich ein netter Mann für mich interessiert, ätzt jeden Geburtstag mehr. An schlimmen Tagen laufen mir die Tränen, weil ich Angst habe, dass es immer so bleiben wird. Ich gelte als hässlich, ich fühle mich hässlich, meine Lebenserwartung ist verkürzt, ich werde nicht geküsst. Die Bilder auf Instagram mit Püppchenfrauen, Pailletten und Palmen brüllen mich an: »Du! Bist! Raus!« Beim Training aber, ohne Spiegel, fühle ich mich weiblich – und geschätzt.

»Knie!«, ruft Christian. Wir nehmen beide Hände hoch in die Deckung, der linke Fuß steht, rechts ziehen wir das Knie hoch und bringen dabei die Hüfte nach vorn.

Ju-Jutsu ist mein Ehrenabzeichen. Sport belohnt mich dafür, dass ich mich anstrenge. Klar wird aus mir weder eine deutsche Meisterin noch eine Kreismeisterin mehr, aber anders als im restlichen Leben kann ich mich darauf verlassen, dass ich beim Training ernte, was ich säe. Wenn ich mir drei Monate lang Zeit nehme für ein realistisches Ziel, werde ich es erreichen. Egal, ob es die Standwaage oder der Krieger im Yoga ist.

Jeden Tag bin ich bedrückt über meine Fettleibigkeit: beim Laufen zum Bus, in der Umkleide, auf Fotos. Dazu die gesundheitliche Last. Es frustriert mich bis ins Mark, dass ich nicht dauerhaft abnehme – meine Anstrengung reicht nicht. Wenn ich dafür auf der Matte kleine Erfolge feiere, macht das die Freude umso größer. Deswegen halte ich an meinem Ziel fest, irgendwann die Prüfung zum Grüngurt zu bestehen. Der Weg dahin dauert auch deswegen lang, weil ich Medikamente nehme, die meiner Seele helfen, aber mein Lernvermögen verlangsamen. Doch Kipphandhebel und Lowkick kann ich gut – allein deshalb mag ich Ju-Jutsu. Ich spüre bis heute den Stolz, als ich die Gürtelprüfungen bestanden habe. Für andere: pillepalle. Doch dass ich, als verkopfter Mensch, körperlich über mich hinausgewachsen bin, motiviert mich. So entstand die Idee zu *Allein unter Dünnen*.

Der pummelige, bronzefarbene Buddha kehrt mir den Rücken zu. Er steht in einem tiefen Fenster zwischen dem Dojo und unserer »Sportlergaststätte« (allein das Wort!), Willkommen im Sportverein. Vorn ist der vergnügt springende Trainer, dazu die Songs mit 130 Beats pro Minute und die Gruppe. Unsere gemeinsame Freude berauscht mich, wir bilden einen Klangkörper. Das Training hält uns zusammen, jenseits der Matte sind alle total verschieden. Igor, 45, war der Beste in seiner Gruppe bei der Schwarzgurt-Prüfung; er beweist, dass Männer herausragend sein können, ohne zu posen. Susanne, 47, Verwaltungsbetriebswirtin, sagt über sich, sie sei halt keine Püppi. Knut, 50, Psychologe, hat den 5. Dan im Karate und hält seiner Frau den Rücken frei. Saskia, 28, promoviert in Physik und hat zwei kleine Kinder. Die hübsche Nicole, 55, liebt Stockkampf und gute Romane. Doch von vielen weiß ich mehr über ihren Körper als über ihren Habitus. Jana rollt geschmeidig wie eine Turnerin, Tim ist steif in der Hüfte, und Uli quatscht mehr, als zu üben. Was sie beruflich machen? Keine Ahnung. Hier zählt das Tun, nicht das Reden.

Uns alle vereint die Leidenschaft für Kampfsport – und das Ziel, sich verteidigen zu können. Denn etliche teilen mit mir die Erfahrung von Übergriffen, die meisten schweigend. Wir diskutieren über Taser (im Behördendeutsch: Distanz-Elektroimpulswaffe), die Feinheiten des Mawashi-Geri (ein Halbkreisfußtritt) und berauschen uns an Drills. In gewisser Weise lebt der Verein weit mehr Diversity als meine Eimsbüttel-Blase. Dort wäre ich den meisten nie begegnet. Schade. Denn sie beflügeln mich, mit ihnen strömt frische Energie durch meinen Körper, auch wenn ich vorher letzte Reserven mobilisieren muss. Doch was Christian nun vorgibt, fällt mir leicht: Wir tanzen im Takt ein Viereck. Mit dem rechten Fuß einen Schritt zur Seite, dann den linken ran, um 90 Grad drehen. Danach wieder den rechten Fuß zur Seite, den linken ran und um 90 Grad drehen. Und so weiter und weiter. Dazu singt Matthew Wilder seinen erfolgreichsten Hit aus den Achtzigern, *Break My Stride:* »Nobody's gonna slow me down, oh-no / I got to keep on movin'« Wie passend: Nichts wird mich aufhalten! Da muss ich wieder mitsingen.

Unsere kleine Choreografie können Aerobic-Anfängerinnen im Schlaf. Doch während ich leise singe, freue ich mich heimlich über die, die das Viereck nicht hinkriegen. Nun erinnert die Einheit von eben an umeinanderkullernde Brummkreisel. Das tröstet mich, weil ich mich als Dicke immer im Minus fühle. Fettleibige halten viele für Versagerinnen: undiszipliniert und unästhetisch. Und klar gibt es die Faulen, die bequem sind und bleiben werden. Aber rechtfertigt das Bodyshaming? Leider ertappe ich mich dabei, Menschen nach ihrer Optik zu beschreiben: Nan, die Asiatin. Da kommt der schöne Bernd. Renate, die Ältere. Ich bin Heide, die Dicke. Und ich hasse es.

Weiter im Viereck: Rechts vor, links ran, drehen und leichte Schadenfreude, denn jetzt werden die Karten neu gemischt. Erfahrene, technisch versierte Kämpfer scheitern an einfachen Schrittfolgen. Dagegen zeigen Anfängerinnen, die sonst kaum die Doppelschrittdrehung schaffen, plötzlich präzise Abläufe. Hier nimmt Vanessa (40, Buchliebhaberin mit passendem Schriftzug-Tattoo am Unterarm) schnell einen Schluck aus ihrer Wasserflasche und tanzt dann, eins mit dem Rhythmus, gekonnt weiter. Daneben ein Mann, hoch qualifizierter Trainer, im geblümten T-Shirt, der dem Schauspieler Mehmet Kurtuluş ähnelt: Er kann das Viereck immer noch nicht. Auch heute steuert er konsequent in die falsche Richtung. Ich sehe zu ihm hinüber, und wir lachen gemeinsam. Wenigstens das kann ich besser – für alle sichtbar. In einer halben Stunde, wenn das reine Ju-Jutsu-Technik-Training beginnt, werde ich mich wieder unbeholfen am Hüftrad abarbeiten. Im Alltag fühle ich mich in meiner Kleidergröße 50/52 gefangen. Hier bin ich frei!

Mutprobe: Selbstverteidigungskurs

Wenn ich von meinem Frauen-SV-Kurs berichte, werde ich oft skeptisch gefragt, wie viel ich davon in der Realität wohl umsetzen könnte. Dann erzähle ich die Geschichte von den sieben Streifenwagen mit 15 Polizistinnen und den gezückten Pistolen – in zehn Minuten vor Ort.

Es ist der letzte Abend des sechswöchigen Kurses, die praktische Prüfung steht an. Die Teilnehmerinnen und ich gehen in der Dämmerung, im Abstand von fünf Minuten, nacheinander um das mit Holz verschalte, flache Vereinsgebäude herum. Es riecht nach Erde. Wir wissen in etwa, was kommt, trotzdem ist uns flau zumute. Die Trainerinnen verstecken sich. Beide sind mit schwarzer Schutzkleidung gepolstert, inklusive Helm. Unheimlich. Sie werden uns angreifen, aber wann und wo? Da löst sich plötzlich ein Mann aus den Büschen, sagt: »Na, was machst du hier so spät?« Blitzschnell ist er an mir dran, zieht mich zur Wand. Au! Ich stemme die rechte Hand gegen seinen Hals, es scheint ihn nicht zu stören. Was jetzt? Knie hoch, zwischen seine Beine. Und: laut werden!

»Lassen Sie … mich … in Ruhe!«, keuche ich. »Stopp!« Er schubst mich leicht auf den Weg zurück. Adrenalin flutet meinen Körper. Mein Brustkorb pumpt, ich achte kaum auf die Umgebung, bekomme wie aus dem Nichts eine leichte Ohrfeige und erschrecke fürchterlich. Es geht ja weiter.

»Ey, du Schlampe!«, schreit der Mann und drängt mich erneut an die Wand. An der Stimme erkenne ich Michi. Wir rangeln, er scheint überall zu sein, als wäre er ein Tintenfisch. Wie soll ich nun eine Technik anwenden? Meine Jeans rutscht trotz Gürtel, sie bedeckt kaum noch meinen Po. Ich habe Angst und weiß nicht weiter. »Heide, mach was!«, sagt Michi verschwörerisch. Also trete ich heftig in seine Richtung und rufe: »Loslassen!« Was sich später am Eingang abspielt, bekommen wir nicht mit. Ein Streifenwagen nach dem anderen fährt vor, Beamtinnen in marineblauer Uniform laufen, in der linken Hand die Taschenlampen, in der rechten Hand die Pistolen, die Treppe hinauf. In der Notrufzentrale waren mehrere besorgte Anrufe eingegangen. Der Verein liegt etwas isoliert zwischen U-Bahn-Trasse und Schrebergärten, bis zu den geklinkerten Wohnhäusern sind es etwa 700 Meter. Sehen konnten uns die Anwohnerinnen nicht. Aber hören! Denn die wichtigste Regel haben alle Kursteilnehmerinnen befolgt: laut werden. Die Wirkung war so erfolgreich, dass die Polizei Hamburg den Verein anschließend aufforderte, die Außenübung in Zukunft ohne Geschrei durchzuführen.

Sei eine Autoritätsperson, keine Tussi!

Am ersten Abend des Kurses hätte ich mir diese Stresssituation nicht zugetraut. Im Dojo 1 treffe ich die zwanzig anderen Frauen, sie sind ganz unterschiedlich gekleidet, von Leggins mit Leoprint bis zum Jeanshemd. Aber alle sind schlank. Peinlich berührt stehe ich am Rand und komme mir vor wie eine Elefantin zwischen Fohlen. Christian, 68, und Michi, 54, wollen uns die Basis realitätsnaher Verteidigung beibringen. Der pünktliche Christian, mein Ju-Jutsu-Trainer, 4. Dan, hat als Bundesbeamter beim Zoll gearbeitet. Der charmante Michi, 1. Dan, kümmert sich als Pädagoge um Kinder mit besonderem Förderbedarf. Dass er keine Angst vor Aggressionen hat, merken die meisten Frauen erst später.

Wir setzen uns im Kreis auf die Matten und erfahren die Fakten: 75 Prozent der Opfer von Gewalttaten sind Männer. Doch bei »Straftaten gegen die sexuelle Selbstbestimmung« sind die Opfer überwiegend Frauen. Im Jahr 2021 waren es laut Bundeskriminalamt (und der Polizeilichen Kriminalstatistik) 30 970 Opfer, davon 2419 Jungen und Männer und 28 551 Mädchen und Frauen; und dann gibt es noch das Dunkelfeld. Christian redet nicht um den heißen Brei herum: »Gegen eine Schusswaffe oder ein Messer habt ihr keine Chance! Aber die meisten Frauen, die sich gewehrt haben, konnten den Täter in die Flucht schlagen.« Wobei das nicht wörtlich gemeint ist. »Ihr könnt keinen Mann k. o. *schlagen*«, erklärt Christian. »Aber k. o. s*chreien*! DIE STIMME IST EURE BESTE WAFFE!«, brüllt er plötzlich so laut, dass es sich anfühlt, als würde uns eine Windmaschine an die Wand fegen. Wir zucken kollektiv zusammen. Stille. Die Stimme kann stärker sein als Muskeln. Innerlich notiere ich: Sei eine Autorität, keine Tussi.

Auch die entsprechende Körpersprache ist herausfordernd. Erst üben wir miteinander, dann gehen Christian und Michi abwechselnd bedrohlich auf uns zu. Bei einem Meter Abstand sollen wir die Arme nach vorn strecken und laut werden, »Stopp!« schreien. Die meisten stehen da wie Fragezeichen. Schon bin ich an der Reihe. Ohne es zu wollen, neige ich den Kopf zur Seite – und lächle Michi entgegen. Selbst als er mich anpöbelt, lächle ich. Typisch Frau. Nicht zu fassen! »Schrei mich an«, sagt Michi. Äh, ja.

Nun legt Christian den Arm um meine Schultern, plaudert wie ein Animateur und schlendert mit mir herum. Er riecht angenehm sauber und maskulin, es fühlt sich okay an. Aber wir üben ja, deshalb sage ich mittellaut, dass ich das nicht möchte. Er sieht mich von der Seite an. »Warum nicht?«, fragt er – und drückt abrupt seinen Unterarm auf meinen Kehlkopf. Ich fange an zu stammeln. »Ähm, ich, weil, na ja … also: darum?!«

Christian nickt und donnert los: »Warum nicht? Darum nicht! Lasst euch nicht volllabern! Die meisten Straftaten beginnen freundlich. Über 70 Prozent der Opfer kennen den Täter! Und je dichter ein Mann kommt, desto gefährlicher wird er!« Dass wir in der Ecke stehen, fällt mir jetzt erst auf. Michi setzt nach: »Ihr entscheidet, wer euch nahe kommen darf, ohne Begründung!« Klingt richtig – aber die Praxis müssen wir intensiv üben. Aggressiv zu sein ist für Frauen oft schlimmer, als barfuß in einen Hundehaufen zu treten.

Schreien und dem Mann zwischen die Beine treten ist das Grundkonzept. Aber Angriffe gibt es unzählige. Wir werden gewürgt, am Arm gezerrt – und beschimpft. Das versetzt mich sofort in meine Schulzeit zurück, ich könnte heulen. Michi macht ohne Vorwarnung das Licht aus, wir müssen im Halbdunkel kämpfen. Christian lässt Musik aus den Boxen wummern, wir sollen, so wie er, trotzdem laute Kommandos geben. Ich fiepe eher und bekomme direkt Halsweh. Stimme runter! Oft heben Christian und Michi die kleinen Frauen einfach hoch und tragen sie weg. Oder schleudern sie direkt zu Boden. Es schockiert mich, wie leicht das für sie ist. Es bleiben nur Sekunden für eine Technik, wie dem Angreifer fest mit den flachen Händen auf die Ohren zu schlagen. Aber schaffe ich das, unter Stress? Mich hebt niemand hoch. Eine heftige Ohrfeige würde mich paralysieren, aber umwerfen würde sie mich nicht. Ich bin zu schwer. Plötzlich bin ich dankbar, eine Elefantin zu sein.

Bei Wettkämpfen ist nicht umsonst die Gewichtsklasse die wichtigste Regel. Egal, ob MMA (Mixed Martial Arts; gemischte Kampfkünste), Judo, Muay Thai oder Kickboxen; Profis oder Amateure. Sie reichen vom Fliegen- bis zum Superschwergewicht. Es leuchtet unmittelbar ein, dass Wladimir Klitschko mit mehr Wumms boxte als Regina Halmich: Wer schwer ist, hat bessere Chancen, Technik hin oder her. Die Energie von Schlägen und Tritten kommt, wenn sie wirken sollen, aus dem ganzen Körper. Genau deswegen mag ich die Gelenkhebel, ich brauche dabei viel weniger Kraft, weil hier die Mechanik wirkt. Gelenke brechen am Ende, aber auch dafür muss ich den Gegner aus dem Gleichgewicht bringen. Das ist umso schwieriger, je mehr er wiegt. Zusätzliche Kilos helfen also. Ha!

3 Engel für Charlie

Je länger der Kurs dauert, desto mehr stärkt mich die Entwicklung der Gruppe. Ich sehe nicht mehr zwanzig Fohlen, sondern Gazellen, Antilopen, Leoparden, Zebras und Giraffen. Da passe ich als Elefantin dazu. Ich finde Billie Eilish ohnehin cooler als Ariana Grande. Gemeinsam werden wir sicherer, entschuldigen uns nicht mehr nach jedem Schlag. »Selbstverteidigung ist immer Gewalt, tut immer weh«, sagt Christian. »Wenn ihr davonkommen wollt, müsst ihr der Gefahr ins Auge sehen. Draußen hat auch keiner Mitleid mit euch – dort gibt es nur er oder ich.«

Oft fühlt es sich toll an, entschlossen zuzutreten. Ein bisschen wie in *3 Engel für Charlie*. Es ist befreiend, klipp und klar »Nein!« zu sagen. Je eindeutiger wir Grenzen setzen, desto mehr nehmen wir uns ernst. Normalerweise mag ich eine freundliche Kommunikation. Aber in gewissen Situationen komme ich damit offenbar nicht weiter. Deshalb übe ich die Selbstbehauptung nun im Alltag. Straffe die Schultern, setze die Stimme runter und erinnere mich: Du bist nicht zwölf, sondern fünfzig, sei erwachsen! In Hotlines würge ich aufdringliche Verkaufsangebote sofort ab. Ich weiche auf der Straße nicht ständig aus. Handwerkern begegne ich energisch. Die Konflikte zu führen ist unangenehm – aber erfolgreich.

Sporty Spice oder Baby Spice?

In einer multinationalen Studie wies die Unternehmensberatung Ernst & Young 2013 nach, dass 90 Prozent der Studienteilnehmerinnen, die eine Führungsposition innehatten, in ihrer Schul- oder Hochschulzeit Sport getrieben hatten. Sportliche Mädchen und Frauen nehmen seltener Drogen, werden seltener ungewollt schwanger und weniger oft Opfer von sexueller Gewalt. Organisierten Sport für Frauen gibt es allerdings erst seit 150 Jahren, von Tennis bis Marathon. Gleichberechtigung? Von wegen. Profisportlerinnen sind in den Printmedien unterrepräsentiert. Sie werden schlechter bezahlt und erhalten weniger Sendezeit. Zudem werden sie häufig sexualisiert. Als die Profi-Beachhandballerinnen aus Norwegen 2021 bei der Europameisterschaft in kurzen Shorts statt Bikinihöschen antraten, verhängte der Verband eine Geldstrafe. Die US-amerikanische Popsängerin Pink schrieb auf Twitter, dass sie die Strafe gern zahlen würde. Es entstand eine weltweite Debatte über Sexismus im Sport – es bewegt sich was!

Ich schmettere meine rechte Handfläche auf eine runde schwarze Pratze aus Leder, die eine Teilnehmerin mit Sommersprossen mir hinhält. »Tschakka!«, ruft sie, wir klatschen uns grinsend ab. Hier zählt Stärke, das erfahre ich auch, wenn ich mit Christian und Michi kurz auf dem Flur spreche. Klar erwähnen sie die Hübschen. Aber genauso die Taffen. Und ich spüre, was ich dringend suche: Respekt. Davon bekam ich bereits als Kind zu wenig. Als ich dreizehn war, schrieb mir ein Lehrer, den ich anhimmelte, Liebesbriefe und küsste mich schließlich auf den Mund. Seine Aufmerksamkeit schmeichelte mir, machte mir aber auch Angst. Ich erzählte unserem Vertrauenslehrer davon, der mit ihm redete. Sonst passierte nichts. Der Leiter des Ponyhofs lud ein anderes Mädchen und mich in sein Wohnzimmer ein. »Möchtet ihr ein Eis?«, fragte er und bot uns an, mit seinem Finger in unsere Vulven einzudringen, es sei gut, das mit einem erfahrenen Mann zu erleben. Wir lehnten erschüttert ab – und durften gehen. Im Internat wachte ich nachts auf, weil ein Junge seine Hand in meine Unterhose schob, er war unbemerkt durchs Fenster eingestiegen. Es war schwierig, ihn abzuschütteln. Bis heute schlafe ich schlecht.

Es war dann ausgerechnet Obermacho James Bond, der mir in *Der Mann mit dem goldenen Colt* starke Frauen zeigte. 1988 saß ich vor dem klobigen Röhrenfernseher und sah, wie 007, gespielt von Roger Moore, in Macau von einer Gruppe Karatekämpfern angegriffen wird. Hinter ihm stehen zwei Schulmädchen. Arrogant sagt er: »Das ist nichts für euch, Kinder.« Doch die Asiatinnen, gekleidet in weiße Blusen, blaue Faltenröcke und weiße Kniestrümpfe, zögern nicht und treten vor ihn. Dann zerlegen sie die Angreifer mit exakten Tritten und Handkantenschlägen. Auch James Bond staunt. Als Vierzehnjährige mit zu großer Brille und zu kleinem Ego war ich elektrisiert: So kaltblütig wollte ich werden!

Den ersten Kurs absolvierte ich an der Uni. Denn die Belästigung hörte nicht auf. Als eine Freundin und ich nach dem Schwimmen im Hallenbad in die Frauen-Umkleide gingen, saß da ein nackter Mann mit gespreizten Beinen und onanierte. Wir sagten dem Personal Bescheid, aber es kam nichts dabei raus. Klar war, dass Frauen vorsichtig sein sollten. Wenn ich meine damals blonden Haare offen trug und ein Kleid anhatte, hagelte es eklige Kommentare. Wenn ich im Winter – im pludrigen Jogginganzug, mit Pudelmütze auf dem Kopf – durch den Park joggte, schrien mir regelmäßig Gruppen von Männern obszön hinterher. Als ab 2017 der Hashtag #MeToo mit den dazugehörigen Schilderungen um die Welt ging, begriff ich, dass ich kein Einzelfall bin. Und dass ich weniger den Mann im Gebüsch fürchten muss als ein patriarchalisches System. Dazu gehören heute auch Hass und Aufrufe zur Vergewaltigung auf Social Media. Ich fühle mich bedroht und will mich wehren können!

»Noch mal?«, fragt mich die Frau mit den Sommersprossen und hält mir lächelnd die Pratze hin.

»Noch mal!«, sage ich.

Gewalt ist ein männliches, systemisches Problem

Am nächsten Abend lernen wir Verteidigung auf engem Raum. Im Dojo stehen unter den Fenstern vier Stühle, je zwei und zwei gegenüber, sie simulieren ein U-Bahn-Abteil. Die Schülerin im Jeanshemd hat innen Platz genommen. Wir anderen hocken im Kreis und gucken zu. Michi setzt sich sehr dicht neben sie. Als sie ihn ansieht, lächelt er so gewinnend wie George Clooney in der Kaffee-Werbung. Wir spüren, dass ihr unwohl ist, aber sie schweigt und versucht abzurücken. Michi legt seine Hand auf ihr Knie.

»Ich möchte das nicht«, sagt sie gepresst.

»Du bist süß«, antwortet Michi und lächelt weiter.

Als sie aufstehen will, packt er sie rasend schnell mit der linken Hand am Hals und holt mit der rechten zum Schlag aus. »Ob ihr von einem Konzert kommt, in ein Abteil mit besoffenen Fußballfans geratet oder Karneval feiert: Seid wachsam, und zwar rechtzeitig!«, kommentiert Christian die Szene. »Setzt euch in die Nähe des Ausgangs, habt die Tür im Blick. Und nehmt die Kopfhörer aus den Ohren!« Ich verstehe, was er meint, aber seine Worte lösen Verbitterung in mir aus. Frauen müssen also ständig aufpassen? Sich am besten ins Haus zurückziehen? Wobei, da könnte ebenfalls Gewalt drohen. Laut einer Pressemitteilung des Bundesministeriums für Familie, Senioren, Frauen und Jugend lag die Zahl der Opfer von häuslicher Gewalt im Jahr 2022 bei 240 547 Opfern (Frauen, Kinder und Männer) und ist im Vergleich zu 2021 um 8,5 Prozent gestiegen. »Im Bereich der Partnerschaftsgewalt stieg die Anzahl der Opfer um 9,1 Prozent auf 157.818 Opfer. Ganz überwiegend trifft Gewalt im häuslichen Kontext Frauen: 80,1 Prozent der Opfer von Partnerschaftsgewalt und 71,1 Prozent der Opfer Häuslicher Gewalt insgesamt sind weiblich. Von den Tatverdächtigen bei Partnerschaftsgewalt sind 78,3 Prozent Männer, im Gesamtbereich der Häuslichen Gewalt 76,3 Prozent.«[1]

Ich muss mir vergegenwärtigen, dass die Mehrzahl der Gewaltopfer Männer sind. Aber nicht von sexuellen Übergriffen: Da sind es Frauen und Kinder. In meiner Verärgerung tut es mir leid um die friedlichen Männer – ich bin nicht gegen ein Geschlecht, sondern gegen Gewalt. Aber über 80 Prozent der Täter sind männlich! Ich muss an den Missbrauchskomplex Bergisch Gladbach denken. An den Skandal der katholischen Kirche. An den verurteilten Profifußballer Christoph Metzelder. Die Übergriffe in der Silvesternacht 2015/2016 in Köln: Es ist ein systemisches und ein männliches Problem.

1 https://www.bmfsfj.de/bmfsfj/aktuelles/presse/pressemitteilungen/haeusliche-gewalt-im-jahr-2022-opferzahl-um-8–5-prozent-gestiegen-dunkelfeld-wird-staerker-ausgeleuchtet-228400.

Im Flugzeug, im Parkhaus, im Restaurant

Später, in der spartanischen Umkleide, unterhalte ich mich mit den anderen. Warum wollen sie Selbstverteidigung lernen? Die meisten können bestimmten Situationen nicht ausweichen: Gewalt ist überall. Die Architektin hat einen Firmenparkplatz in einem Parkhaus im achten Stockwerk. Die Stewardess wird im Job angetatscht, genau wie die Altenpflegerin und die Restaurantleiterin. Die Social-Media-Spezialistin reist häufig allein. Die Lehrerin wohnt abgeschieden auf dem Land. Und etliche haben, so wie ich, Übergriffe erlebt.

Augenöffnend war für mich das Buch *Hunger. Die Geschichte meines Körpers* von Roxane Gay. Die US-Amerikanerin ist Professorin für Literatur und eine einflussreiche Autorin. Sie wog 261 Kilo bei 1,90 Meter Größe. In einer Mischung aus Biografie und Essays offenbart sie die Ursache: Sie wurde als Zwölfjährige Opfer einer Gruppenvergewaltigung. Jahrzehntelang sagte sie es aus Scham niemandem. Essen wurde zum Trost und Gewicht ihr Schutz vor Übergriffen. Es erschütterte mich beim Lesen, wie ähnlich wir empfinden.

Meine Freundinnen von früher sagen, dass sie keinen Kurs brauchen, da sie nachts selten unterwegs sind, und wenn, nicht in gefährlichen Gegenden oder allein. Sollte ihnen etwas komisch vorkommen, würden sie sofort ein Taxi nehmen. Das leuchtet mir ein. Aber das Patriarchat wirkt auch ohne Gewalt. Wir tun uns fast alle in Gehaltsverhandlungen schwer, viele werden von Ehemännern emotional ausgebeutet und übernehmen den größten Teil der unbezahlten Care-Arbeit. Während Frauen vom Mental Load erschöpft sind, halten Männer am Esstisch ungefragt Ringvorlesungen. Oder reklamieren Familienzeit für ihre Hobbys. Süße, hilfsbereite Frauen werden gern gemocht und gern beansprucht. Ich möchte auch beliebt sein; aber Respekt ist mir wichtiger. Ein Dickhäuter, eine Elefantin zu sein hat Vorteile.

Breaking the Habit

Ich will es noch mal wissen – ein Jahr später nehme ich erneut an der Außenübung teil. Ich gestalte sie mir absichtlich schwierig. Trage große silberne Kreolen, ein Kleid und unbequeme Stiefel mit Absatz; die Haare lasse ich offen. Angespannt gehe ich aus dem Zentrum ins Halbdunkel. Durch die offene Tür des Restaurants, das an die Dojos anschließt, höre ich ein paar Takte von Linkin Park, das passt. Kaum bin ich um die Ecke, kommt der schwarz gepolsterte Michi auf mich zu, fasst mir mit der rechten Hand beherzt in die Haare und zieht so meinen Kopf nach unten. Damit habe ich gerechnet, die langen Strähnen verdecken mein Gesicht, aber ich trete mit aller Kraft gegen sein Schienbein. Er versucht, mich in die Büsche zu drängen, mein Kleid rutscht hoch, die Strumpfhose runter, wir ringen, und ich verliere die Orientierung. Und jetzt? Schreien darf ich ja nicht.

Im Ju-Jutsu habe ich Körperhaken und Kipphandhebel gelernt. Aber wie ansetzen bei dem Durcheinander? Auch die Selbstverteidigung hat Grenzen. Michi und Christian sagten im Kurs ja von Anfang an, was alle erfahrenen Praktikerinnen sagen: keine Chance bei Waffen und Messern. Bei Gruppen wird es eng, und ansonsten sind unzählige Faktoren ausschlaggebend: Ist es hell oder dunkel? Bin ich nüchtern oder angetrunken? Sehe ich den Angriff kommen oder werde ich überrascht … Also: Die Umgebung rechtzeitig scannen und im Zweifel weglaufen. Es gibt Ausnahmen bei Polizistinnen, Soldatinnen und Sportlerinnen, aber wer nicht größenwahnsinnig ist, vermeidet die Auseinandersetzung und rennt rechtzeitig weg. Sollte das nicht möglich sein, braucht es einfache, effektive Techniken, um sich zu wehren. Deshalb trainiere ich auch ein bisschen Krav Maga, es wurde vom israelischen Militär entwickelt und gilt als sehr realitätsnah. Hier zieht die Gruppe mich auf, weil ich (wirklich schöne) weiße Boxhandschuhe mit pinkfarbenen Flammen trage. Sportlich gehöre ich zu den schlechtesten, nicht nur technisch. Denn wenn Sparring im Leichtkontakt ansteht (mit Schienbeinschützern, Handschuhen und Mundschutz), gehen mir die Nerven durch, vor Angst bin ich nach zwei Minuten erledigt. Trotzdem trainiere ich weiter, weil ich mich für Stresssituationen konditionieren will.

Doch je länger ich Kampfsport mache, desto mehr kenne ich meine Grenzen. Ich weiß um die alltägliche Gewalt, glänzend und realitätsnah beispielsweise in der preisgekrönten Serie *4 Blocks* dargestellt. Wenn mir ein Mann wie Abbas (gespielt von einem Schauspieler, der früher kriminell war) auf die Nase boxen würde, wäre ich vor Schock und Schmerz hilflos.

Bevor die Pandemie ausbrach, war ich beruflich oft unterwegs gewesen. Seit 2022 ging es wieder los. Da Taxifahrten kaum bezahlt werden und ich am Hauptbahnhof spät auf die S-Bahn warte, nehme ich als Erstes die langen Haare zusammen und mache mir einen festen Knoten. Dann beobachte ich die Leute. Wer wirkt aggressiv, betrunken, unter Drogen? Wo sind Gruppen von Männern, von Halbstarken? Wer guckt Frauen aufdringlich an? Wem sollte ich nicht den Rücken zudrehen? Jemanden an seinem Rucksack, wie ich einen trage, zu Boden zu ziehen, ist kinderleicht. In der Hand halte ich die Zeitung, zusammengerollt hilft sie mir notfalls.

Vor einigen Jahren ist mir tatsächlich jemand gefolgt. In meiner Wohngegend, gegen 23 Uhr. Erst bemerkte ich es nicht, dann dachte ich, ich bilde es mir ein, schließlich drehte ich mich mit klopfendem Herz um und fragte laut und scharf: »Was wollen Sie?« Der Mann kam näher, in mir stieg Panik auf, und ich schrie: »Gehen Sie weg!« Balkontüren öffneten sich, die Nachbarinnen riefen mir zu, ob ich Hilfe bräuchte, das Handy in der Hand. Der Mann setzte seinen Weg fort, danach rief ich die Polizei an. Und brauchte lange, bis ich einschlafen konnte. Aber ich war froh, eine Elefantin zu sein.

Doch bei aller Selbstakzeptanz: Ich muss wirklich aus gesundheitlichen Gründen abnehmen. Ein Fohlen möchte ich nicht mehr sein. Kann ich eine Löwin werden?

5
Reisen: Als Frau allein unterwegs

Mutprobe: Sporturlaub auf Fuerteventura

Plötzlich gleitet vor mir der Kopf eines Tigers aus dem Wasser. Das Fell oben ockerbraun und unten weiß, mit den typischen, feinen, schwarzen Querstreifen. Die hellen Augen über der breiten Nase mustern mich. Gerade als ich spontan »Shir Khan!« rufen will, taucht er wieder ab. Zurück bleiben kleine, schimmernde Wellen; eine Brise zaust die Palmenblätter über uns, die Sonne strahlt durch die Spitzen, der unverwechselbare Duft von Nivea-Sonnencreme duftet herüber.

Oben, am Rand des Pools hüpft Animateur Attila wie ein Flummi auf und ab, seine Knie berühren fast seine Nasenspitze. »Hallo, los geht's«, ruft er mit einem leichten Akzent, den ich nicht verorten kann. »Und acht, und sieben und …« Wir verteilen uns im Pool, ahmen ihn nach und hopsen enthusiastisch herum.

Meine erste Stunde Aqua-Gym, Wassergymnastik. Ich nehme ohne große Erwartungen daran teil. Eigentlich nur, weil ich mir vorgenommen habe, in meinem zweiwöchigen Sporturlaub das komplette Trainingsangebot des Clubhotels auszuprobieren. Denn ich will mich, trotz Adipositas, mehr bewegen. Ich hoffe, dass Fuerteventura mich motivieren wird, mit den Pools, die einladender wirken als das in die Jahre gekommene Schwimmbad in meinem Stadtviertel. Andererseits frage ich mich, ob Sport und Ferien zusammenpassen. Im Urlaub möchte ich mich erholen.

Immerhin: Keine To-do-Liste hält mich am Schreibtisch fest und vom Training fern, kein Abgabetermin drängt; weder Platzregen noch Dunkelheit oder eine lange Busfahrt unterlaufen meine guten Vorsätze. Stattdessen: 25 Grad, blauer Himmel und eine Sommerferien-Stimmung. Das Clubhotel im Süden der zweitgrößten kanarischen Insel bietet abends Cocktails und Chorizo, tagsüber Strand und Sport. Dazu gehören natürlich Yoga und Spinning, außerdem Kurse wie »Bauch-Beine-Po« (BBF) oder »Fit Fight«. Als Studentin war ich hellauf begeistert von BBP: Toll, dass ich direkt an meinen Problemzonen arbeiten konnte! Heute empfinde ich solche Kurse als Unverschämtheit. Bewegung sollte Freude machen, statt Frauen per se zu vermitteln, dass mindestens drei ihrer Körperteile fundamental nicht in Ordnung sind. Wahrscheinlich ist es unnötig zu erwähnen, dass die Teilnehmerinnen und ich damals, in den BBP-Kursen, allesamt schlank waren. Aber Frauen können sich eben nie genug optimieren.

Aqua-Gym ist neu für mich. Das stundenlange Baden im Meer liebe ich zwar inbrünstig, sportlich passten das Wasser und ich bisher aber nicht gut zusammen. Durch meine Kurzsichtigkeit von minus zehn Dioptrien auf beiden Augen kann ich entweder keine Armlänge scharf sehen oder ich muss aufpassen, dass meine weichen Kontaktlinsen nicht davongeschwemmt werden. Schwimmbrillen finde ich unbequem. Kraulen, Delfin und Tauchen fielen damit frühzeitig aus. Selbst beim Brustschwimmen sehe ich aus wie eine Oma mit Plastikbadekappe voller applizierter Blüten.

Jetzt springen mich ein paar Tropfen an, aber wir sollen die meisten Übungen unter der Wasseroberfläche ausführen, dadurch bleibt mein Gesicht trocken. Bereits nach wenigen Minuten bin ich angefixt. Durch den Auftrieb fühle ich mich im Pool federleicht und weitgehend unbeobachtet. Von den sieben Frauen und drei Männern, die mit mir teilnehmen – ich schätze sie vom Alter her auf dreißig bis sechzig –, sehe ich kaum mehr als Kopf und Schulterlinie. Es sei denn, wir springen so hoch, wie wir können. Dann taucht ein kompletter Rücken vor mir auf, kunstvoll und täuschend echt mit einem Tigerkopf tätowiert. Leise fange ich an zu summen: »Fun and sunshine, there's enough for everyone«, Spaß und Sonne, da ist genug für alle.

Club Tropicana

Animateur Attila wirft mehrere bunte Schwimmnudeln ins Wasser, wir antworten mit leichtem Kreischen. Während wir versuchen, die gelben, pfirsichfarbenen und grünen Nudeln zu knoten, wie er es vormacht, flutschen sie uns aus der Hand und tippen dabei ungewollt der Nachbarin auf die Nase oder den Hinterkopf. Es fühlt sich an wie ein Kindergeburtstag. Aber warum nicht, ich bin im Urlaub. Unsere Knoten sollen wir nun unter Wasser festhalten und wie eine Hantel für den Bizeps nutzen. Da Attila schnell und fleißig pumpt, wird es durch den Auftrieb des Polyethylens im Widerstand zum Wasser auch für uns fordernd. Wie intensiv wir trainieren, ist aber weder für die anderen noch für die Hotelgästinnen sichtbar, die sich um den Pool herum auf den sandfarbenen Liegen rekeln. Jetzt sollen wir die Nudel entknoten, mit beiden Händen schulterbreit fassen und über den Kopf lang nach oben strecken – und dann leicht nach hinten wippen. Einige Wassertropfen laufen meinen Nacken hinunter, der Wind streichelt mir über die Haut.

Nebenan, im Babybecken, sehe ich ein kleines Mädchen, das in einem aufblasbaren pinkfarbenen Donut sitzt und huldvoll wie Queen Mum ihrem Vater winkt. Attila bleibt kurz stehen. »Hey, Guys, neue Übung«, ruft er. Wir sollen die etwa anderthalb Meter lange Schwimmnudel jetzt wie ein Springseil benutzen. Hä? Die Frau neben mir, lockiger Zopf, rot verbrannte Ohren, sieht mich erstaunt an, wir zucken beide mit den Schultern. Attila macht es vor. Seine je mit einem üppigen Tribal tätowierten Oberarme zeigen sich genauso wohlgeformt wie seine Waden, bei ihm sieht sogar das Springen über die gelbe Schwimmnudel gut aus. Die Faxen dabei (»Hoppa! Hoppa!«) macht er, typisch Animateur, um uns mit guter Laune zu füttern. Leider vergeht mir genau die für einen Moment, weil mein Bauch im Weg ist und ich ewig brauche, um mich überhaupt irgendwie über die Nudel zu winden. Dann denke ich: egal. Die Sonne strahlt, die Luft schmeichelt. Es ist elf Uhr, und der Strandtag liegt noch vor mir.

Wir nutzen die Nudel noch wie einen Sessel, lehnen Arme und Schultern darauf, strecken die Beine lang nach vorn und bewegen sie wie Scheren auf und ab. Unwillkürlich grinsen wir uns zu beim Versuch, das Gleichgewicht zu halten und denen vor uns nicht den großen Zeh in den Rücken zu bohren. Wir joggen auf der Stelle, kicken nach vorn, zur Seite und nach hinten. Anstrengend, aber der Körper wird warm, weich und flexibel, dazu das etwas kühlere Wasser: ah! Kurz dürfen wir verschnaufen. Ich sehe Hände mit erdbeerrotem Nagellack, die einen Zopf wieder festzurren. Eine Frau mit Sophia-Loren-Sonnenbrille schwimmt an den Rand und trinkt aus ihrer Wasserflasche. Seitlich am Becken steht ein

Mann mit offenem Hemd und Sandalen, der ein Baby mit Cowboyhut auf dem Arm trägt, beide blicken konsterniert zu uns rüber.

Weiter geht's, ich muss mich konzentrieren: Zum Abschluss präsentiert uns Attila eine Choreografie. Die Arme hält er halbrund vor den Körper, Mittelfinger und Daumen zeigen zueinander. Dazu bewegt er die Füße in den Grundschritten der vier kleinen Schwäne aus Tschaikowskys berühmtem Ballett *Schwanensee*; er tanzt im Rhythmus erst nach links, dann nach rechts. Sofort hat er uns, alle lachen. Ich bin beeindruckt, weil er sich trotz seiner Muckis unter der brathendlbraun gebrannten Haut und den Turnschuhen erstaunlich exakt bewegt. »Keine Angst«, ruft er, »ihr müsst nicht auf Spitze tanzen!« Heißt: Wir sollen »nur« den linken Fuß anheben, strecken und die Fußspitze zum rechten Knie führen, dann andersherum, alles schnell und hoffentlich graziös. Viermal nach links, viermal nach rechts.

Hurra, das Hüpfen ist, trotz Arthrose, kein Problem – der Rest schon. Als Kind habe ich ja Ballett getanzt, die Faszination ist geblieben, das Können nicht. Wir bewegen uns hin und her, bei manchen klappt es, offenbar sind Fortgeschrittene dabei – aber vor allem lachen wir. »That's it, danke schön«, sagt Attila, neigt den Kopf grazil zur Seite und knickst mit ausgebreiteten Armen elegant vor uns, als würde er ein weißes Tutu aus Tüll tragen. Wir jubeln. Und ich bin satt, ohne gegessen zu haben.

Kuchen am Ozean

Erst zwölf Uhr und schon Sport gemacht. Beschwingt schlüpfe ich am Rand des Pools in die Flipflops, wickle mich in mein Strandtuch, nehme meine Tasche und schlappe die paar Meter zum Meer. Vorbei an geschwungenen Beeten voller Palmen und blühenden Kakteen. Der kleine Abschnitt des Hotels kann nicht mit der mehrere Kilometer langen Costa Calma mithalten, die eine Bucht weiter beginnt. Doch der Kontrast zum Hamburger Grau könnte auch hier kaum größer sein: feiner Sand, ein Streifen mit runden schwarzen Steinen, dahinter das königsblaue Meer. Am ersten Tag fürchtete ich mich vor den Sonnenliegen: Wäre ich vielleicht zu schwer für sie? Es tut mir weh, dass die Liege tief in den Sand einsinkt, wenn ich mich vorsichtig hinsetze. Ich beneide die schlanken Menschen um mich herum um ihre Attraktivität. Mein neues Bikini-Bustier hilft, weil es in seinen Proportionen besser zu meinem Körper passt als ein klassisches Bikini-Oberteil mit Bügeln oder gar mit Spaghettiträgern. Trotzdem: Die anderen Frauen erinnern an Cellos, ich an einen Kühlschrank mit Beinen (und nicht mal an den schicken von Smeg). Gut, dass mich hier niemand kennt.

Meine sieben Klinikjahre liegen lange zurück, aber sie waren so quälend, dass ich immer noch ausgehungert bin nach Genuss. Und mein Verstand sagt mir, dass Genuss allen Menschen zusteht. Deshalb traue ich mich hier an den Strand. Kaum sitze ich unter meinem Sonnenschirm, lenkt der Blick auf den Atlantik ab, die Scham lässt nach. Tiefblau funkelt das Meer, darüber wölbt sich die hellblaue Himmelskuppel. Keine Landschaften, sondern Himmelschaften! Blaublaublau! Ich schicke meiner Freundin Tina ein blaues Foto nach dem nächsten und schreibe in Druckbuchstaben

»BLAU!!!« darunter. Bis zum Horizont streckt sich die türkisblaue Weite, dahinter liegt, etwa 100 Kilometer entfernt, Marokko. Dort möchte ich auch noch hin! Mein Fernweh geht noch weiter, ich träume davon, ein Jahr um die Welt zu reisen, ähnlich, wie es die Journalistin Meike Winnemuth in *Das große Los. Wie ich bei Günther Jauch eine halbe Million gewann und einfach losfuhr* beschreibt. Ich möchte allerdings nur ans Wasser: zum Mondsee in Österreich, zum Lake Tahoe in Kalifornien und, nachdem mir die Profitänzerin Renata Lusin im Interview für die *Brigitte* davon erzählt hat, zur Wolga in der Nähe der Stadt Kasan in der Republik Tatarstan. Ob es je dazu kommt? Aber jetzt bin ich erst einmal hier. Ha! Was für ein Luxus!

Ich krame in der Tasche nach Roman, Kuli und Sonnenlotion, creme Gesicht und Dekolleté erneut mit Lichtschutzfaktor 50 ein. Wie eine Pflanze wende ich automatisch mein Gesicht der Sonne zu; meine Schultern senken und die Mundwinkel heben sich: Ein Lesetag liegt vor mir! Natürlich ist es absurd, im Zeitalter von E-Books sechs gedruckte Bücher plus Zeitschriften von Hamburg auf eine Kanarische Insel zu schleppen. Doch Papier gehört unbedingt zu meinem Sommerferiengefühl: beim Halten, Blättern, Eselsohrenknicken, Sätzeunterstreichen und Fragezeichen an den Rand schreiben. Das Meer, die Wärme, das Buch und ich, mit dieser Kombi belebe ich eine meiner besten Erinnerungen wieder. Bis die Sonne untergeht, um 19 Uhr, werde ich lesen, baden, spazieren und fotografieren. In der Tasche habe ich Wasser und eine Packung Cracker. Ich mag Partysongs wie *Cake By The Ocean,* der vom Beachvolleyball-Feld herüberklingt. Aber ich brauche jetzt keinen Kuchen.

Bodies of Light

Mit dem Lesen ist es ein bisschen wie in der Therapie. Sowohl die Verständigung als auch die Verbindung finden nicht nur in, sondern auch *zwischen* den Seiten, den Sitzungen statt. Wenn ich unwillkürlich, wie jetzt, mein Buch sinken lasse. *Wo Licht ist* heißt der achte Roman der britischen Autorin Sarah Moss.[1] Ohne es bewusst zu steuern, löse ich den Blick von den Seiten, weil der Nachhall der Sätze Raum braucht in meinem Kopf, Raum über dem Meer findet. Weil mir in diesem Moment erneut bewusst wird, dass ausgerechnet ein alter, *weißer* cis-Mann, Dr. Weston, mir jahrelang den Rücken freigehalten und alles dafür getan hat, damit ich ohne Krankenhäuser, aber mit meinem Beruf leben kann. Er hat mir auch als Erster von dem Briten John Bowlby (1907–1990), einem Pionier der Bindungsforschung erzählt, den ich später in dem Roman *Schlaflos* von Sarah Moss wiedertraf, ein Geschenk meiner Freundin Meike.

Wo Licht ist heißt im Original *Bodies of Light*, das Buch liegt nun in meinen Händen, und die Gedanken der Hauptfigur, Ally, lösen ein Echo aus. Frauen, die damit beschäftigt sind, sich und auch ihre Häuser zu verschönern, fehlt die Zeit für Wichtigeres. Der Roman spielt im 19. Jahrhundert. Aufbruch in der Medizin, Aufbruch im Feminismus. Ich selbst kenne fast nur Frauen, die nach der Geburt der Kinder das Familienleben verantworten, den Haushalt in Schuss halten, egal wie viel oder wie wenig sie arbeiten. Für die Pflege ihres Äußeren – Kosmetikbehandlungen, Friseur, Pediküre, Maniküre – nehmen sie sich Me Time. Ihre Hobbys dage-

1 Übersetzt von Dr. Nicole Seifert.

gen – wie Sport und/oder das Lesen – geben sie wegen der Mehrfachbelastung häufig auf. Von der Altersvorsorge ganz zu schweigen.

Julia, Richard, Anne, George und Timmy, der Hund

Schon in der Grundschule sehnte ich mich nach den Freiheiten der Jungs. Ich las Band für Band von Enid Blytons *Fünf Freunde*, vielmehr: Ich versank darin, lebte darin und schwärmte derartig für Georgina (die Kleider und Puppen blöd findet und lieber ein Junge sein will), dass ich ihren Spitznamen annahm, George. Einmal musste ich sogar im Klassenzimmer zur Strafe in der Ecke stehen, weil meine Lehrerin sich weigerte, mich mit George anzusprechen – und ich mich weigerte, auf Heide zu reagieren. Später las ich mich von Simone de Beauvoir, Virginia Woolf, Judith Butler, Sibylle Duda, Luise F. Pusch bis zu Eva Illouz und lernte dabei Basiswissen über (fehlende) Gleichberechtigung und Feminismus. Meist lebe ich danach (indem ich zum Beispiel im Bikini am Strand liege, weil mir als dicker Frau nicht nur der häusliche, sondern auch der öffentliche Raum zusteht). Der Preis dafür ist, klar, ungemütlich, ich falle aus dem Rahmen.

Wie sehr wünschte ich, wie so oft, dass mein Verstand stärker wäre, der mir sagt, dass ich okay bin! Aber ich will den Sporturlaub nutzen, um nicht nur mein Selbst*bewusstsein*, sondern auch mein Selbstwert*gefühl* zu ändern. Vermutlich fällt es mir schwer, weil mich selten jemand hübsch findet, es mir sagt oder zeigt. Eine Ausnahme war Sandra. Wir haben uns bei meinem letzten Klinikaufenthalt ein Zimmer geteilt, in einem heißen Sommer. Jede Woche verstanden wir uns besser, vertrauten uns mehr an. Eines Abends, als wir wegen der Hitze beide nur in Pantys und ärmellosen Tops zu Bett gingen, sagte sie: »Du hast so schöne, glatte Haut.« Ich war überrascht. »Danke«, antwortete ich. »Die hast du doch auch.«

Sandra sah mich entrüstet an und wies anklagend auf ihre Oberschenkel. »Was? Guck mal, die Dellen, da ist ein Muster.«

Ja, ich sah die leichten Dellen, irgendwann vorher hatte ich sie bereits bemerkt, in der Art, in der ich registrierte, dass meine Zimmernachbarin dunkelbraune kurze Haare hat. Ich empfand sie vom ersten Moment an als gut aussehende Frau; ihre Kleidergröße schätzte ich auf Größe 44 und hätte gern solche Eieruhr-Kurven gehabt wie sie. Als sie dann erzählte, dass sie nicht mit mir ins Freibad fahren würde (trotz 38 Grad), weil sie sich für ihre (leichten!) Dellen schäme, war ich schockiert.

Wer, wie, was?
Der, die, das

Über den Rand von *Wo Licht ist* blicke ich verstohlen unter die Sonnenschirme rechts und links. Eine Frau mit Baseballcap hält ihrem kleinen Sohn eine Giraffe aus Kautschuk hin. Juchzend greift er sie mit seinen Händchen am Hals und haut dann den Körper wieder und wieder auf einen Sandhaufen. Der dazugehörige Mann scheint zu schlafen. Der Junge, ich schätze ihn auf gut anderthalb, trägt ein moosgrünes UV-Shirt mit langen Ärmeln, einen dazu passenden Hut mit breiter Krempe und eine grau-weiß gestreifte Hose.

Bereits im Flugzeug fiel mir positiv auf, dass nur wenige Mädchen rosafarbene und einzig ein paar Jungen blaue Sachen trugen, es dominierten die Farben Kaki, Beige, Grau, Gelb und Grün. Ein klares Statement. Ich habe noch nie verstanden, warum das Geschlecht des Kindes durch eine Farbe demonstriert werden muss. Vor Jahren las ich einmal auf Facebook den Satz: »Ja, er ist ein Junge. Wir erziehen ihn zweifarbig.« Mit dem Rosa-Blau-Klischee verbinde ich mangelnde Freiheit, die komplett unnötig ist. Warum sollten nicht allen Kindern und allen Erwachsenen sämtliche Farben zustehen?

Wie die anderen Badegästinnen, die ich bisher gesehen habe, ist auch diese Familie schlank. Die Touristinnen, die ich auf Fuerteventura treffe – im Hotel, im Bus, im Restaurant, im Supermarkt –, scheinen einem Stereotyp zu entsprechen: *weiß*, dünn, Mittelschicht, ohne Handicap. Ab und an sehe ich jemanden, den ich als moppelig beschreiben könnte. Eine Frau scheint an der Krankheit Lipödem zu leiden, einer Fettverteilungsstörung an den Amen und/oder Beinen. Adipös ist niemand. Woran liegt es, dass ich auch hier allein unter Dünnen bin? Zufall? Aber vielleicht *fühlt* sich jemand dick?

Die sich hoch- und runterwindenden Wege des Hotels scheinen inklusiv geplant zu sein, ich komme auch ohne Treppen überallhin. Aber sind diese Wege für Menschen mit Behinderung oder eher für Kinderwagen gedacht? Denn ich treffe auf ihnen zwar einige Paare, aber überwiegend urlauben hier Eltern mit Kita-Kindern plus Großeltern. Viele wirken fehlerlos, sodass ich mich frage, wo eigentlich die anderen sind. Wohin reisen deutsche Gutverdienende aus mehreren Kulturen, die im Frühjahr Sonne und Meer suchen? Schließlich haben über 23,8 Millionen, also mehr als ein Viertel der Deutschen, einen Migrationshintergrund.[1] (Die meisten stammen aus Polen, der Türkei, der Russischen Föderation, Kasachstan, Syrien, Irak, Iran und Afghanistan).[2] Vermutlich reisen sie in die Heimat der Eltern, wie es Alem Grabovac in *Das achte Kind* beschreibt. Bei »Bio-Deutschen« gelten in dieser Jahreszeit, zwischen Februar und April, der Süden Ägyptens, Dubai und die Kanarischen Inseln als beliebteste Reiseziele; sie liegen südlicher als Griechenland, die Türkei und Nordafrika und sind daher wärmer. Wenn ich vor Reisen die Warnhinweise vom Auswärtigen Amt lese, steht da oft etwas über die Gegebenheiten für allein reisende Frauen sowie Homo-, Trans- und Intersexuelle. Gibt es keine Empfehlungen für Urlauberinnen mit Behinderung – oder habe ich sie nur nie bemerkt? Immerhin leben 7,8 Millionen Schwerbehinderte in Deutschland, etwa so viele wie die Einwohnerinnen von Köln, Hamburg, München und Berlin zusammen![3]

Als Erstes denke ich an Rollstuhlfahrerinnen und Kinder, aber tatsächlich sind vor allem alte Menschen betroffen. Bei 90 Prozent, also neun von zehn Menschen, hat eine allgemeine Krankheit – wie Krebs, Asthma, Diabetes, Depressionen oder Herz-Kreislauf-Erkrankungen – die Behinderung verursacht. Drei Prozent, also rund 200 000 Schwerbehinderte, sind Kinder und Jugendliche unter 18 Jahren. Das wusste ich

1 Statistisches Bundesamt, Stand: 2022: »Insgesamt umfasst die Bevölkerung mit Migrationshintergrund alle Personen, die entweder selbst nicht mit deutscher Staatsangehörigkeit geboren sind oder bei denen mindestens ein Elternteil nicht mit deutscher Staatsangehörigkeit geboren ist. Diese Personengruppe umfasst rund ein Viertel der Bevölkerung Deutschlands. Hierzu gehören Ausländerinnen und Ausländer, (Spät-) Aussiedlerinnen und Aussiedler, Eingebürgerte, Personen, die die deutsche Staatsangehörigkeit durch Adoption erhalten haben, sowie die mit deutscher Staatsangehörigkeit geborenen Kinder dieser vier Gruppen.«

2 Statistisches Bundesamt, Stand 2019.

3 Statistisches Bundesamt, Stand Ende 2021.

nicht. 7,8 Millionen insgesamt, ob es bei dieser großen Gruppe von Betroffenen Länder gibt, die für sie und ihre Familien am wenigsten anstrengend sind? An welchen Orten wurden die Straßen mit Bodenleitsystemen für Blinde und Sehbehinderte gebaut? Wo werden Kinder mit Spastiken nicht geächtet? Was, wenn eine Kühltasche nicht funktioniert und im Notfall unkompliziert Benzodiazepine (zur Beruhigung), Zytostatika (Krebs), Insulin (Diabetes) oder Methylphenidat (ADHS) gebraucht werden? Welche Länder machen es Rollstuhlfahrerinnen leicht? Mir fällt Skandinavien ein; schon als ich Ende der 1990 das erste Mal durch Schweden fuhr, waren bei Tankstellen auch in den kleinsten Orten alle Toiletten behindertengerecht. Bei einer Recherche für einen Artikel für *Die Zeit* erfuhr ich, dass Kreuzfahrtschiffe oft Dialysegeräte an Bord haben, zur Reinigung des Bluts bei Nierenkranken – und außerdem Leichenkammern.

Wenn ich reise, sehe ich die Vielfalt der Gesellschaft an Hauptbahnhöfen und Flughäfen. Aber selten am Urlaubsort. Während ich mich frage, wo Deutsche mit nicht *weißer* Hautfarbe oder einem Handicap Ferien machen, wird mir bewusst, dass meine Einschätzung der Touristinnen – *weiß*, Mittelschicht, makellos, schlank, gesund – oberflächlich ist. Denn ob von den Gästinnen, die ich treffe, jemand nur eingeschränkt hören kann, als Muttersprache Polnisch spricht, an Blutkrebs oder einer Angststörung erkrankt ist oder einen kroatischen Pass hat, muss ich nicht mitbekommen. Auch ist ein Vorteil der Gutverdienerinnen, dass sie Einschränkungen besser verbergen können. Wie Hörgeräte zum Beispiel, klein und kaum sichtbar sind sie deutlich teurer.

Du bist schön!

Wenn ich meinen Freundinnen niedergeschlagen erzähle, dass ich meinen Körper furchtbar finde, sagen sie oft: »Du bist überhaupt nicht hässlich.« Oder: »Du hast ein hübsches Gesicht.« Ein zweifelhaftes Kompliment, auch wenn es mich rührt, dass sie mich trösten wollen. Umso mehr stärkt mich jede Werbeanzeige für Unterwäsche bei H&M oder Tchibo mit rundlichen Frauen, jedes weniger gefällige Foto von Aktivistinnen auf Instagram und Tiktok. Nach Dokumentarfilmen wie *Embrace – Du bist schön*, in dem höchst unterschiedliche Frauen (mit verbrannter Haut, mit einer Brust, mit Bart) gezeigt werden, fühle ich mich weniger allein. Es macht mir Mut, dass die Stigmatisierung von Mehrgewichtigen auch in Talkshows wie *deep und deutlich* oder *3nach9* thematisiert wird. Denn immer ist da die Frage: Wen erachtet die Mehrheit als schön, dünn, klug, kompetent, gebildet, eloquent, besonders und/oder unterhaltsam genug, um beachtet zu werden? Wem stehen mehr Aufmerksamkeit, Applaus und Geld zu als dem Durchschnitt? Und was passiert, wenn es jemand wagt, von den Regeln abzuweichen?

In der FAZ las ich 2023, dass die Firma Adidas einen Shitstorm erntete, weil sie in ihrem Online-Shop einen bunten Badeanzug aus der Pride-Kollektion *auch* an einem männlichen Model präsentierte.[1] Zuerst war ich entgeistert: Hallo? Es ist nur ein Badeanzug! Dessen Schnitt sogar an die Badekleidung vom Beginn des 20. Jahrhunderts erinnert, die auch Männer trugen. Der Badeanzug ist aber nicht der Punkt. Wenn grünlinkssozialpädagogischfeministischanti-

1 https://www.faz.net/aktuell/stil/trends-nischen/shitstorm-gegen-adidas-ein-badeanzug-fuer-alle-18907282.html.

rassistischdiverse »Gutmenschen«, (neudeutsch: woke[1]) an Toleranz und Inklusion appellieren, vergessen manche vor lauter Achtsamkeit und Selbstliebe, dass sich nicht alle mit dem Hinweis auf Fairness überzeugen lassen. Stattdessen kämpfen viele der bisher Privilegierten hart und ernst gemeint bis zum Backlash gegen einen von ihnen nicht gewollten Fortschritt (sichtbar an Donald Trump), darum, ihre Macht, ihr Geld, ihre Privilegien und ihre Weltsicht zu behalten. Der Widerstand kann sich an der Pflicht zum Anschnallen im Auto, am Rauchverbot in Kneipen, an Kunst aus Kolonialzeiten oder an Lastenfahrrädern ebenso entzünden wie an einer Impfpflicht oder eben an Schönheitsnormen. Je mehr Bücher und Studien ich über neuropsychodynamische Psychiatrie, Essstörungen oder Adipositas las, desto mehr lernte ich, dass Körper immer politisch sind. Ein Puzzlestück davon bin ich.

Durch Prominente wie die Sängerin Lizzo (im Netzkleid) oder die Grünen-Politikerin Ricarda Lang (eine PR-Lady nannte sie öffentlich »Tonne«, ruderte später aber zurück) fühle ich mich akzeptierter als noch vor zehn, fünfzehn Jahren (also vor Social Media). Öffentlich sind Menschen wie ich heute mehr repräsentiert: ein Fortschritt. Aber um mich attraktiv zu fühlen, fehlt mir die emotionale Resonanz von möglichen (Sexual-) Partnern und meiner Peergroup. Bei Frauen bemerke ich, dass sie auf vorteilhafte Klamotten reagieren. »Das Kleid steht dir super!«, höre ich dann, und da ich es genauso empfinde, fühle ich mich einigermaßen wohl. Ohnehin mag ich mich mit offenen Haaren, im Kleid und etwas geschminkt – also, tja, weiblich konnotiert – lieber. Ich vermute, dass ich es ausstrahle, denn mein Umfeld reagiert

1 Das Wort *woke* stammt aus dem Englischen (»wach«, »erwacht«) und meint im Deutschen laut Duden: »In hohem Maße politisch wach und engagiert gegen (insbesondere rassistische, sexistische und soziale) Diskriminierung.«

dann positiv auf mich als weiblichen Menschen. Bei Männern erlebte ich die größte Veränderung, als ich in einem farblosen Winter verstärkt dunkelroten Lippenstift und Nagellack trug – jeder zweite Mann im Verein sprach mich darauf an. Wohlwollend und respektvoll, wie mir schien, nicht nur als biologische Reaktion auf die Verstärkung sexuell gelesener Signale, wie die bessere Durchblutung von Lippen und Nägeln. Aber wer flirtet schon mit mir? Und mit wem traue ich mich zu flirten?

Drei Sonnenliegen weiter trägt eine Schickse Lipgloss in einem grellen Fuchsiaton und große goldene Ohrringe. In ihrem gewagten, hochgepushten Dekolleté bündeln sich im Spalt zwischen den Brüsten mehrere goldene Kettenanhänger. Zweifellos ein Hingucker. Doch für den Strand scheint es mir wirklich übertrieben. Würde mir ein derartiges Geschmücktsein beim Flirten helfen? Oder zieht es nur die Männer an, deren Reaktion ich nicht möchte?

Mutprobe Türkei: Hayır teşekkürler

Die Südostküste Fuerteventuras ist wirklich einladend, aber selten habe ich die blaue Weite des Meeres schöner empfunden als in der Bucht westlich von Side an der Türkischen Riviera. Leider quoll mir, als ich zur Recherche in hiesigen Ferienorten unterwegs war, 2021 und 2022, schnell die Wut wie Rauch aus den Ohren: Auf Schritt und Tritt wurde ich angebaggert. Egal ob ich kurz mit dem Busfahrer plauderte oder zu dem Eisverkäufer oder dem Liegenhüter *Merhaba* (Hallo) und *Teşekkürler ederim* (vielen Dank) sagte. Meine Freundin Vanessa erzählte mir später, dass es ihr auf dem Gewürzmarkt in Dubai genauso ergangen ist – und das, obwohl ihr

Mann direkt neben ihr stand. Wie vor jeder Reise in ein anderes Land lernte ich, um halbwegs höflich sein zu können, vorher die nötigsten Worte. Doch hier verlor mein Übergewicht den Schutzmechanismus, mit Sexismus müssen offenbar alle allein reisenden Frauen rechnen. Am Strand las ich dann den Reiseführer *Gebrauchsanweisung für die Türkei*, ebenso klug wie amüsant, von Iris Alanyalı, einer deutschen Autorin mit türkischen Wurzeln, und lernte die Basics: »Andererseits nutzen auch die Urlauberinnen aus Mitteleuropa immer sorgloser, was eine türkische Frau nie ohne eindeutige Absicht einsetzen würde: den Augenkontakt. Er ist in diesem Land ein so eindeutiges wie beliebtes Flirtmittel, und türkische Männer hält frau sich am besten vom Leibe, indem frau an ihnen vorbeischaut oder sie gegebenenfalls mit angewiderter Missbilligung straft.«[1] Ach so.

Missmutig blickte ich in den Tagen danach beim Bummeln auf den Boden, anstatt mir die Umgebung und die Menschen anzusehen, denn ich hatte kein Interesse an einem One-Night-Stand oder einer Affäre, wie es wohl oft der Fall ist: »Vielleicht ist der Kontakt aber auch erwünscht. Nirgendwo kommen sich die blonde Europa und der dunkle Osman so nahe wie hier an der türkischen Mittelmeerküste, leicht bekleidet, leicht verschwitzt und sehr neugierig auf den anderen. Denn es ist keinesfalls so, dass hier finstere Wüstlinge schüchternen Damen nachstellen. Ebenso berüchtigt wie der mit zunehmender Nähe zum Meer ansteigende Testosteronspiegel so mancher Türken sind die im ganzen Land bekannten ›Sextouristinnen‹.«[2] Was für mich ein Zeichen von Höflichkeit darstellt, wird hier als eindeutige Absicht verstanden, ein Lehrstück über kulturelle Unterschiede. Es endete damit,

1 Iris Alanyalı: Gebrauchsanweisung für die Türkei. Piper 2015, S. 176.

2 Ebenda, S. 177.

dass ich mich unvorteilhaft anzog, nur Frauen anlächelte und außer Hayır teşekkürler nur Englisch sprach.

Diese Erfahrungen sind ein Musterbeispiel dafür, dass das, was als sexy gilt, natürlich nicht biologisch vorgegeben ist, sondern gesellschaftlich geprägt wird. Wie würden wohl Männer in Mississippi, einer Hochburg der Fettleibigen in Amerika, auf mich reagieren? Frauen wie ich sind dort die Mehrheit. Und wie wäre die Reaktion in Westafrika? In dem Buch *Wer schön sein will, muss reisen. Ein Selbstversuch im Land der runden Frauen* schreibt die Moderatorin und Autorin Tine Wittler in Form eines Tagebuchs über ihre Selbsterfahrungsreise Anfang 2011 in die Islamische Republik Mauretanien. Ein Land mit etwa 4,6 Millionen Einwohnerinnen im nördlichen Westafrika. Dort galten dicke Frauen als schön, weshalb Mädchen im Grundschulalter gemästet wurden, bis diese Praxis (genau wie Genitalverstümmelung) offiziell verboten wurde. Das runde Aussehen der Frauen diente aber dazu, einen Mann für sich zu gewinnen. Da in Mauretanien verschiedene Ethnien zu Hause sind, wie afrikanische, arabische und Berber, erlebte Tine Wittler eine unerwartete kulturelle Vielfalt. Einerseits selbstbewusste, einflussreiche Frauen, die stolz auf ihr Äußeres waren, andererseits der Einfluss der Globalisierung, durch den sich bei den Jüngeren das Schönheitsideal deutlich verschlankt hat. Die Autorin selbst erfuhr für ihren Körper eine ungewohnte Anerkennung. Das Fazit ihrer Reise beschreibt sie als gewonnenen Mut zum Anderssein und zum Andersbleiben. Bis dahin konnte ich ihr folgen, der Schluss kam mir allerdings arg romantisiert vor: Sie wisse nun, dass sie die neuen Erfahrungen, das neue Wissen nicht brauche, um glücklich zu sein. An meinem *Gefühl* ändert das Wissen, dass ich in anderen Kulturen als attraktiv gelten würde, wenig. Und anders als sie wäre ich definitiv schlanker glücklicher – weil ich weniger Last tragen müsste! Wer meine Haltung als nicht ausreichend feministisch oder selbstliebend bewertet, kann sich ja einen 50-Kilo-Rucksack aufsetzen und damit drei Tage den Alltag absolvieren.

Au! Ein bunter Ball prallt gegen meinen Oberschenkel. »Entschuldigung!«, ruft ein bärtiger Mann, der mit seinem Sohn spielt. Ich klappe meinen Roman zu und werfe den Plastikball in ihre Richtung. Genug der Gedanken, es bleibt kompliziert mit der Attraktivität. Jetzt wird endlich gebadet!

Bin ich ein Walross?

Allein der Ausblick! Wir treffen uns vor dem Trainingsraum, auf mittlerer Höhe der Hotelanlage. Die Aussicht reicht über zwei hellblaue, nierenförmige Pools, die in der Mitte zwischen den Appartementhäusern leuchten. Vor den weißen Häusern winden sich lang gestreckte Beete; aus dem Granulat wachsen Kakteen und Hibiskussträucher mit Blüten in allen Sonnenfarben. Der energische Passatwind weht die Blätter der schmalen, hohen Palmen in Richtung Süden. Eigentlich zeigt sich Fuerteventura, da vulkanischen Ursprungs, im Wesentlichen graubraun. Die etwa 1660 Quadratkilometer große Insel besteht aus Sand und Geröll; dazwischen kniehohe struppige, gräuliche Büsche. Als ich ein paar Tage später den Bus vom Hotel in Richtung Südzipfel zu dem kleinen Ort Morro Jable nehme, sehe ich wieder, dass sich Fuerte nur um die Hotels herum blumig und grün zeigt. Immerhin werden die Pflanzen angeblich nicht mit Trinkwasser, sondern mit gefiltertem Abwasser versorgt. Als ich Straßennamen wie »Avenida Jahn-Reisen« oder »Avenida Hapag Lloyd« lese, bin ich mir als All-inclusive-Urlauberin ein bisschen peinlich. Im Hotel lässt sich das ausblenden, die zweistufigen Häuser schnörkeln sich in die Breite, nicht in die Höhe wie die typischen Bettenburgen. Begeistert blicke ich von der Plattform durch die Anlage bis zum großen Blau, am Horizont zacken sich die wüstenbraunen Berge.

Kurz vor 16 Uhr, gleich beginnt der Kurs »Fight Fit«. Eigentlich würde ich jetzt lieber barfuß über den Strand laufen, als mit Turnschuhen, in langer Hose und atmungsaktivem Shirt (der Preis für das Übergepäck der Sportsachen: 50 Euro!) zu trainieren. Andererseits: wenn schon Sport, dann bitte so. Kein voller, schweißgetränkter Raum wie in Hamburg, sondern draußen, in der frühlingsfrischen Luft bei Sonnenschein, der durch ein Dach aus hölzernen Streben ein Schattenmuster auf die Fliesen wirft.

Schon biegt Attila um die Ecke, heute hat er die halblangen Haare am Hinterkopf zum Man Bun, dem Hipster-Dutt für Männer, zusammengebunden. »Are you ready?«, ruft er uns grinsend zu. »Seid ihr bereit? Es geht gleich los!« Während er sein Handy mit den Musikboxen verbindet, mustere ich die etwa 25 Teilnehmerinnen, ich schätze die meisten auf unter dreißig. Sie tragen stylische Radlerhosen, Oberteile in Pastell, Alltagsturnschuhe oder Chucks, als Tattoos alles von hellvioletten Blüten, die sich um den Fußknöchel ranken, bis zum schlichten Anker auf dem Oberarm. Von den fünf Männern kommt einer erstaunlicherweise in Strümpfen und Birkenstocksandalen. Die anderen sehen aus wie Ken. Na, hier passe ich doch super rein: Heide, allein unter Dünnen.

Attila beginnt hüpfend, offenbar seine Lieblingsübung. Ich spüre nach den ersten Minuten den harten Steinboden schmerzhaft in den Fußgelenken. Aber auch wenn ich dadurch noch unangenehmer auffalle, hüpfe ich nicht mit, ich werde sonst noch tagelang Schmerzen haben. Durch das Übergewicht bin ich konditionell nicht fit, und Attila, der mit erhobenen Fingern von acht runterzählt, turnt sehr schnell vor. Ich schwitze sofort. »Tief – hoch!«, ruft er jetzt. Kniebeugen. Sein Po berührt dabei fast den Boden, meiner natürlich nicht. Ich spähe zu den anderen und bin erleichtert, die Kens sind super, die Frauen von bis.

»Jetzt Skippings!« Attilas nächste Ansage. Auch diese Übung kenne ich: Blitzschnell auf der Stelle joggen und dabei nach vorn boxen. Attila nimmt sich zwei runde Pratzen, geht von einem zum anderen und hält sie auffordernd in Schulterhöhe hin. Während die Teilnehmerinnen hineinboxen, feuert er sie an: »Los, los, schneller, schneller!« Puh, das werde ich hinkriegen, ich kenne Skippings aus dem Sportverein. Allerdings bin ich etwas zu stolz, als Attila anerkennend »Very good!« zu mir sagt, weil ich technisch richtig, nämlich schräg, also mit der rechten Hand auf die linke und mit der linken Hand auf die rechte Pratze schlage. Nur die Musik ist ungewohnt, was tönt da aus den Boxen? *I Am The Walrus*? Das Walross? Die Beatles? Schickt mir das Universum einen Gruß? Der nächste Song ist von Aron Chupa: »But Fuck That Little Mouse Cause I'm An Albatraoz«. Was ist das für ein seltsames Lied, zu dem wir jetzt zur Seite kicken? Unwillkürlich muss ich an den Zeichentrickfilm *Bernard und Bianca* denken. An Orville, den tollpatschigen Albatros, auf dessen Rücken die Mäuse zu den Teufelssümpfen fliegen, um Penny, das Waisenmädchen zu retten. Bernard wird als ängstlich, Bianca dagegen als mutig dargestellt. Vermutlich liebe ich den Film deshalb bis heute. Ich frage mich, wie groß der Einfluss der Medien auf Kinder ist. Wann habe ich angefangen, mir ein Bild von mir zu machen? In welchen Figuren fand ich mich wieder? Denn als ich nostalgisch in alten Kinderbüchern vom Flohmarkt blätterte, war ich entsetzt.

Nesthäkchen, Trotzkopf oder Ronja Räubertochter?

Zum Beispiel *Nesthäkchen* von Else Ury. Die Hauptfigur, Annemarie, kriegt ständig Ärger, weil sie unordentlich, schlecht in Handarbeiten und lebhaft ist. Noch schlimmer ist es bei *Der Trotzkopf* von Emmy von Rhoden. Wie sehr habe ich die Heldin der Geschichte gemocht! Weil Ilse gegen die Regeln der Erwachsenen rebelliert, sich jungenhaft und aufmüpfig benahm. Unerhört! Damit sie sich bessert, wird sie von zu Hause fortgeschickt, eine Parallele. Ilse kam aber in ein Mädchenpensionat. Der Rest des Buchs beschreibt die vom Zeitgeist geprägte Gehirnwäsche: trotzige Mädchen, die es wagen zu widersprechen und ihre Stiefel schmutzig zu machen, riskieren ihre Schulbildung und, am schlimmsten, potenzielle Ehemänner. Dann bliebe ihnen nur noch eine Ausbildung zur Gouvernante oder Lehrerin, wie entsetzlich! Wie ich an diese Bücher kam, weiß ich nicht, aber in meinem Elternhaus fand Ende der Siebziger offenbar keine Hippie- oder Frauenbewegung statt. Vielleicht hat sich *Trotzkopf* mir derart ins Gedächtnis geschrieben, weil Ilse einer meiner Vornamen ist, in Erinnerung an meine Großmutter.

Der eigentliche Star des Buchs ist Ilses Pensionatsfreundin Nellie, mir war sie schon als Kind zu lieb, brav und unterwürfig.

Im Nachhinein bin ich vor allem froh, dass ich auch *Das doppelte Lottchen, Die rote Zora und ihre Bande, Ronja Räubertochter* sowie *Pippi Langstrumpf* zu lesen bekam. Im Studium der Skandinavistik, Ende der Neunziger, erfuhr ich, dass Astrid Lindgren anfangs für ihre Kinderbücher nicht nur Kritik erntete, sondern, gerade bei Pädagoginnen, als reaktionär galt. Für die einen war Pippi wegen ihres Koffers voller Goldstücke eine Kapitalistin, für andere wegen ihrer Verweigerung, sich an bestimmte Regeln zu halten, eine Anarchistin. Pippi könnte eine positive Systemsprengerin genannt werden, weil sie ohne Aggression und Gewalt die Regeln ihrer Welt nicht automatisch gelten lässt. Astrid Lindgren betonte, dass sie ihre Geschichten aus der Perspektive von Kindern schreiben würde, die sich in ihrer Fantasie erschaffen, wonach sie sich sehnen. Auch äußerlich entspricht Pippi mit roten Haaren, Sommersprossen und unordentlichen Kleidern nicht dem Niedlichkeitsklischee (das erfüllten nur die Nachbarskinder Annika und Tommy).

1945 veröffentlicht, wurde das Buch ein Verkaufserfolg; jedoch gab es Kritikerinnen, welche auch die nachfolgenden Bücher der Autorin oft mit dem Kampfbegriff »antiautoritär« belegten – noch bevor dieses Wort positiv im Zusammenhang mit der reformpädagogischen Schule Summerhill in England besetzt wurde.[1] Die stärksten, auch politischen Angriffe erfuhr Astrid Lindgren aber für *Die Brüder Löwenherz* (1973), denn die Geschichte von den beiden Brüdern Jonathan und Krümel (Karl), dem kleinen, todkranken Bruder, thematisiert explizit Sterben und Suizid, eingebettet in eine Erzählung, die eine Bewältigungsstrategie anbietet. Astrid Lindgren erklärte immer wieder, dass Kinder Bücher anders lesen als Erwachsene. Und während Expertinnen der Siebziger öffentlich vor dem Werk warnten, erhielt die Autorin so viele Briefe von Kindern aus aller Welt wie nie, die ihr Buch als wahrhaftig empfanden.[2] So ging es mir mit ihren Büchern auch.

1 Sybil Gräfin Schönfeldt: Astrid Lindgren. Rowohlt 1996, S. 120 ff.
2 Ebenda.

Sex und Gender

Mit meinen vielen Jahrzehnten stehe ich hier, eine Mischung aus Genetik (sex) und Erfahrungen (gender), zu denen die Bücher und Filme, mit denen ich groß geworden bin, genauso gehören wie das Mutter-Kind-Turnen. Bei allen Menschen prägen sich unbewusst die frühkindlichen Prägungen, die erlebten Gefühle besonders stark ins Gehirn ein. Weit mehr, als viele es für möglich halten, weil wir uns nicht faktisch, sondern »lediglich« emotional erinnern. Was ich ganz bewusst noch weiß, ist, dass ich zumindest so werden wollte wie die starken und mutigen weiblichen Figuren aus den Kinder- und Jugendbüchern. Aber auch diese mussten hübsch sein, das hat sich in mir verankert.

Zwar freue ich mich in diesem Moment, dass meine Kicks Wumms haben – aber ich sehe nicht aus wie Jennifer Lopez in der Rolle der Kellnerin Slim (!) in dem Rachefilm *Genug – Jeder hat eine Grenze* (bezeichnend, dass es nicht »Jede« heißt). Sie besiegt ihren gewalttätigen Ex-Mann am Ende mit Kampfsporttechniken und sieht dabei natürlich cool aus.

Ob Sport oder Abendessen, ich erfülle nicht einmal einen Fingerhut der Voraussetzungen, die eine Frau aus der westlichen Welt liefern muss, um als weiblich und reizend zu gelten. Wie zum Beispiel Carrie, Miranda und Charlotte aus *And Just Like That …*, der Serie, die die Geschichte von *Sex and the City* weitererzählt. Zwar bringen die neu dazugekommenen Hauptfiguren Seema (indische Eltern) und Che (non-binär)[1]

1 Das lateinische Wort *binär* verweist auf ein Zweiersystem. Menschen, die sich als non-binär (auch genderqueer) bezeichnen, ordnen sich weder komplett dem weiblichen noch dem männlichen Geschlecht zu; empfinden sich also nicht rein als Frau oder Mann, unabhängig davon, welche biologischen Merkmale (Penis, Hoden, Vulva, Eierstöcke, Gebärmutter usw.) ihre Körper haben.

mehr Diversität, und die Schauspielerin Sara Ramírez (Che) mag nach den Vorstellungen von Hollywood als curvy gelten. Doch der Zwang zu Schönheit, Jugendlichkeit und Glamour ist weiterhin absurd hoch (was auch die Schauspielerinnen beklagen, wie Kristin Davis, die Charlotte verkörpert, im Juni 2023 in der britischen Zeitung *The Telegraph*).[1] Natürlich stellen Serien per se eine Traumwelt dar (welche Frau holt ihre Kinder im Cocktailkleid und auf zehn Zentimeter hohen High Heels von der Schule ab?), aber für mich hat das Träumen in dieser Nachfolgeerzählung von *Sex and the City*, so gern ich sie anschaue, einen unangenehmen Beigeschmack. Außer der *weißen* Hautfarbe und meinen Geschlechtsmerkmalen habe ich nichts mit den Figuren gemein. Natürlich kann ich über das Konzept von *And Just Like That …* Diskussionen führen, Zusammenhänge hier verstehen und da beklagen: Weh tut es trotzdem. Unterschiedliche Altersgruppen, Hautfarben, sexuelle Präferenzen, Identitäten und Kulturen sind mittlerweile Teil der Serie – aber niemand ist dick. Auch kann ich mich nicht erinnern, dass je eine Person mit Handicap in der ersten Staffel vorkommt. In der zweiten Staffel sind es immerhin zwei.

1 Schauspielerin Kristin Davis im Interview mit dem *Telegraph*: https://www.telegraph.co.uk/tv/2023/06/09/kristin-davis-interview-and-just-like-that/?li_source=LI&li_medium=liftigniter-rhr.

Twiggy, Sophia Loren und Farrah Fawcett

Vor einiger Zeit erzählte mir ein ehemaliger Mitschüler, dass wir uns in der Waldorfschule gerauft und ich ihn in einen Bach geschubst hätte, nicht heftig, aber er hätte Respekt vor mir gehabt. Ich konnte es kaum fassen, in meiner Erinnerung war ich fragil. Sicher weiß ich, dass mir die Primaballerina als Schönheitsideal galt, ohne dass ich über die Metaperspektive verfügte: Die erwachsenen Tänzerinnen behalten durch den militärisch zu nennenden Drill des Balletts die Körperformen junger Mädchen. An ihren Körpern ist nichts fraulich, wie es früher hieß; durch das harte Training entstehen mehr Muskeln, der Körperfettanteil sinkt, und damit werden Busen und Po reduziert, Oberschenkel und Hüften knabenhaft schmal, der Bauch wird bretthart. Erst durch die Spitzenschuhe (die es für Tänzerinnen lange nur im Hautton Rosa gab) und die Kostüme, mit Tutus und künstlich ausgepolsterten Brüsten sehen sie feminin aus. Wenn sie, sichtbar zum Beispiel auf Facebook oder Instagram, frontal fotografiert werden, ohne Pose, barfuß, in Unterhose und Unterhemd, ähneln sie frappierend kleinen Jungen. Die (in)direkte Botschaft: Frauen erhalten Anerkennung und Applaus, wenn sie sich die Füße ruinieren und ihren Körper maximal schinden, wobei als Folge alle weibliche Rundungen nahezu komplett verschwinden. Wofür? Damit sie genügend Kraft für den auf die Zehen*spitzen* getriebenen Tanz haben (die Erinnerung an den Schmerz kann ich bis heute abrufen) und, sehr wichtig, leicht genug sind für die Männer, die sie heben. Auch die Tänzer zahlen einen Preis: Obwohl ihre Körper wie der von Adonis, dem Gott der Schönheit in der griechischen Mythologie, aussehen, vor Muskelkraft strotzen, wird ihnen ihre Maskulinität abgesprochen: Sie gelten abwertend als schwul, weil sie sich weiblich zugeordneten Räumen zuwandten.

Natürlich ändern sich Schönheitsvorstellungen. Das anorektische Ideal zeigten und zeigen Twiggy, Kate Moss oder Ann-Kathrin Götze. Die Sanduhr mit deutlichem Busen und Po Sophia Loren, Marilyn Monroe und Beyoncé. Für die sportlich-gesunde Version standen Cindy Crawford, Farrah Fawcett und Gabriela Sabatini. So weit, so gut? Weit gefehlt. Denn das dünne Ideal ist so dicht an der Magersucht, dass es in mir Unbehagen auslöst, wenn Männer (und vermutlich auch manche Frauen) sich von kindlichen Körpern sexuell angezogen fühlen. Auch Carrie Bradshaw, die Hauptprotagonistin der Erfolgsserie *Sex and the City* (gespielt von Sarah Jessica Parker) bedient dieses Ideal: Ihr Körper sieht wie der eines Mädchens beziehungsweise Knaben aus. Mit High Heels und ihrem berühmt gewordenen Look wurden Carries weibliche Rundungen nur vorgetäuscht.

Odette gegen Odile

Dass sich das Ideal der Primaballerina, lange vor *Sex and the City*, in meinem Gehirn fest verankerte, hat noch einen anderen Grund. Zu den raren Erinnerungen, die jenseits meiner Amnesie geblieben sind, gehören Fragmente der klassischen Märchen, die mir meine Mutter vorlas, etwa *Das hässliche Entlein* des dänischen Schriftstellers Hans Christian Andersen. Mit dem Außenseiterentenkind identifizierte ich mich sofort, die Sehnsucht nach Verwandlung (in einen schönen Schwan) wirkt in mir bis heute. Beim Besuch im Kieler Theater sah ich mit meiner Mutter das Ballett *Schwa-*

nensee von Pjotr Iljitsch Tschaikowsky, und der Schwan aus dem Märchen von Andersen bekam die Gestalt von Odette und Odile. Auch hier ist das Motiv die Verwandlung: Odette, der weiße Schwan, ist eine verzauberte Prinzessin, die (natürlich) nur durch die ewige Liebe eines Mannes wieder zur Frau werden kann. Der Prinz offenbart ihr seine Zuneigung, wurde aber, ohne es zu merken, von dem bösen schwarzen Schwan Odile verführt, sodass er und Odette gemeinsam im See sterben.

Es braucht kein literatur- oder theaterwissenschaftliches Studium und auch keine fundierten Kenntnisse in Psychologie, um die Symbolik zu erkennen. Doch da mir, als ich ein kleines Mädchen war, niemand half, meine Wahrnehmung der Welt zu ordnen, speicherte ich die Geschichten eins zu eins ab. Erst Jahrzehnte später begriff ich, was es bedeutet, dass die ästhetischen Sportarten oft vor allem Mädchen und Frauen zugedacht werden, beim Eiskunstlauf, beim Standardtanz und im Gerätturnen ist das Ideal ähnlich brutal wie beim Ballett. Auch wenn die athletischen Anforderungen an Männer in diesen Sportarten ebenfalls hoch sind: selten ist ihr Unterleib dabei fast nackt in der Öffentlichkeit zu sehen. Nicht zufällig, sondern durch Vorschriften geregelt (die bestimmen, dass die Genitalien der Frauen auch für die Kameras gut sichtbar und kaum bekleidet sind). Und selten müssen sie das Männliche ihres Körpers (wie beim Skispringen) reduzieren (während Frauen von bestimmten Skispring-Wettkämpfen lange ausgeschlossen wurden). Rhythmische Sportgymnastik gibt es dagegen als Wettkampfsport nur für Frauen. Das kommt nicht von ungefähr: In dem Buch *Sport & Gender* schreibt die Sportsoziologin Gertrud Pfister: »Der öffentliche Diskurs über den Frauensport wurde zudem von einer Neuauflage der ›Polaritätstheorie‹ beeinflusst, die jetzt u. a. vom niederländischen Psychologen Buytendijk mit Argumenten der Phänomenologie verteidigt wurde. Danach waren Frauen aufgrund ihrer angeblich fließenden und runden Bewegungen und ihres kindlichen Wesens nur für Aufgaben und auch für bestimmte Leibesübungen, u. a. Gymnastik, Tanz oder Eislauf, geeignet. Übungen, die Kraft, Mut und Ausdauer erforderten sowie Wettkämpfe galten dagegen als unweiblich und gesundheitsgefährdend.«[1]

Bei aller Wertschätzung für Ballett als Hochkultur, als Inbegriff von Eleganz; bei allem tosenden Applaus, den die Ensembles in den Opernhäusern bekommen – eine Primaballerina verdient nicht annähend so viel wie ein Formel-1-Fahrer oder Fußballnationalspieler. Ballett ist längst mehr als Männer in Strumpfhosen und Frauen in Tutus, es gibt seit Jahrzehnten zeitgenössische und avantgardistische Strömungen. Doch in mir ist das Körperideal noch derart wirkmächtig, dass ich nach wie vor irritiert bin, wenn ich auf Youtube oder Instagram eine schwangere Ballerina auf Spitzen oder eine mit Schwarzer Hautfarbe sehe. Umso mehr liebe ich die Aufzeichnung von *Schwanensee* (ich schaue noch DVDs, bin ich die Einzige?), die der britische Choreograf Matthew Bournes inszeniert hat: ausschließlich mit Männern, bis hin zu den vier kleinen Schwänen. In der Realität gibt es unter Trauerschwänen auch homosexuelle Paarungen von Männchen. Beeindruckt hat mich ebenfalls die Darbietung von Massimo Sinató und Vadim Garbuzov in der TV-Show *Let's Dance*, sie tanzten in einer Profi-Challenge gemeinsam als Schwäne.

1 Gertrud Pfister: 100 Jahre Frauen im Sport, a. a. O., S. 32.

Rock und Rokoko

Als Schülerin, als ich im Alter zwischen neun und zwölf war, tanzte unsere Ballettgruppe in einer anderen Schule vor, mit weißen pompösen Perücken und in Kostümen im Stil des Rokokos (18. Jahrhundert). Weil ich für mein Alter groß war, musste ich die Rolle eines Mannes tanzen, in Hemd und Hose. Die Mädchen trugen lange, weite Reifröcke aus Draht und darüber glänzende Kleider. Die Kränkung und den Neid kann ich heute noch fühlen. Ich war wieder einmal nicht genug: nicht klein, nicht niedlich genug. Wie muss es Kindern gehen, die spüren, dass sie inter- oder transsexuell, lesbisch oder schwul sind? Deren Aussehen vom Durchschnitt abweicht, die langsamer lernen oder anders sprechen als die Mehrheit in ihrer Klasse? In meinem Bekanntenkreis gibt es zwei Jungen, die mit fünf Jahren ein Kleid tragen wollten. Ich war erleichtert, dass sie das durften. Ich kenne aber auch Jungs, denen gesagt wird, dass Pink *eigentlich* eine Farbe für Mädchen ist und dass sie sich die Haare nicht wachsen lassen dürfen, weil nur Mädchen lange Haare tragen. Mich schockiert das.

Nach dem aktuellen Stand der Wissenschaft bildet sich die menschliche Identität aus mehreren Faktoren, sowohl aus biologischen *(sex)* als auch aus sozialen *(gender)*. Zu den biologischen Komponenten gehören etwa XX- und XY-Chromosome, Penis und Vulva, Testosteron und Östrogen – warum reicht das nicht als Unterschied? Wenn Jungen zu Naturwissenschaften und zum Spielen mit Autos und Bauklötzen ermuntert werden, liegt darin zumindest eine patriarchalische Gender-Logik, es stärkt ihre Chance, als Erwachsene in besser bezahlten Berufen zu arbeiten (zum Beispiel als Ingenieur, Chemiker oder IT-Spezialist), während hilfsbereite, malende, bastelnde und tanzende Mädchen eher in schlechter bezahlten Berufen (wie Altenpflegerin, Grafikerin oder Tanzpädagogin) landen. Aber warum sollte nicht allen Geschlechtern alles zustehen, bis hin zu den Farben? Vermutlich geht es auch hier wieder nicht um die Sache, sondern die Farben dienen als paternalistisches Mittel, um die Grenzen bereits im Windelalter zu zementieren. Sehe ich Säuglinge oder kleine Kinder, denen Schleifen ins Haar gebunden, Ketten umgehängt oder Löcher in die Ohren gestochen werden, schüttle ich den Kopf. Sind wir nicht weiter?

Noch ein paar Kniestöße, mit der Hüfte nach vorn, dann ist der Fit-Fight-Kurs beendet. Attila bittet uns um ein gemeinsames Selfie, ich stelle mich nach ganz hinten. Danach gehe ich kurz zu ihm, seinen Akzent kann ich immer noch nicht einordnen.

»Hi, danke für dein Training, es hat Spaß gemacht!«

»Oh, vielen Dank, ihr wart super!«

»Entschuldige, ich bin neugierig: Was ist deine Muttersprache?«

Attila lacht. »Ungarisch, ich komme aus Budapest.«

»Die Stadt soll richtig schön sein, wie spannend. Ich war leider noch nie in Ungarn, aber ich habe ein großartiges Buch von Sándor Márai zu Hause, es heißt *Schule der Armen*.«

»Sándor Márai? Den kenne ich gar nicht.«

»Ach? Ich glaube, er hat den Literaturnobelpreis bekommen oder so, er ist auch in Deutschland ziemlich bekannt.«

Attila sieht mich erstaunt an. In dem Moment, in dem ich mich als Bücher-Nerd oute, und, um es noch schlimmer zu machen, ohne wirklich Ahnung zu haben (Sándor Márai, geboren 1900, gestorben 1989, gilt zwar als einer der bedeutendsten ungarischen Schriftsteller, bekam aber nicht den

Nobelpreis), registriere ich, dass eine Schar der jungen Frauen aus dem Kurs um uns herum steht, lächelnd, den Kopf leicht geneigt, an den Haaren herumspielend. Während ich sie »Wie oft trainierst du?« und »Kommst du heute Abend auch zur Show?« zwitschern höre, schleiche ich unauffällig zu meinem Appartement. Mit einem knackigen Animateur unter dreißig ein Gespräch über einen Literaturklassiker aus dem Jahr 1947 anfangen, ernsthaft, Heide?

Beim Abendessen kann ich wieder schmunzeln. Das Hotelrestaurant ist schlicht eingerichtet, wie eine Mensa. Dafür ist das Essen opulent, am besten schmecken die spanischen Gerichte, natürlich. Zwei Wochen lang genieße ich die winzigen kanarischen Kartoffeln mit einer hervorragenden Mojo verde, einer grünen, landestypischen Soße mit viel Knoblauch. Dazu gegrillten Fisch und gegrillte Paprika mit Zitrone, fünf köstliche Varianten der kalten Gazpacho-Suppe und Honigmelone mit Schinken. An einem Abend steht ein mehrstöckiger Schokoladenbrunnen am Büfett. Ich schaffe es nicht, zu widerstehen, und tunke reichlich Orangen, Kiwi, Weintrauben, Grapefruit und Profiteroles hinein.

Nach einem sportlichen Start bin ich den Rest des Tages fröhlich und gelöst. Ich erkunde weitere Buchten und Strände der Costa Calma (manche sind FKK, ich sehe einen Mann mit gründlich rasiertem Körper, aber brustlangem, zauseligem Bart); stöbere durch die Supermärkte auf der Suche nach originellen, aber günstigen Mitbringseln (und finde lange Partidas, Kaminstreichhölzer). Entzückt schlendere ich über den Bauernmarkt in La Lajita im Oasis Park mit seinem Kakteengarten. Angeboten werden Obst und Gemüse, Pflanzen (zum Beispiel *Euphorbia pulcherrima*, die bei uns Weihnachtssterne heißen), außerdem Postkarten (von der Costa Calma bis zu Snoopy, der auf dem Halbmond schläft) und Schmuck aus Lavagestein. Kein Touristenkram, sondern authentische Produkte in einem fairen Preis-Leistungs-Verhältnis. Von den hochwertigen Seifen aus Aloe vera kaufe ich gleich mehrere, sie sind ein perfektes Dankeschön für die Veranstalter meiner Lesungen im Herbst. An einem Stand probiere ich den ungesüßten Saft der Kaktusfeige, ein älteres Ehepaar stellt ihn in aufwendiger Handarbeit her. Ich begegne auch ein paar molligen und dicken Frauen, niemand trägt stylishe Klamotten, es dominieren Flipflops, Shorts und Bauchtaschen, runde Busen und runde Hüften. Ich bin unauffällig und gehöre gleichzeitig dazu.

Da die die Shows des Clubhotels nicht mal das Niveau einer Grundschule erreichen, vermisse ich abends Gesellschaft und bin betrübt, ohne Partner oder Freundin unterwegs zu sein. Also schicke ich Fotos an Freundinnen und beobachte die Gästinnen um mich herum. Zwei ungelenke Jugendliche, beide in bauchfreien Shirts und Jeans, drehen kichernd Videos voneinander. Die Frau am Tisch neben mir, Polohemd, Bundfaltenhose und Ecco-Sandalen, sagt nachdrücklich zu ihrem Mann: »Dat is ein Thema, dat du mit dir ausmachen musst!« Er, identisch gekleidet, erwidert aufgebracht: »Hab ich doch jemacht!« Ein Dreikäsehoch in blauem Shirt und weißer Pluderhose mit dunkelblauen Palmen darauf ruft entzückt: »Papa! Da!« Er zeigt mit seinem Patschehändchen auf einen der Köche, der ihm zulächelt, einen Pfannkuchen hochwirft und geschickt mit der Pfanne auffängt.

Jeden Tag spüre ich, wie sehr mich der Vierklang aus Sport, Strand, Lesen und gesundem Essen mit reichlich Obst und Gemüse beruhigt. Einmal probiere ich den Yoga-Kurs, das Morgenlicht schimmert bestechend schön. Aber die schlanken Frauen und meine mangelnde Geschmeidigkeit frustrieren mich. Schlecht fühlen kann ich mich auch zu Hause! Deshalb entscheide ich mich, nur noch am Aqua-Gym teilzunehmen. Und tatsächlich ist es jedes Mal ein Riesenspaß. Mein Fazit lautet daher: Wenn er als Vergnügen daherkommt, ist ein Sporturlaub jederzeit willkommen. Um wieder einzusteigen oder überhaupt erst damit zu beginnen. Wer, wie ich, allein reist, bekommt dadurch auch Struktur und soziale Kontakte. In den zwei Wochen auf Fuerteventura habe ich weniger Hunger, physisch und psychisch. Ich schlafe besser und brauche weniger Medikamente, weil es mich auch körperlich beruhigt, dass ich geografisch weit entfernt bin von Russland und dem beängstigenden Krieg gegen die Ukraine, direkt vor unserer Haustür.

6
Gesellschaft: Was heißt schon normal?

Die Türsteherin mit den langen, schwarzen Haaren trägt einen Nasenring und Autorität.

»Hi. Wart ihr schon mal bei uns?«, fragt sie.

Huch? Sie stoppt uns mitten in einem langen Gespräch, das wir auf dem Spaziergang von Kreuzberg nach Neukölln begonnen haben, um es an den fast leeren Absperrgittern am Eingang vom *SchwuZ* fortzuführen.

»Äh, nein.«

»Wir haben hier ein paar Regeln.«

Meine Freundin Jenny und ich blicken uns verstohlen an.

»Erstens: Achtet bitte auf geschlechtsneutrale Pronomen.«

Das macht Sinn, klar. Das *SchwuZ* in Berlin ist queerer[1] Club und Kulturzentrum in einem. Aber gibt es geschlechtsneutrale Pronomen im Deutschen?

»Zweitens: Wir wollen, dass das hier ein sicherer Ort ist. Sollte jemand eure Grenzen nicht einhalten, sagt uns bitte Bescheid.«

Wir nicken.

»Drittens: Beachtet bei Kontakten bitte das Consent.«

Wir blicken sie – sie? – erstaunt an. Con… Was mag das sein?

»Erfragt bitte immer die Zustimmung. Ja heißt Ja.«

Ach so, wir nicken wieder, etwas überrumpelt. Zeigen auf

1 Das aus dem Englischen stammende Wort *queer* meint laut Duden, einer anderen als der heterosexuellen Geschlechtsidentität zugehörig.

dem Handy die Online-Tickets vor und lassen im Vorraum unsere Taschen kontrollieren. Bei mir geht das schnell, Jennys Tasche ist, da sie Kinder im Schulalter hat, für unzählige Eventualitäten gerüstet, von Taschentüchern bis Zahnseide. Erstaunt bemerkt die Kontrolleurin, dass sie in drei kleinen Extrataschen je ein Nasenspray dabei hat, also drei Stück. Jenny muss sie alle einmal in ihre Nase sprühen – ob das ein Drogentest ist? Schließlich treten wir durch einen Vorhang aus durchsichtigen Kunststoffstreifen in den Club. Wir haben keine Vorstellung, was uns erwartet. Ich habe auch nichts recherchiert, sondern vertraue darauf, was ein guter Freund über das *SchwuZ* (die Abkürzung für Schwulenzentrum) erzählt hat: Es sei bekannt und beliebt.

Drag: Dressed as a Girl

Wir sind heute bei der Veranstaltung »Popkicker by Jurassica Parka (Pop, Alltime-Faves + Drag Show)«. Ich will so oft wie möglich raus aus meiner *weißen* Hamburg-Eimsbüttel-Blase, suche neue Gruppen und möchte mehr darüber erfahren, welche Körperbilder zum Beispiel queere Menschen haben. Das Treffen mit Peter Kliem, dem Inhaber vom Club *Rotes Kliff* in Kampen auf Sylt, und was er mir im Februar erzählt hat über die strengen Attraktivitätsnormen schwuler Männer, hat mich nachdenklich gemacht. Je länger ich mich damit beschäftige, was Inklusion und Diversität ganz genau bedeuten, desto mehr frage ich mich, was ich eigentlich weiß über LBGTQIA+.

Aufgewachsen bin ich mit dem Bild, dass lesbische Frauen an kürzeren Haaren, burschikosem Auftreten und maskuliner Kleidung erkennbar seien, als Beispiele galten Moderatorin Hella von Sinnen und *Tatort*-Star Ulrike Folkerts. Das war (in meinem Kosmos) lange vor der heutigen Vielfalt, repräsentiert durch Frauen wie Moderatorin Anne Will, Schauspielerin Maren Kroymann, No-Angels-Sängerin Lucy Diakovska, Ex-Fußballnationalspielerin Steffi Jones, Comedienne Tahnee oder Autorin Carolin Emcke. Mein Bild von lesbischen Frauen ist bestimmt überholt und war vermutlich in den Achtzigern schon holzschnittartig. Aber welche Frauentypen finden Lesben sexy? Wie wichtig ist für sie ein schlanker Körper? Welchem Schönheitsdruck sind sie ausgesetzt? Keine Ahnung.

Ich bin in der Gesellschaft von homosexuellen Männern aufgewachsen, lernte in der Bibliothek an der Uni mit lesbischen Kommilitoninnen, arbeitete mit queeren Kolleginnen und bin seit jeher entsetzt, wenn Menschen wegen ihrer sexuellen Vorlieben und/oder ihrer Identität diskriminiert werden. Lange vor den Missbrauchsskandalen lösten der Papst und die katholische Kirche wegen ihrer menschenverachtenden Haltung gegen alle, die nicht heterosexuell sind, Empörung in mir aus. Wenn ich kann, unterstütze ich die Community, ein paar Freunde von mir sind schwul – so weit, so gewöhnlich.

Ausgerechnet die 2019 auf ProSieben ausgestrahlte Fernsehshow *Queen of Drags*, moderiert von Heidi Klum, Conchita Wurst und Bill Kaulitz, hat mir vor Augen geführt, dass Akzeptanz nicht automatisch Wissen beinhaltet! Sogar die Abkürzung von »Drag« (Dressed as a girl) hatte ich vergessen – und die Historie und die Feinheiten dieser Kunstform kannte ich auch nicht. Ich hockte vor dem Fernseher und fühlte mich wie ein peinliches Beispiel für privilegierte *Weiße*, die bestimmte Menschen als Randgruppen marginalisieren, weil diese angeblich nicht ausreichend viele oder nicht ausreichend »normal« sind, um sie gleichzeitig als Gefahr für die Menschheit zu dämonisieren. In der Schule habe ich gelernt, dass es, abweichend von der Heterosexualität (gemeint war: der Normalität) auch Homo- und Bisexualität gäbe. Punkt. Ich kann mich nicht erinnern, dass in der Waldorfschule oder im Internat jemand offen lesbisch oder schwul gewesen wäre.

LGBTQIA+ und der lange Kampf um Akzeptanz

Was ich über nicht heterosexuelle Menschen weiß, ist vor allem, wie lange der Kampf um Freiheit und Akzeptanz gedauert hat. Nach dem Ende des Zweiten Weltkriegs war gleichgeschlechtliche Liebe noch erschütternd lange eine Straftat (für Erwachsene bis 1968 in der DDR und bis 1969 in der BRD). Anfang der 1980er-Jahre wurde Aids zum Flächenbrand. Als Schulkind verstand ich nicht, wo plötzlich das HI-Virus herkam; in der Folge fürchtete ich mich vor Unfällen, bei denen ich eine Bluttransfusion gebraucht hätte. Durch Gesprächsfetzen bekam ich mit, dass Schwule und Drogenabhängige als vermeintlich Schuldige ausgemacht waren und dass der Papst gegen Kondome wetterte. Aber erst, als ich Anfang der 1990er-Jahre *Philadelphia* mit Tom Hanks sah, der in diesem Film Andrew Beckett, einen schwulen und mit HIV infizierten Anwalt spielt, und einige Dokumentationen, bekam ich eine Ahnung, wie sehr die Gesellschaft gerade schwule Männer geächtet hatte. In *Allein* schreibt Daniel Schreiber, 1977 geboren, über die weitverbreitete »queere Scham«, die bei ihm in der Jugend begann. Aids bestimmte die Nachrichten, und es schien, als ob die neue Krankheit eine Generation auslöschen würde. Homosexuelle mussten sich verstecken, sie wurden mit einer maximal stigmatisierten Krankheit in Verbindung gebracht und dafür abgelehnt und ausgegrenzt. Eine Zeit, in der für Jugendliche an unbeschwerte Romanzen oder sexuelle Experimente nicht zu denken war.

Erst 1994 wurde der Paragraf 175 aus dem Strafgesetzbuch gestrichen, der sexuelle Handlungen zwischen Personen männlichen Geschlechts unter Strafe stellte. Bis 1990 definierte die WHO Homosexualität als eine »Geisteskrankheit«. Der Publizist und Historiker Golo Mann (1909–1994), das drittälteste der sechs Kinder von Thomas Mann und seiner Frau Katia, wurde, wie viele seiner Generation, schon als Jugendlicher behandelt: »Der Salemer Schulleiter Kurt Hahn hat große Angst vor Homosexualität: vor der eigenen, die er unterdrückt; und vor der in seinem Internat … Dennoch kommt im Herbst 1926 in Salem heraus, dass Golo Mann homosexuell ist. Kurt Hahn bringt ihn im November zu einem Spezialisten für ›Nerven- und Gemütskrankheiten‹ nach Zürich. Dr. Louis Frank schickt bald darauf einen Bericht an den Schulleiter: Der Patient habe sexuelle Phantasien mit anderen Jungen, es sei aber bislang zu keiner sexuellen ›Betätigung‹ gekommen, die homosexuellen Neigungen des Patienten seien ›heilbar‹, schreibt der Arzt weiter.«[1] Als ich eine Biografie über Golo Mann las, berührte mich sehr, dass er sich in jungen Jahren selbst wünschte, von seiner Homosexualität geheilt zu werden – und dass er, als er später auf sein Leben zurückblickte, darunter litt, dass er nie eine langjährige, unbelastete Liebesbeziehung führen konnte.[2]

Er war einer von Millionen. Manchmal höre ich in meinem Umfeld, das ich als eigentlich als akzeptierend und tole-

1 Tilmann Lahme: Die Manns. Geschichte einer Familie. Fischer 2015, S. 49 f.
2 Tilmann Lahme: Golo Mann: Biographie. Fischer 2014.

rant bezeichnen würde, trotzdem seltsame Kommentare, die sinngemäß lauten: »Heute muss man ja trans oder divers sein, um Aufmerksamkeit zu bekommen. Gibt es keine anderen Themen mehr?« Oder: »Es geht ja nur noch um die.« Ist das Neid? Fühlen manche sich bereits durch den Begriff »Diversity« ausgeschlossen? Wenn ich so etwas höre, bin ich perplex und genervt, ich wünsche mir dann ein Handbuch im Hosentaschenformat (beziehungsweise eine App), das ich den armen, vernachlässigten Heteros zustecken könnte, damit sie die wichtigsten Infos über ihre #whiteprivileges und #firstworldproblems nacharbeiten. Offenbar muss heute noch benannt werden, dass Heteronormative weiterhin die Mehrheit stellen: in Quizshows, in der Landwirtschaft, in Bürojobs, Vorstandsetagen, als Empfängerinnen von Buchpreisen und Forschungsgeldern, in Supermärkten und Kommissariaten, Schulen und Redaktionen. Wie viele romantische Komödien erzählen die Geschichte von zwei Schwulen oder zwei Lesben? Beim *Tatort* kann frau dankbar sein, dass nicht mehr nur männliche Teams ermitteln. Zum Dortmunder Team gehört seit 2021 eine mehrgewichtige Frau, Stefanie Reinsperger, die Schauspielerin wurde dafür mit Hassbotschaften überflutet. Ebenfalls seit 2021 ist, gespielt von Tan Çaglar, ein Polizist im Rollstuhl dabei (*Tatort* Berlin). Es tut sich etwas in puncto Inklusion, doch es kann keine Rede davon sein, dass »die anderen« kurz davor sind, die Weltmacht an sich zu reißen.

Und, auch wenn es absurd ist, formuliere ich es hier sicherheitshalber doch: Vielfalt, die unter anderem verschiedene Sexualitäten, mehr Rechte für psychisch Kranke, Menschen mit Behinderung und unterschiedlichen ethnischen Wurzeln miteinschließt, schadet einer Gesellschaft nicht. Demokratien, die vielfältige Lebensformen akzeptieren und stärken (wie zum Beispiel Schweden, Norwegen und Finnland), gehen weder sozial, humanistisch, politisch oder wirtschaftlich dem Untergang entgegen. Im Gegenteil, diese Länder sind wohlhabend und friedlich. Argumente gegen Vielfalt sind daher oft Nebelkerzen, in Wahrheit ist es ein Kampf um Macht, Geld und Aufmerksamkeit. Einen dazu passenden Artikel las ich in der *Zeit*, er hieß: »Städtle in Angst.« Der Vorspann: »Eigentlich dürften Rechtspopulisten hier keine Chance haben. Heilbronn ist eine moderne, wohlhabende Idylle. Warum wählten trotzdem 16,4 Prozent der Bürger AfD?«[1]

Als 2017 in Deutschland endlich die »Ehe für alle« durchgesetzt wurde, habe ich gejubelt. Genauso 2018, seit intersexuelle, also zwischengeschlechtliche Menschen (die, als ein Beispiel, sowohl eine Gebärmutter als auch Penis und Hoden haben können) beim Eintrag ins Personenstandsregister die Option »divers« wählen können. Aber die Diskrimierung in anderen Ländern und der Backlash sind damit leider nicht vom Tisch: 2023 wurden in den USA Gesetzesentwürfe eingereicht, die Drag-Shows verbieten wollen, in Russland wurden die Gesetze gegen LGBTQIA+ deutlich verschärft. Als (vorgeschobener) Grund wird oft der Schutz von Kindern und Jugendlichen genannt – von Politikerinnen, die sich kaum Zeit für ihre eigenen Nachfahren nehmen. Und: Gerade im vergangenen Jahrzehnt ist öffentlich geworden, dass Hunderttausende Kinder körperliche Gewalt erlitten und sexuell missbraucht wurden – und die männlichen Täter waren sich zölibatär gebende Geistliche, außerdem Lehrer, Trainer, Chorleiter und Heimleiter genauso wie sich heterosexuell gebende Familienväter.

1 Von Nicola Meier, Tanja Stelzer und Björn Stephan: https://www.zeit.de/2017/41/heilbronn-afd-bundestagswahl wahlergebnis?utm_referrer=https%3A%2F%2Fwww.google.com%2F.

I Am What I Am: Im Berliner SchwuZ

Jenny und ich sind nun im *SchwuZ*. Von außen, im Dunkeln, wirkte das Gebäude unauffällig, kaum sind wir drinnen, erscheint der Begriff »Club« irreführend: Nahtlos geht eine Halle in Nebenräume und wieder Hallen über. Mit nur zum Teil verputzten Wänden aus Beton, mit Backstein, Fliesen und unverkleideten Rohren unter der Decke: War das mal eine Fabrik? Eine Brauerei, lese ich später nach. Zum *SchwuZ* gehören 1500 Quadratmeter. Im ersten Raum hängt an der Wand, ein Meter mal ein Meter hoch, ein Auszug aus dem Song *I Am What I Am*, den auch Gloria Gaynor gesungen hat: »I am what I am / I am my own special creation.«

Zu diesem Lied tanzte ich auf Internatspartys, den Text kann ich auswendig. Bisher dachte ich, dass es darin um (Schwarze) Frauen geht, die sich gegen das Patriarchat behaupten. Bei der Wikipedia lese ich nach, dass das Lied als Hymne von Schwulen, Transsexuellen, Travestiekünstlerinnen und Dragqueens gilt und dass es anfangs von Jerry Herman für die Musicalversion des Theaterstücks *La Cage aux Folles* komponiert wurde. Die französische Filmversion von *Ein Käfig voller Narren* ist für mich ein Kleinod, aber dass *I Am What I Am* ein Lied über ein schwules Outing ist, wusste ich nicht!

Im nächsten Zwischenraum begrüßt uns ein junger Mann (?) mit angedeutetem Schnurrbart; das Oberteil aus blauem Netzstoff würde mir auch gefallen. Hier können wir unsere Taschen in Schließfächern verstauen. Auch entdecke ich an einer Wand einen Schrank aus kleinen gläsernen Boxen mit Merchandising darin. Dieses Angebot ist aus der Corona-Not für den Online-Shop entstanden: goldene Becher, auf denen »Born This Way« steht, und Quietscheenten, auf deren Brust »Cheers Queers« zu lesen ist. Etwas Viereckiges namens Beffy, eine CD von Melitta Sundström, rosa Fächer und ein pinkfarbenes Memory: »Tunten, Drags and Criminal Queers«.

Neugierig gehen wir weiter, an einer Wand hängen mehrere gerahmte Fotos von queeren Menschen (sind es die Mitarbeiterinnen?), darunter, ebenfalls gerahmt, Texte in unterschiedlichen Sprachen wie Russisch, Arabisch oder Englisch, die das *SchwuZ* und seine Haltung vorstellen. Hier steht, dass ausdrücklich jede willkommen ist, auch *weiße* Heterosexuelle wie Jenny (Ehemann, Kinder, Hund, Haus, Garten, Carport) und ich (Single, Adipositas, PTBS).

Wir laufen weiter und landen an einer kleinen, bunten Bar.

»Was willst du trinken?«, fragt Jenny.

»Ich glaube, ich gehe erst mal zur Toilette.«

»Gute Idee!«

Wir sehen ein Schild, biegen rechts um eine Ecke und stehen plötzlich vor Männern in einem Pissoir. Ich drehe wieder um.

»Ist das das Männerklo? Oder eins für alle?«, frage ich.

»Keine Ahnung«, entgegnet Jenny. »Lass uns vorn nachsehen.«

Wir gehen zurück, sehen aber kein weiteres Schild.

»Ich frage an der Bar mal nach, ob es ein Frauenklo gibt«, sage ich und will losgehen, doch Jenny hält mich am Arm fest.

»Falsche Frage, Heide«, sagt sie.

Ach ja, natürlich. Hm.

An der Bar beuge ich mich über den Tresen und rufe der Person dahinter zu: »Entschuldige, sind die Toiletten für alle oder irgendwie getrennt?«

»Für alle!«

Okay, nächster Versuch.

Es fühlt sich komisch an, hinter den Männern in die Toilettenräume mit silbernen Kabinen zu gehen. Auf einigen steht FLINTA*, ich habe den Begriff schon mal gehört, weiß aber nicht genau, was es heißt. Die Erklärung steht aber darunter: »Frauen, Lesben, Inter*-, Non-binär*-, Trans*-, Agender*-Personen.«[1] Und tatsächlich treten grade zwei, die ich als Frauen einordnen würde, zusammen aus einer Kabine. Ähm. Hatten die gerade Sex? Bin ich total verklemmt?

Die Toiletten sind extrem sauber, und es gibt massenhaft Papier. Wir legen Trinkgeld auf einen Teller und suchen die Tanzfläche. Durch durchsichtige Plastikbahnen gelangen wir in eine Halle mit mindestens zehn Meter hohen Decken. Über die Discokugeln und die grauen Industriewände zucken bunte Lichter. Vorn ist eine kleine Bühne, auf der einige Paare tanzen. Ich bahne uns einen Weg über das Parkett, und ich bin erstaunt, dass ich freundlich angelächelt werde. In einer Ecke zwischen der Bühne und einer Bar steht eine Tischtennisplatte. Mehrere Männer (?) laufen im Kreis drum herum und spielen Pingpong. An der Seite befinden sich breite, je gut einen Meter hohe Stufen aus Holzplatten, darauf setzen wir uns.

»Ganz nett, oder?«, sagt Jenny.

»Sehr nett! Ich hole uns was zu trinken. Was möchtest du?«

»Ich nehme einen Gin Tonic.«

Am Tresen sehe ich ein Schild, auf dem »Achte auf dein

1 Auf Deutsch: Frauen, Lesben, Inter* (Zwischengeschlechtliche, deren körperliche Geschlechtsmerkmale nicht eindeutig männlich oder weiblich sind), Non-binär* (Menschen, die ihre Identität weder als rein männlich oder weiblich empfinden), Trans* (Menschen, die im falschen Geschlecht geboren wurden), Agender* (Menschen, die sich mit keinem Geschlecht identifizieren).

Glas« steht. Vermutlich als Warnung vor K.-o.-Tropfen. Der Gin Tonic wird mir im Glas gereicht, mein Mineralwasser in der Flasche. Etwas matt sinke ich neben Jenny auf die unterste Stufe, wir stoßen an. Es ist erst kurz vor zwölf, aber wir sind beide etwas von dem langen Tag müde.

Mutprobe: Am Tegeler See in Berlin

Heute morgen fuhren wir in Jennys Auto von Hamburg nach Berlin. Bei unserem langen Wochenende wollten wir so viele Lebenswelten wie möglich kennenlernen. Unser erster Halt war der Tegeler See. Eine Bikini-Mutprobe für mich. Für uns beide: Baden, Lesen, Libellen und Segeljachten gucken. Neben uns saßen schlanke, junge Frauen mit Kopftuch, die laut *Lächel Doch Mal* von Shirin David über einen Ghettoblaster hörten. Am Rande des Sees spielten Spanisch und Russisch sprechende Kleinkinder, auf Retro-Campingstühlen hockten ältere Damen mit hennaroten Haaren und warfen Stöckchen für ihre Hunde. Fazit: Ein herrlicher, bunter Ort, an dem ich nicht allein unter Dünnen bin. Abends aßen wir im Restaurant *Kreuzberger Himmel*, es wird gemeinsam mit Geflüchteten betrieben. Wieder eine andere Szene: Zwischen den reizenden Kellnern kam ich mir blonder vor als sonst. Danach fuhren wir mit Bus und Bahn zum *SchwuZ*.

Und jetzt nippen Jenny und ich an unseren Getränken, sehen den Spielerinnen beim Tischtennis und den anderen beim Tanzen zu. Auch hier sind die Leute in ihrer Erscheinung deutlich bunter als meine Freundinnen aus der Medienszene oder die vom Sport, und das gefällt mir. Wir sehen unterschiedliche Ethnien und hören verschiedene Sprachen. Eine mindestens zwei Meter große Person, Typ Jorge

González, gleitet in einem engen Jumpsuit und auf glitzernden Stöckelschuhen mit der Eleganz eines Leoparden vorbei. Viele Frauen sehen nicht anders aus als die, die ich im Supermarkt treffe. Von den Männern scheinen etliche zu pumpen, sichtbar an den Shirts ohne Ärmel, was ihre oft beeindruckend muskulösen Oberarme betont. Dazu kurze Cargo-Shorts mit seitlichen Taschen, die deutlich gewölbte Waden präsentieren. Während die Pingpong-Spielerinnen gut gelaunt den Ball übers Netz donnern, bewegen sich die Tanzenden gekonnt zur Musik, ihre eleganten Übergänge faszinieren mich, mal tanzen sie wie Beyoncé, mal wie Justin Bieber. Zwei, die aussehen wie die Mitarbeiter des Monats von der Sparkasse Flensburg, stehen am Rand, wippen ein bisschen vor und zurück und halten Händchen. Manche wirken jünger als achtzehn, sie sind oft sehr schmal, andere scheinen über sechzig zu sein. Einige sind bis zum Hosenbund nackt, andere tragen Perücke und dramatisches Make-up. Vor dem langen, von der Decke herabfallenden, violett beleuchteten Kettenvorhang an der Bar umarmen sich zwei junge Frauen, eine mit blauen Haaren. Uns gegenüber steht ein Mann, der an einen britischen Eliteschüler erinnert: gestreiftes Polohemd, beigefarbene Chinos, sandfarbene Schnürschuhe aus Wildleder, die dunklen Haare akkurat gescheitelt. Die Person daneben ist schwarz gekleidet, bis ins Gesicht tätowiert und trägt eine breite, silberne Panzerkette um den Hals. Dazu Nagellack. Sie spricht mit einem Schrank mit Stiernacken und Glatze: Als Mann könnte man ihn stattlich nennen, als Frau gilt dieser Körper als dick.

»Meinst du, dass es hier Darkrooms gibt?«, sage ich zu Jenny.

»Wieso?«

»Ich hätte Schiss, in einem zu landen. Vielleicht hängt jemand nackt an Ketten von der Decke, während der andere ihn mit einer Peitsche bearbeitet.«

»Macht doch nix«, sagt Jenny und grinst.

»Natürlich nicht! Aber es scheint mir sehr intim. Es wäre mir peinlich, zufällig in eine so private Situation hineinzugeraten.«

»Das Gute ist, dass sich da keine Sau für dich interessiert«, sagt Jenny. Du kannst kaum sicherer sein als hier!«

Stimmt! Sie hat recht: Ich falle gerade auf das Äußere rein, weil ich mich, wenn ich mal feiern gehe, automatisch vor Gruppen mit großen, kräftigen Männern im Rammstein-Look fürchte – und klischeehaft denke, dass ich mit Frauen, sollte eine meine Grenzen überschreiten, schon fertigwerden würde.

»Die Stimmung ist echt super hier«, bemerkt Jenny. »Alle sind besonders freundlich.«

»Ja! Und die meisten tanzen toll! Schon wieder ein Klischee!«

Aus den Boxen dröhnt es, das ist doch Icona Pop, ein schwedisches Duo. Das passt zu uns, Jenny und ich kennen uns seit dem gemeinsamen Skandinavistik-Studium in Hamburg, und unsere Begeisterung für alles Schwedische ist seit über zwanzig Jahren ungebrochen.

»Komm, wir tanzen«, sagt Jenny.

Ich bringe Glas und Flasche zur Bar und folge ihr. Kaum bewegen wir uns, laufen mir Schweißperlen den Rücken hinunter, meine Füße brennen. Oben, am DJ-Pult, sehe ich die DJs und Jurassica Parka, die später (ob wir das noch schaffen?) als Dragqueen auftreten wird. Sie sieht hinreißend aus, das schmale Gesicht ist kunstvoll geschminkt, die blonden Haare der Perücke wellen sich lang über ihre Schultern.

Ein paar Lieder tanzen Jenny und ich eher behäbig auf der Stelle. Doch plötzlich macht es Klick. Eine spürbare Woge geht durch die Menge, rollt vom DJ-Pult zu den Türen, zur Bühne und zurück – und nimmt uns mit. Ich weiß nicht, wie der Song heißt *(Sissy That Walk)* und wer ihn singt (RuPaul, ein US-amerikanischer Superstar: Musiker, Schauspieler und Dragqueen), aber Jenny und ich lassen uns anstecken, von der Gruppe tragen. Wir schmettern lautstark mit, »Fly, fly, fly, fly«, werfen die Arme in die Luft. Jetzt mischen sich verschiedene Songs ineinander, gleichzeitig höre ich den typischen Disco-Synthie-Rhythmus und die hohe Stimme von Donna Summer, »Ooh, I feel love, I feel love, I feel love ...«

Ein ekstatisches Knistern liegt in der Luft, die Tanzenden bewegen sich akzentuierter, mehr Hüftschwung links, mehr Popowackeln rechts. Die Töne beflügeln, die Stimmung steigt, vergessen ist der lange Tag, wildfremde Menschen strahlen uns an, singen uns zu. Manche bewegen sich steif wie Stromberg nach dem ersten Piccolo, andere zeigen Posen aus Musikvideos, so lässig, dass ich ein wenig versuche, sie nachzumachen. Wieder wird ein neuer Song hinzugemixt, Jenny und ich blicken uns fragend an – wer ist das? –, während um uns herum kollektives Juchzen ertönt: Madonna? Egal. Tanzen! Jenny sieht erstaunlich frisch aus, passend zu ihrem Grace-Kelly-Look: die blonden Haare im Nacken zum Dutt zusammengefasst, schmales Oberteil mit Puffärmeln und ein weit schwingender Tellerrock mit Punkten. Niemand hier trägt etwas Ähnliches. Völlig okay.

Vor der Bühne entsteht auf einmal eine Lücke, ein großer Elektrorollstuhl gleitet in die Mitte, darin ein junger, schmaler Mensch. Über einen Hebel an der Seite bewegt er den Stuhl langsam hin und her. Ich bin spontan unsicher. Ist es traurig, nicht auf den eigenen Beinen tanzen zu können, oder ist das nur mein Gefühl von außen? Ich beuge mich zu Jennys Ohr. »Meinst du, die Person fühlt sich hier wohl?«

Jenny dreht sich ein Stück und sieht mich dann gelassen an. »Das wirkt so, es ist bestimmt schön, dabei zu sein, die anderen machen doch Platz.«

Cheers, Queers

Ich bin etwas beruhigt. Zwischen mehreren Songs, die sich ineinander mischen, ertönt nun einer, den ich sicher kenne: *Juice* von Lizzo, der jungen, deutlich übergewichtigen Schwarzen Sängerin, die unerschrocken für Body Positivity eintritt. Der leicht rundliche Mann neben mir, der zu Jeans und nacktem Oberkörper schwarze Lederarmbänder um die Handgelenke trägt, fängt an zu twerken. Als er/sie* meinen Blick wahrnimmt, empfange ich ein Zwinkern, dann leckt er/sie* sich kurz über den Zeigefinger, beschreibt mit diesem einen schwungvollen Halbkreis und tippt sich pointiert auf den Po.

Für eine Weile vergessen wir die Zeit, drehen uns, rauschen mit. Ich vergesse, mich unwohl zu fühlen, mich zu schämen; es spielt keine Rolle mehr, dass ich Single bin, eine Batterie an Medikamenten nehme und (noch) nicht gesund bin. Seit Kindesbeinen an fühle ich mich selten wohl in Gruppen, die ich nicht kenne, und das permanente Allein-unter-Dünnen-Sein macht es nur schlimmer. Aber in diesem Moment fließt alles.

»Wow, ist das toll!«, rufe ich Jenny zu.

»Ja! Und niemand tatscht uns an. Der Hammer!«

Frauen werden immer noch sexuell belästigt. Im Park genauso wie im Internet (durch sexistische Kommentare oder Dickpics), auf dem Spielplatz oder im Job. Und natürlich auf Partys. Ich kann gar nicht zählen, wie oft mir Männer ungefragt in die Haare oder an den Hintern gefasst haben, »aus Versehen« meinen Busen berührt, sich selbst betont breitbeinig hingesetzt oder mit einem anzüglichen Grinsen zwischen die Beine gefasst und mich lüstern angebaggert haben. Je mehr sie getrunken haben, desto schlimmer wird es. Im

SchwuZ werden vermutlich ebenso viel Alkohol und Drogen konsumiert wie in jedem Hetero-Laden, aber bisher bekommen wir davon nichts mit. Wir können hier einfach sein.

Dieser Abend ist ein Lehrstück, wie viel Kraft eine gelungene Party mit den richtigen Leuten schenkt. Während der Pandemie hatte ich oft den Eindruck, dass der Wert von Clubkulturen als sozialem Raum unterschätzt wurde. Nach zweieinhalb Stunden nicken Jenny und ich uns zu, dass wir ins Hotel zurückwollen. Es ist schade, den Drag-Auftritt von Jurassica Parka zu verpassen, aber unsere Akkus sind leer. Doch dann kommt ein Song von Lady Gaga, und wir gehen drei Minuten in die Verlängerung. Wenigstens einmal muss ich auf die Bühne sausen, während Jenny, die Introvertierte, unten bleiben möchte. Ich blicke über die tobende Menge im blauroten Licht, ich sehe sie, und sie sehen mich, zusammen singen wir uns die Seele aus dem Leib. Auf der Bühne bin ich die einzige Dicke. Es ist total egal.

»Paillette geht immer«: Interview mit Dragqueen Jurassica Parka

Zurück in Hamburg hält die Begeisterung an, Jenny und ich erzählen allen, die es hören wollen oder nicht, von unserer coolen Party. Ich recherchiere ein paar Sachen nach und bin erneut erstaunt, wie wenig ich über Queerness und Körperideale weiß. Also verabrede ich mich mit Jurassica Parka zu einem Telefoninterview. Der Mann, der sie erschaffen hat, ist Mario Olszinski, freier Bühnenkünstler und Tausendsassa, verheiratet ist er mit Klaus. Mit Drag begann der 44-Jährige in Berlin, Anfang der 2000er, heute ist er in der Szene ein Star. Als Jurassica veranstaltet er seit über zehn Jahren im

SchwuZ jeden zweiten Samstag im Monat die überaus erfolgreiche Popkicker-Party. Zudem hat er einen eigenen Youtube-Kanal und lädt im BKA-Theater (BKA steht für »Berliner Kabarett-Anstalt«) zweimal im Monat zur Show *Paillette geht immer* ein, die per Livestream auf Youtube übertragen wird. Im Wechsel mit der queeren Entertainerin Margot Schlönzke bietet Jurassica in Berlin-Schöneberg die queere Stadtführung »Kieztour Nollendorfplatz« an. Ich erreiche Jurassica an einem Freitagnachmittag.

Hi, Jurassica, vielen Dank für die tolle Party neulich im SchwuZ, *dein Outfit sah toll aus! Unterscheidet sich deine Körperwahrnehmung eigentlich, je nachdem, ob du privat als schwuler Mann unterwegs bist oder als Jurassica Parka?*
Der Unterschied ist groß, wirklich groß. Meine Körperlichkeit verändert sich total, wenn ich in Drag bin. Ich schlüpfe ja in die Rolle einer Frau – und damit nehmen andere mich auch komplett anders wahr. Ich bin dann, gerade auf hohen Schuhen, mit über zwei Metern deutlich größer als eine durchschnittliche Frau, werde aber durch den Fummel, die Schminke und die Dutte, also die Perücke, als Frau gelesen. Mein Aussehen rückt sofort in den Fokus, und ich bekomme ständig Kommentare, ob ich zugelegt habe, wie mein Kleid sitzt oder dass ich, wie jetzt, deutlich schlanker geworden bin.

Es ist natürlich überdeutlich, dass du ein Mann bist, der sich als Frau verkleidet. Erlebst du trotzdem Sexismus?
Ständig! Besonders in Kneipen und Bars, Heteros fassen mir oft ungefragt an den Arsch oder an den Busen. Die Männer greifen trotzdem dahin, obwohl der Busen genauso ausgestopft ist wie der Arsch! In Drag bin ich also eine Frau, die bewertet wird. Als verkleideter Mann, der ein bisschen nut-

tig aussieht, wecke ich bei den Heteros ganz, ganz viele sexuelle Fantasien, das ist sehr spürbar. Ich nehme das aber überhaupt nicht für voll, Drag ist ja Künstlichkeit. Durch den Fummel, die Dutte und die Schminke trage ich einen Panzer. Als ich noch fünf, sechs Kilo mehr gewogen habe, trug ich ein Korsett, um eine gute Figur zu zeigen. Als Jurassica weiß ich um meine Vorzüge, die meisten Frauen sagen zu mir, hach, du hast so schöne lange Beine! Und das stimmt ja auch, die habe ich. Dazu trage ich sehr kurze Röcke, natürlich ist das sexy, ich fühle mich ja auch sexy, Drag gibt Kraft! In den hohen Schuhen bewegt man sich auch anders. Was ich so krass finde: Die Körper von Frauen und Männer werden anders bewertet, du siehst ja überall Titten, allein in der Werbung! Dieses Ungleichgewicht finde ich unpassend, entweder man sexualisiert beide Geschlechter oder keines.

Wie erlebst du deinen Körper, wenn du privat unterwegs bist?
Seit einem Dreivierteljahr mache ich sehr viel Sport, ab vierzig verändert sich der Körper, ich habe mich nicht mehr wohlgefühlt. Mit dem Alkohol habe ich auch aufgehört. Ich arbeite an meiner Attraktivität, seit ich abgenommen habe, schaue mich wieder gern im Spiegel an und werde auch als schwuler, attraktiver Mann wahrgenommen. Dass ich dünner bin, wird von meiner Umwelt sofort kommentiert, ich bekomme positive Resonanz, bevor mich jemand fragt, wie es mir geht. Ich wollte gar nicht zwingend abnehmen, aber mit Sport und ohne Alkohol geht das schnell.

Peter Kliem vom Club Rotes Kliff *auf Sylt und andere Queere haben mir erzählt, dass die Schönheitsideale von schwulen Männern besonders streng sind. Ist das auch dein Eindruck?*
Das Körperideal der Schwulen ist tatsächlich streng. Männer, die ein bisschen moppelig sind, erzählen mir, dass sie

glauben, mit ihren zehn Kilo zu viel müssten sie erst gar nicht in den Club kommen, da hätten sie eh keine Chance. Früher habe ich diesen Zusammenhang kaum bemerkt, doch seitdem ich selbst an meiner Fitness arbeite, registriere ich die Muskeln der anderen. Im BKA-Theater haben sie einen neuen Mitarbeiter, der ist superheiß. Ich habe mich gefragt, warum ich den heiß finde. Na, der hat Muskeln von unten bis oben! Das war eine interessante Erkenntnis. Was ich bei anderen Menschen als oberflächlich empfunden habe, dieses ständige Bewerten nach dem Äußeren, das mache ich auch. Und ja, es gibt *Ageism*, also die Diskriminierung von Älteren, auch bei schwulen Männern, aber ich würde nicht alle über einen Kamm scheren.

Aber warum ist das Ideal derart resolut?
Meine Theorie: Viele schwule Männer wurden durch die Popkultur beeinflusst. Als ich Jugendlicher war, schwärmten wir für Madonna und Britney Spears, ich mochte auch Kylie Minogue. Ihre Schönheit, ihre Körperlichkeit fasziniert und verzaubert uns, sie sind das Ideal. Meine allerbeste Freundin, sie ist auch sehr groß, bekommt es oft mit, wenn sie mit meinen Schwulis und mir unterwegs ist: Die lästern auch über Frauen. Im Sinne von »Die hat echt keine schönen Haare« oder »Die ist aber moppelig«.

Wenn ich Drag- und schwule Shows erlebe, kommen sie mir sexualisiert vor. Manchmal ist es lustig, wie der Penis mit Flügeln an der Wand im SchwuZ; *aber anderseits auch bedrohlich, als Demonstration männlicher Macht. Warum ist die Sexualisierung wichtig?*
Ich kann es nur vermuten. Zum einen könnte es daran liegen, dass jeder schwule Mann mit Schwulenpornos groß geworden ist, mit Darkrooms und Sexpartys. Zum anderen

liegt es sicher in der Geschichte der Schwulen, dass die Sexualität überbetont wird, anders als bei Heterosexuellen. Denn schließlich war Sex zwischen Männern jahrhundertelang ein Tabu, galt als Krankheit und Straftat. Freundschaft war okay, auch das Kumpelhafte, aber eben kein Sex. Lesbische Frauen wurden ebenfalls lange geächtet, aber nach dem früheren Paragrafen 175 wurden nur sexuelle Handlungen zwischen homosexuellen Männern verurteilt. Da geht es ganz, ganz viel um Stolz. Wir lassen uns nicht mehr silencen, nicht mehr totschweigen. Wir dürfen sein, wie wir sind, der Penis darf sein, Sex mit Männern darf sein. Das passiert in geschützten Räumen und in Parks, aber nicht offen auf der Straße. Darum beneiden uns vielleicht Heteros.

Als Studentin ist mir ein anderes Bild vermittelt worden, nämlich das des Schwulen in der Rolle der Freundin, wie etwa in der Serie Sex and the City. *Schwule besaßen in diesen Darstellungen alles, was vielen Hetero-Männern fehlen würde: Sie seien empathisch, sensibel, kultiviert, interessiert an Kunst, Mode, Pflanzen und Kosmetik.*
Diese Klischees kenne ich auch, Hetero-Frauen stehen manchmal vor mir, hach, können wir nicht zusammen shoppen gehen … Es scheint mir nicht nur ein Ersatz für die beste Freundin zu sein, sondern da ist die Fantasie, dass die Schwulen etwas Glam reinbringen. Das war eine Traumwelt, auch sind wir nicht mehr in den Neunzigern. Wenn ich mir heute alte Folgen von *Sex and the City* ansehe, das geht gar nicht mehr! Nur *weiße*, reiche, konsumgeile Frauen, dazu der schwule beste Freund, aber keine Spur von Diversity. Mir ist es damals aber nicht aufgefallen.

Stichwort Diversity: Das SchwuZ *schreibt auf seiner Website, dass die Räume und Zugänge teils barrierefrei sind, der Club soll ein Safe Space, ein sicherer Ort sein. Wie erlebst du das?*

Es funktioniert großartig! Wir haben mehrere in Rollstühlen, die bei uns tanzen wollen. Es gibt kaum Clubs, die auf so was achten. Als ich das erste Mal jemanden mit einem Rolli gesehen habe, habe ich ihn gleich begrüßt: »Schön, dass du da bist.« Beeindruckt hat mich auch der Speaker Janis McDavid, er war als Gast in meiner Talkshow. Er hat keine Arme und keine Beine und ist offen schwul. Man fragt sich ja, wie geht der auf Klo, wie hat der Sex, wie schafft er es, frei und glücklich zu sein? Er war sogar auf Weltreise, er ist wirklich eine Inspiration. Leider gibt es immer wieder Angriffe gegen alle, die deutlich vom Durchschnitt abweichen, die Rechten sind das größere Problem. Ihr Feindbild sind Transmenschen und Drags. Ich möchte aber in jede Richtung mehr Akzeptanz. Ich würde mir wünschen, dass Äußerlichkeiten nicht an erster Stelle stehen. Neulich habe ich jemanden wahrgenommen, der gar nicht mein Typ ist. Aber er war witzig und geistreich, ich fand ihn danach sehr attraktiv. Es wäre schön, wenn nicht sofort als Erstes der Body abgecheckt wird, die Klamotten, das Aussehen, der Status – aber da müssten wir wohl erst mal den Kapitalismus abschaffen, bis sich das durchsetzt.

7
Politik: … und raus bist du!

In einem bin ich mir sicher: Es wird eine nicht unbeträchtliche Zahl an Menschen geben, die keinen Millimeter von ihrer Überzeugung abrücken werden, unabhängig davon, ob sie das hier lesen oder nicht. Die Überzeugung lautet:

- Übergewicht hat rein persönliche Ursachen, wie fehlende Disziplin,
- und kann deshalb nur von der Person selbst bekämpft werden: mit Disziplin.

In einem Satz: Wer dick ist, ist selbst schuld! Und: Wer nicht abnimmt, ist nur zu bequem und undiszipliniert. Dicke sind ein Problem, da sie sich ästhetisch und finanziell der Gesellschaft unverhältnismäßig zumuten.

Dick oder dünn: Alles eine Frage der Disziplin?

Wer diese Sicht teilt, wird es kaum für nötig halten, politische Entscheidungen, die Übergewicht fördern beziehungsweise die Reduzierung hemmen, zu hinterfragen. Geschweige denn, sich dafür einzusetzen, dass diese sich ändern.

Durch meine Kleidergröße 50/52 bin ich politisch aktiv, ohne mich dafür entschieden zu haben. Jahrelang hielt mich die Scham derart im Griff, dass mir eine Metaperspektive kaum gelang. Erst als ein Flugbegleiter auf dem Weg nach

Fuerteventura zu mir »Do you want extension?« sagte und ich mich verdutzt fragte, warum er mir eine Haarverlängerung anbot, erfasste ich, wie viele Menschen ähnliche Körpermaße mitbringen. Natürlich blieb die Dreieinigkeit aus Scham, Verzweiflung und Ohnmacht, aber zumindest gehörte ich nun zu einer Gruppe von Schuldigen: besser, als allein zu sein! Wenn mir auffällt, dass in den langen Gelenkbussen der Linie 5 (in denen täglich bis zu 66 000 Menschen fahren), nur zwei bis vier Sitze größer und breiter sind als die anderen, liegt dem eine politische Entscheidung zugrunde. Politik ist mehr als der fordernde Teil vorn in der Zeitung, von Männern und Frauen verkörpert, die Talkshows als Bühne nutzen. Politikerinnen verhandeln Fragen wie, ob ein Flüssiggasterminal gebaut oder die Kindergrundsicherung beschlossen wird. Aber auch, welche Lebensmittel verkauft und welche weiblichen Erfahrungen als relevant erachtet werden. Selbst wenn von den rund 84 Millionen Deutschen einige Politikerinnen als Berufsgruppe wahrnehmen, die unabhängig von ihnen agiert, vertreten sie die Mehrheit derer, die sie gewählt haben. Und für diese entscheiden sie alles Mögliche: vom Gewicht, welches Betten in psychiatrischen Kliniken tragen müssen (bis 150 Kilo), ob der Anbau von Raps gefördert oder Weichmacher in Plastik verboten werden. Was ich damit sagen will: Alles ist politisch, auch das Körpergewicht.

Der Body-Mass-Index (BMI) in der Kritik

In den Fokus gerät das Körpergewicht meist im Zusammenhang mit Krankheit und Gesundheit. Der schon erwähnte WHO Obesity Report von 2022 beginnt wie folgt: »Fettleibigkeit ist eine komplexe, multifaktorielle Krankheit, die durch übermäßige Adipositas definiert und mit einem erhöhten Risiko für viele nicht übertragbare Krankheiten verbunden ist. Übergewicht und Fettleibigkeit betreffen fast 60 Prozent der Erwachsenen und fast jedes dritte Kind (29 Prozent der Jungen und 27 Prozent der Mädchen) in der Europäischen Region der WHO. Jüngsten Schätzungen zufolge sind Übergewicht und Adipositas der vierthäufigste Risikofaktor für nicht übertragbare Krankheiten, nach Bluthochdruck, ernährungsbedingten Risiken und Tabakkonsum.« Die Gleichung lautet: Übergewicht = krank = Risiko für die Gesundheit = Risiko für die Gesellschaft. Die entscheidende Frage droht dabei unterzugehen: Wer definiert, wie viel zu viel ist? Wann beginnt Übergewicht? Wann Adipositas? Als Norm, die entscheidet, wer gesund und wer ungesund ist, wird der Body-Mass-Index (BMI) angewendet. 25 und mehr bedeutet hiernach Übergewicht. Für mich mit einer Größe von 1,74 Meter hieße das: Zwischen 56 und 75 Kilo (= BMI über 25) wäre mein Gewicht normal und gesund. Ab 80 Kilo wäre es Übergewicht und ab 92 Kilo Adipositas. Erfahren habe ich das durch den BMI-Rechner der Deutschen Adipositas Gesellschaft. Der BMI misst das Verhältnis zwischen Körpergewicht in Kilogramm und Körpergröße in Metern zum Quadrat. Würde ich zwischen 80 und 92 Kilo wiegen, würden diese zwölf Kilo als ungesundes Übergewicht, als Problem gelten. Dabei kritisieren Expertinnen unterschiedlicher Fachrichtungen seit Jahren, den BMI als einzigen Maßstab zu nehmen; trotzdem bleibt er auch im Gesundheitssystem weitverbreitet. So kann allein der BMI darüber entscheiden, ob die Krankenkasse für ein Kind die Kosten für ein einjähriges Programm gegen Übergewicht übernimmt.

Wie ist es zur Dominanz des BMI gekommen? Die weltweite Vereinheitlichung der Grenzwerte, nicht zuletzt in den Neunzigern auf Druck der Pharmaindustrie vorangetrieben, hatte zur Folge, dass in den USA über Nacht 35 Millionen Menschen, die bis dahin als »normalgewichtig« galten, zu »Übergewichtigen« deklariert wurden. Aber auch die Werte für Blutdruck, Blutzucker, Blutfett oder die Knochendichte wurden und werden regelmäßig abgesenkt. Andere Werte wie Muskelmasse, Körperfettanteil, Verteilung des Fetts, Konsum von Zigaretten und Alkohol, Ernährung, Schlaf, Stress und körperliche Erkrankungen werden jedoch nicht berücksichtigt. Nicht umsonst steht im WHO Obesity Report das Wort »Schätzungen«, wenn es um Übergewicht und Adipositas als Risikofaktor für nicht übertragbare Krankheiten geht. Wie unterschiedlich die Muskelmasse den Körper beeinflusst, zeigte sich zum Beispiel bei den Olympischen Spielen 2021 in Tokio. Für Deutschland nahmen sowohl die Leichtathletin Malaika Mihambo als auch die Ringerin Aline Rotter-Focken teil. Mihambos Statur war schmal (1,71 Meter groß, 58 Kilo, BMI 19,8), die von Rotter-Focken kräftig (1,77 Meter groß, 73 Kilo, BMI 23,3). Laut Body-Mass-Index waren aber beide normalgewichtig.

Es fällt auf, dass zu dünne Körper (BMI-Wert unter 18) seltener als Problem wahrgenommen werden. Zumal sie die Voraussetzung für den Beruf des Models sind, bei dem Frauen mit am meisten Geld verdienen können (und deutlich mehr als Männer). Auch bei sehr Dünnen wird davon ausgegangen, dass sie gesund sind. Obwohl sie »unsichtbar« krank sein, eine Fettleber oder Bluthochdruck haben können. Obwohl sie vielleicht keinen Sport treiben; rauchen, Alkohol trinken und sich schlecht ernähren. Als Teenie wog ich zeitweise 55 Kilo: Untergewicht laut BMI. Ich wurde überall gelobt.

Das Gewicht beeinflusst die Gesundheit – jedoch nur als *ein* Parameter. Aber bei welcher Kilo-Zahl die Gefahr beginnt und mit welchen anderen Faktoren das Gewicht interagiert, lässt sich nicht allein mit dem BMI bewerten. BMI-Zahlen ohne Kontext können zu verzerrten Beurteilungen führen, die die Stigmatisierung von Mehrgewicht fördern. Wie ließe sich das ändern? Entscheidungen von diesem Ausmaß führen bis zur WHO und in die (Gesellschafts-)Politik. Der WHO Obesity Report führt aus, dass diejenigen, die stigmatisieren, in erster Linie die Eltern sind – sowie Mitarbeiterinnen in Gesundheitsberufen. Wie Ärztinnen, Hebammen, medizinische Fachangestellte, Psychologinnen … Welche grotesken Ausmaße das annehmen kann, beschrieb Dr. Antje Kunstmann 2023 in ihrem *Brigitte*-Artikel: »Nehmen Sie doch einfach ab.« Darin berichten Patientinnen, dass Ärztinnen immer ihr Gewicht als Ursache ihres Leidens benannten. Selbst bei Zahn- oder Ohrenschmerzen. Ignoriert wurde, dass genetische, sozioökonomische und umweltbedingte Faktoren Fettleibigkeit beeinflussen. Mir erscheint es daher gewagt, Übergewicht und Gesundheit an drei Kilo mehr oder weniger zu messen.

Mutprobe: Im Adipositas-Zentrum

Seit 2020 ist Adipositas umfangreich als chronische Krankheit anerkannt, daher kann ich mich im Adipositas-Zentrum des UKE in Hamburg (Universitätskrankenhaus) behandeln lassen. Als ich mich vor einigen Jahren zum ersten Mal dort vorstellte, wurde ich aufwendig untersucht. Ich erhielt die Empfehlung, an einer Beratung für Ernährung teilzunehmen (die ich bereits in der Klinik absolviert hatte) und eine Psychotherapie zu erwägen (zu der ich schon ging). Ansonsten sei ich, trotz BMI über 35, nicht krank genug: Ich hatte keinen Diabetes, keinen Bluthochdruck und keine kaputten Knie. Die Patientinnen neben mir wogen vermutlich 170 Kilo. Klar standen sie vorn auf der Liste. Aber ich hätte mir mehr gewünscht, als zu warten, dass meine Gesundheit sich verschlechtert.

2023 unternahm ich einen zweiten Anlauf, da meine Waage die bisher höchste (und schrecklichste) Zahl anzeigte. Es kostete mich enorme Überwindung, noch einmal dort vorzusprechen, ich fürchtete mich, erneut keine Hilfe zu bekommen. Wieder Fragebögen, Blut abnehmen und ein Gespräch mit einer schlanken Ärztin. Sie sagte zuerst, dass ich sehr viele dämpfende Medikamente nehmen würde. Ich antwortete: »Ich weiß. Leider habe ich momentan keine ambulante Therapie, und die Folgen der Pandemie belasten mich. Ich weiß nicht, wann ich das letzte Mal vor zwei Uhr nachts geschlafen habe.« Als ich 2020 stationär in einer psychosomatischen Klinik war, wollte ich die Neuroleptika reduzieren. Die dortige Ärztin erklärte, dass eine Reduktion um 400 Milligramm in acht Wochen zu ehrgeizig wäre, ich würde empfindlicher werden und noch schlechter schlafen. »Dessen bin ich mir bewusst«, sagte ich, »aber ich möchte endlich abnehmen. Statt Familie, Partner, sicherem Job und Altersvorsorge habe ich Binge-Eating und PTBS. Ich brauche irgendein Erfolgserlebnis.«

Die acht Wochen brachten mich an den Rand des Wahnsinns. Panikattacken hielten mich nachts umklammert. Vier Stationen mit offenen Türen, mindestens zur Hälfte belegt von Männern, und nachts keine Pflegekraft auf unserem Flur. Ich recherchierte zu Übergriffen in Krankenhäusern, von Patientinnen und vom Personal. Es gibt sie, nicht nur als Einzelfälle! Aber mein Wunsch abzunehmen blieb größer. Alle Expertinnen hatten mir den Zusammenhang zwischen Neuroleptika, dem Stoffwechsel und Übergewicht erklärt. Alle sagten: weniger Medikamente, weniger Gewicht. Als ich im Juni 2020 zu Hause ankam, um 400 Milligramm reduziert, fuhr ich vier Stunden pro Woche Fahrrad und ging dreimal wöchentlich zum Training. Ich hielt keine Diät, ernährte mich aber gesünder. Es reichte nicht. Ich nahm nicht ab.

Operation oder Semaglutid?

Das erzählte ich der Ärztin im UKE und sagte: »Ich bin wegen des Semaglutids hier. Ich möchte keine OP.«

»Warum nicht?«, fragte sie.

»Mein Problem ist nicht der Magen, sondern der Kopf. Deshalb fürchte ich die Suchtverlagerung. Ich merke ja jetzt schon, dass ich, wenn ich keinen Zucker esse, aber angespannt bin, dafür mehr Fett zu mir nehme und mehr Geld ausgebe. Auch möchte ich kein gesundes Organ schädigen, ich bin froh, dass wenigstens mit meinem Magen alles in Ordnung ist.«

»Oh«, sagte die Ärztin. Und klärte mich über Semaglutid und seine Nebenwirkungen auf, wie Übelkeit und Durchfall. Mit Semaglutid wurde ursprünglich Diabetes behandelt, durch das Medikament setzt die Bauchspeicheldrüse mehr Insulin frei, und die Entleerung des Magens verzögert sich. Außerdem stärkt es das Sättigungsgefühl und mindert den Appetit. Semaglutid ist nun auch für Adipöse zugelassen. Die Patientinnen müssen es aber selbst zahlen, rund 100 Euro im Monat, 1200 Euro im Jahr. Es muss jahrelang, wenn nicht den Rest des Lebens eingenommen werden. 1200 Euro im Jahr. Übergewichtige mit wenig Geld werden wieder benachteiligt. Ein Psychiater sagte mir, dass er sicher sei, dass das Stigma »zu dick« durch das Semaglutid deutlich zunehmen würde: Wer Geld hätte, könne eher abnehmen. Es gibt nicht einmal eine Härtefallregelung.

Die Ärztin im UKE erklärte, dass ich Semaglutid erst nach einem definierten Ablauf bekommen könne: 1. Essens- und Sportprotokoll. 2. Beratung zur Ernährung. 3. Training und/oder Physiotherapie. 4. Ein Gespräch mit psychosomatischem Fokus. 5. Informationen über stark in den Körper eingreifende Operationen (Magenband, Magen-Bypass) und Medikamente. 6. Entscheidung über Semaglutid. Bis dahin dauert es Monate. Bei meinem letzten stationären Aufenthalt, 2022, zeigte das Blutbild gute Werte; Blutzucker und Cholesterin wenig erhöht, Herz, Leber und Niere gesund. Obwohl mein BMI über 40 liegt. Doch je älter ich werde, desto größer wird die Gefahr für meine Gesundheit. Ich bin skeptisch, was den Ablauf betrifft, es mangelt mir nicht an Wissen über Ernährung oder psychosomatische Zusammenhänge. Aber ich hoffe, dass ich das Semaglutid zumindest für eine kurze Zeit nehmen kann.

Wirklich übergewichtig, oder geht es um etwas anderes?

Dass Menschen mit einem BMI zwischen 25 und 30 pauschal als übergewichtig verurteilt werden, darin liegt sogar eine absurde Logik. Denn Frauen ab Kleidergröße 34 wird vermittelt, dass sie zu dick wären. Das Ideal der Schönheit geht früh an der Realität vorbei und fördert früh das Stigma. Heute weiß ich, dass es eine kollektive Erfahrung ist, die ich mit anderen Frauen teile. So mit Melodie Michelberger. Die Moderedakteurin und Aktivistin hat jahrelang für Frauenzeitschriften gearbeitet. Schon als Kind wurde ihr gesagt, dass sie zu dick sei. Als Erwachsene litt sie an den unbarmherzigen Ansprüchen der Modeindustrie. Nach Magersucht und Burn-out hinterfragte sie in ihrem Buch *Body Politics* die Ursachen ihres Selbstbilds. Dazu sah sie sich Fotos von früher an. Auf keinem sah sie so dick aus, wie sie sich in Erinnerung hatte. Heute engagiert sie sich für diverse Körper, sie schaffte es bis aufs Cover der Zeitschrift *emotion* und wurde vom *Spiegel* interviewt. Auf Instagram zeigt sie sich auch in Unterwäsche und Bikini. Leider bekommt sie dafür Hate Speech. Wie privilegiert sie ist, ist ihr bewusst: als *weiße*, blonde, gebildete Frau mit Kleidergröße 46 wird sie akzeptiert – für den »normalen« Markt. Bisher sind mir selten Luxusmarken begegnet, die mit einer Frau jenseits von Größe 34 für Kleidung oder Make-up werben, weder Chanel noch Dior. Dünn zu sein ist ein Statussymbol, mit dem frau sich nach unten abgrenzen kann. Fette gelten als Low Performer, ihr Körper wird assoziiert mit RTLZWEI gucken beziehungsweise dort vorgeführt werden *(Hartz und herzlich, Dickes Deutschland)*. Wer nicht über genügend Status und Gesundheit verfügt, sei dafür selbst verantwortlich. Warum?

»Vorstellungen von einer dicken Unterschicht wurden und werden von Akteuren aus Publizistik und Politik in Deutschland als Rechtfertigung für Sozialabbau benutzt«, schreibt der Soziologe Friedrich Schorb in dem von ihm mit herausgegebenen Buch *Fat Studies*. »Besonders deutlich wurde dies zur Zeit der Arbeitsmarktreformen der 2000er-Jahre. Damals wurde das Bild einer degenerierten und antriebslosen ehemaligen Arbeiter*innenklasse zum zentralen Argument dafür, dass in Wirklichkeit nicht ein Mangel an Geld, sondern ein Mangel an Disziplin für die prekären Lebensumstände und den schlechten Gesundheitszustand sozial Benachteiligter verantwortlich sei.«[1]

Glück ist (k)eine Entscheidung

Zu dieser Verurteilung tragen unterschiedliche gesellschaftliche Gruppen bei. Selbst gebildete Ratgeberinnen mit akademischer Ausbildung, die proklamieren, dass sie für das Gute eintreten. Aber ihre Du-kannst-alles-schaffen-wenn-du-nur-willst-Appelle konterkarieren die Realität. Toxic Positivity, die vergiftete positive Einstellung leugnet, wie stark Politik, Stigmatisierung und Gesellschaft verwoben sind. Doch die Anhängerinnen predigen: »Glück ist eine Entscheidung.« Sie nehmen sich damit ungerührt aus der Verantwortung und fördern Schuldgefühle. »Wenn einem jedoch stets eingeredet wird, man müsse nur optimistisch sein, während man sich seine Miete kaum noch leisten kann, weil man knapp nach Mindestlohn bezahlt wird, dann entwickelt

1 Anja Herrmann, Tae Jun Kim, Evangelia Kindinger, Nina Mackert, Lotte Rose, Friedrich Schorb, Eva Tolasch und Paula-Irene Villa (Hrsg.): Fat Studies. Ein Glossar. transcript 2022, S. 178.

man kein Klassenbewusstsein, sondern macht sich eben noch mehr Vorwürfe«, so die Politologin und Journalistin Juliane Maria Schreiber in ihrem Buch *Ich möchte lieber nicht. Eine Rebellion gegen den Terror des Positiven.*[1]

An Lippenbekenntnissen für das Gute mangelt es nicht, Menschen ohne Abitur und Studium sind aber regelmäßig nicht mitgemeint. Wie die ostdeutsche Arbeiterin, die körperlich schuftet, statt aus *Wir Kinder aus Bullerbü* vorzulesen. Maren Hobrack, Tochter einer Mutter, die nach der Wende in einer Justizvollzugsanstalt arbeitete und als Rentnerin nebenbei als Putzfrau, schreibt darüber eindrücklich und entlarvend in ihrem Buch *Klassenbeste: Wie Herkunft unsere Gesellschaft spaltet.*

Mich betrifft die Ausgrenzung doppelt. Zum einen lebe ich vom Bürgergeld und verdiene als Freiberuflerin dazu. Damit befinde ich mich am unteren Rand der Gesellschaft und werde deswegen stigmatisiert. Zudem bin ich als Patientin auf jene angewiesen, die, zum Beispiel in der Pflege, hart arbeiten, aber im Verhältnis wenig Gehalt bekommen. Die Arbeitsbedingungen in der Somatik sind derart schlecht, gerade körperlich, dass Pflegende häufig in die Psychiatrie oder die Psychosomatik wechseln. Dort werden sie gern eingestellt, weil es an Fachkräften für die psychiatrische Pflege, die eine mehrjährige Extraausbildung haben, fehlt. Die Patientinnen müssen das ausbaden; komplexe Traumata oder eine Essstörung auch pflegerisch zu behandeln ist etwas völlig anderes, als sich um Menschen mit Herzschwäche oder einem Schlaganfall zu kümmern. Krankenschwestern und Kassiererinnen wurden am Anfang der Pandemie (bei manchen mit Erstaunen) kurzfristig als systemrelevant erkannt,

1 Juliane Maria Schreiber: Ich möchte lieber nicht. Eine Rebellion gegen den Terror des Positiven. Piper 2022, S. 32.

doch die fehlende Wertschätzung hielt an. Besonders ein Beispiel ist mir im Gedächtnis geblieben. Vor Weihnachten 2020 brachte der damalige Verkehrsminister Andreas Scheuer (CSU) 3000 Tüten mit Plätzchen zu einer Klinik in seinem Wahlkreis in Passau, um den Mitarbeiterinnen zu danken. Jenen Expertinnen, die während der Pandemie zusätzlich FFP2- und FFP3-Masken tragen mussten, acht Stunden und länger. Hinzu kamen neue Hygienevorschriften sowie ständig wechselnde Regeln. Rüdiger Kindermann, Vorsitzender des Personalrats, brachte seine Tüte am nächsten Tag zurück. »Plätzchen helfen den überlasteten Pflegekräften nicht. Alle klatschen, im Bundestag wird gelobhudelt, aber bei den letzten Tarifverhandlungen hat niemand die Pflege aufgewertet.«[1] Ich rufe ihn im Spätsommer 2023 an. Was hat sich verändert? Welche Versprechen wurden gehalten? »Es gab es für einige, wie Intensivpflegerinnen, einen Corona-Bonus, aber eben leider nicht für alle. An Personal mangelt es weiterhin.«

Die Notwendigkeit eines funktionierenden Gesundheitssystems zeigte sich selten so eindeutig wie in der Pandemie. Warum ändert sich trotzdem nichts? Unstrittig ist: 2022 waren laut Statista rund 82 Prozent der sozialversicherungspflichtigen Pflegekräften Frauen.[2] Heißt: Pflege ist Frauensache. Sie arbeiten häufig in Teilzeit und sind nicht die Hauptverdienerinnen in der Familie. Sie pflegen nicht nur im Krankenhaus oder Altenheim, sondern auch zu Hause. Mittelalte *weiße* Männer, die in Führungspositionen von Unternehmen und/oder in politischer Verantwortung arbeiten, identifizieren sich selten mit ihnen. Denn ihre Eltern haben sie bereits im Kleinkindalter in erster Linie nicht zum Küm-

1 https://www.sueddeutsche.de/bayern/passau-andreas-scheuer-klinikum-blamage-1.5157229.

2 https://de.statista.com/statistik/daten/studie/1029877/umfrage/verteilung-von-pflegekraefte-in-deutschland-nach-pflegeart-und-geschlecht/.

mern erzogen. Das Umsorgen von anderen ist seltener Teil ihres beruflichen Alltags. Zu ihren Privilegien gehört, dass Frauen ihnen den Rücken freihalten, unbezahlt oder gering bezahlt. Passend dazu sind die Berufsgruppen der Kümmerer oft politisch schlecht organisiert. Männlich dominierte Gewerkschaften wie die IG Metall zeigen regelmäßig, dass sie über die Macht verfügen, bessere Arbeitsbedingungen zu erkämpfen. Bereits in der Ausbildung verdienen Erzieherinnen deutlich weniger als Bankkaufleute. In der Ärzteschaft ist die Bezahlung von niedergelassenen Fachärztinnen für Radiologie, Chirurgie und Augenheilkunde sehr gut. Am wenigsten verdienen Fachärztinnen für Psychiatrie, Psychosomatik, Psychotherapie, Neurologie, Pädiatrie und Gynäkologie.[1] Das bedeutet: Sich-Kümmern wird schlechter bezahlt, egal, auf welchem Ausbildungsniveau. Was Männer vermutlich nicht dazu motiviert, sich (auch beruflich) um andere zu sorgen. Wer hat also Zeit und Geld für Gesundheit? Wer für politisches Engagement, für Lobbyarbeit, für Sitzungen am Abend und Termine am Wochenende?

»Sozioökonomische Unterschiede in der Adipositasprävalenz lassen sich auch damit erklären, dass Personen mit höherem Sozialstatus zum einen über weniger Stressoren und zum anderen über mehr Ressourcen verfügen als andere Statusgruppen. Die Stressbelastung ist bei sozioökonomisch schlechter Gestellten vielfach höher … auch aufgrund sozialer und ökonomischer Deprivation.«[2] Deprivation: Wer wenig hat, muss mehr entbehren. Da schließt sich der Kreis zur »adipogenen Umwelt«, die Verantwortung wird aber denen

1 https://www.destatis.de/DE/Themen/Branchen-Unternehmen/Dienstleistungen/Tabellen/kost-01-kassenpraxen.html

2 Sven Schneider und Bärbel Holzwarth: Ansätze zur Beseitigung adipogener Umwelten. In: Stephan Herpertz, Martina de Zwaan und Stephan Zipfel (Hrsg.): Handbuch Essstörungen und Adipositas, a. a. O., S. 462.

zugeschoben, die darunter leiden. »Gleichzeitig beeinflusst auch die ökonomische Umwelt bewegungs- und ernährungsspezifische Entscheidungsprozesse (z. B. Eintrittspreise in Parks und Schwimmbäder, Preise im lokalen Nahverkehr, Parkgebühren, Mitgliedsbeiträge für Sportvereine und die Preisstruktur in Mensen und Kantinen). Des Weiteren hat auch die politische Umwelt eine Bedeutung für das eigene Gesundheitshandeln. Für Erwachsene seien exemplarisch amtliche Nutzungseinschränkungen für Grünflächen, der Zugang zu Grünflächen und Sportstätten für die Möglichkeiten des Sporttreibens und die lokale Verkehrsregelung (Zufahrtbeschränkungen, Fußgängerzonen, Parkverbote) für die Wahl des Verkehrsmittels genannt.«[1]

Giftig statt gut: Toxic Positivity

Doch die weiblichen Ratgeberinnen der Mittelschicht klagen auf ihren Kanälen selten über Klassismus, selbst wenn ihnen dieser – durch das Schönheitsideal, den Mangel an Pflegekräften oder das Ehegattensplitting – selbst schadet. Stattdessen lautet ihre Corporate Identity, dass sie sich auf das Schöne konzentrieren (was häufig erst durch das Gehalt des Ehemanns möglich wird).

Die Frauen der Mittel- und Oberschicht spenden auch (mehr Geld als Zeit), beispielsweise für Geflüchtete. Was notwendig, wichtig und gut ist – aber weder an der Politik noch an den Strukturen etwas ändert. Ein Lackmustest ist der Stundenlohn für Reinigungskräfte, umgangssprachlich Putzfrau genannt. Acht Euro? Zehn? Und auf welcher Basis

1 Ebenda, S. 589.

wird sie beschäftigt? Mit Krankenversicherung? Minijob? Freiberuflich? Schwarz? Während akademisch gebildete Frauen versuchen, ihre Männer davon zu überzeugen, wie anspruchsvoll Haus- und Care-Arbeit plus Mental Load sind, verhalten sie sich denen gegenüber, die es ihnen ermöglichen, einen Teil dieser Arbeit abzugeben, nicht zwingend besser, ob Putzfrau oder Paketbote. Das gesellschaftliche Machtgefälle bleibt damit bestehen.

Life Coaches begeistern sich auch lieber für – ihre – Achtsamkeit und appellieren, die eigene Superkraft zu stärken. Und haben sie nicht recht? Scheint es nicht sinnvoll, sich auf Stärken und Ressourcen statt auf Defizite zu fokussieren? Sollten nicht gerade Frauen darin bestärkt werden, ihre Energie für eigene Bedürfnisse einsetzen, statt als Mutter/Ehefrau/Mädchen für alles 24/7 verfügbar zu sein? Sich Zeit zu nehmen, um gesund zu kochen oder zum Handball zu gehen, statt für die ganze Familie aufzuräumen? Oder ihre kostbare Zeit in erhitzt geführten Debatten des örtlichen »Rettet die Wildbiene«-Vereins über das richtige Corporate Design zu vertändeln? Oder um sich als Elternratsvorsitzende mit anderen Eltern (also Müttern) in der Grundschule auf winzige Stühle zu quetschen, um zwei Stunden zu debattieren, ob die Kinder Milch mit 3,5 Prozent Fett, Milch mit 1,5 Prozent Fett oder gar keine Kuhmilch zu trinken bekommen?

Die Frage ist: Geht die Individualisierung mit einem Abbau des Sozialen einher – und fördert auch das ein Übergewicht?

Anders gefragt: Warum sollte das Individuelle egoistisch, das Positive giftig sein? Zumal doch immer wieder Prominente wie Mathias Mester zeigen, dass gesellschaftlicher Aufstieg möglich ist. Durch die Bilderflut der Happyfluencerinnen scheint ein glückliches Leben zum Greifen nah zu sein.

Für alle. Realistisch betrachtet ist Glück jedoch vor allem ein Markt. Mit gefährlichen Folgen. Denn der zwanghafte Optimismus leugnet Machtgefälle, systemische Ungerechtigkeit, Abhängigkeiten, Leid, Krankheiten und den Tod. Er verhindert, dass patriarchalische Systeme zu Fall gebracht werden (der Weg bis zu #MeToo und #shesaid dauerte Jahrzehnte). Ohne eine starke Gemeinschaft, ohne Schulterschluss gelingt das aber nicht. Die meisten Life Coaches benennen ernste Themen nur in homöopathischen Dosen, zu kompliziert, zu negativ. Lieber verbreiten sie simple Botschaften (Mindfulness! Selbstliebe! Intuition! Schöpferkraft!) und Phrasen wie: »Deinen Wert bestimmen nicht andere, sondern du selbst« (wer's glaubt: gute Reise auf eine einsame Insel vor den Lofoten). Oder: »Du kannst alles schaffen, du musst es nur wirklich wollen!« (Ähm, ich will wirklich gern eine Wohnung mit Meerblick in Stockholm.) Auch sehr beliebt: »Nutze einfach die Kraft deiner Gedanken!« (Bereits als Studentin gab ich allen Freundinnen nach Abgabe des Lottoscheins ein Update, was ich mit vier Millionen Mark/Euro machen würde. Eine Million für sie, eine Million für Blindenhunde, zwei Millionen für mich: Wohnung in Stockholm mit Gästinnenzimmer. Nächtelang dachte ich nach, ob ich lieber im Ryssviksvägen oder im Katarinavägen wohnen würde. Ich konnte mich einfach nicht entscheiden). Unnötig zu erwähnen, dass ich nie im Lotto gewann. Auch das Universum rief nicht zurück. Der Grad zwischen einem empowernden »Jede ist ihres Glückes Schmied« und dem vernichtenden »Selbst schuld« ist schmal. Wer Schlagworte wie Selbstliebe oder Superkraft in eine Suchmaschine eingibt, erhält unzählige Einträge, die ähnliche Illusionen anpreisen.

Selbstverständlich lässt sich durch Fokussierung, Willenskraft oder Akzeptanz Einfluss auf das eigene Leben nehmen. Aber dieser ist begrenzt! Der Verkauf von Illusionen geht dagegen ins Grenzenlose. Krebspatientinnen und Depressiven wird unterstellt, dass sie krank geworden sind, weil sie nicht positiv genug gedacht haben. Und wenn sie nicht mehr gesund werden, haben sie ebenfalls nicht positiv genug gedacht.

Die Top drei der falschen Glücksversprechen lauten:

1. In allem Schlechten gibt es etwas Gutes.
2. Jede Krise ist eine Chance.
3. Schicksalsschläge lassen uns wachsen.

Wie hört sich das an für die Frau mit unerfülltem Kinderwunsch? Für einen Vater, dessen magersüchtige Tochter vor seinen Augen verhungert? Für Menschen, deren Großmutter oder Großvater wegen der strengen Corona-Maßnahmen allein im Krankenhaus sterben mussten? Für die Angehörigen von Justizopfern, wie bei Horst Arnold? Schicksalsschläge ertragen, vielleicht seelisch integrieren zu können, ist nicht dasselbe wie die Anerkennung, dass nicht alles ins Positive gedreht werden kann. Aber ob es Unglücksfälle sind oder nur der anstrengende Alltag, die Happiness-Ratgeberinnen halten an ihren Allmachtsfantasien fest. Wer arm, ausgebeutet, dick, erfolglos oder krank ist, hat das Glück, die Chance einfach nicht genügend gewollt.

Glücklich, heilig und zuversichtlich

Eine der erfolgreichsten Akteurinnen der Szene ist Laura Malina Seiler, Coach und Marketing-Profi. Ihr Podcast »happy, holy & confident« (glücklich, heilig & zuversichtlich) wird millionenfach heruntergeladen. Von ihr stammt der

Satz: »Wenn du jeden Tag so lebst, wie du leben möchtest, wirst du am Ende dein Traumleben gelebt haben.« Was sie selbst wenig thematisiert, analysiert der *Spiegel* in dem Artikel *Das Geschäft mit dem Glück*: Selbstoptimierung und Sinnsuche sind eine Gelddruckmaschine.[1] Laura Malina Seiler ist Unternehmerin, getarnt hinter Pastellfotos und Sprüchen wie: »Ich kann mich heute, hier und jetzt, dazu entscheiden, welche Version ich von mir erschaffen möchte.« Der Vorwurf der Oberflächlichkeit ist daher nicht neu. Die »Alles wird gut«-Fans geben sich aber mittlerweile gern den Anstrich von Tiefe. Damit das Personal Branding nicht zu glatt wirkt, texten sie, dass sie auch mal eine Panikattacke hatten. Schlimm? Nein, wie gut! Denn sonst könnten sie ihre Me-Time mit Haferdrink-Kakao und Zimtschnecke jetzt nicht so #hygge genießen, *zwinkerzwinker*, um dann *easy-peasy* Holunderblütensirup zu kochen, während ihre Kinder in Ringelshirts (#werbungfürpetitbateauoderso) bei der Nachbarin spielen (#femaleempowerment).

Aber was ist mit Pandemie, Klimakatastrophe oder Krieg? War da was? »Das sind gravierende Angstthemen; mit einer Positivierungsmanie wird ein Stück der Welt vermieden, man nimmt sich aus der Verantwortung raus und wendet sich der Beglückungs-Industrie zu«, sagt Dr. Michael Dümpelmann, Nervenarzt und Psychoanalytiker. Er war bis 2014 in leitender Funktion in der Fachklinik Tiefenbrunn bei Göttingen tätig. »Das Schlechte, Böse und Verstörende soll wegbleiben, es wird verleugnet. Damit kann man viel Geld verdienen: Konsum als Pflaster. Diesen Zwang zum Guten halte ich für eine säkulare Form von Religionsersatz. Früher galt, Gott, hilf uns – heute denkt man positiv.« Der Terror

1 https://www.spiegel.de/psychologie/coaching-boom-was-suchen-die-menschen-und-warum-finden-sie-es-nicht-allein-a-03cd8d26-0722-4927-9021-b6a647af1159.

des Positiven besteht in der Allmachtsfantasie, dass das Komplizierte einfach wäre. Dieses Mantra hat Folgen. »Ein eindrucksvolles Beispiel für das systematische Ausblenden des Bösen ist das Verhältnis von Deutschland zu Russland vor dem Angriffskrieg gegen die Ukraine«, fährt Dümpelmann fort. »Es braucht auch ein gesundes Misstrauen, dass man es böse mit uns meinen kann. Denn es gibt nicht nur gut oder schlecht, das Leben ist voll von Dialektiken, Gegenläufigkeiten. Eine gewisse Ambiguitätstoleranz muss man lernen, und dazu gehört, mit Aggressionen zurechtzukommen. In einer Zeit, in der wir entdecken, wie viele Traumatisierte es gibt, gilt das umso mehr. Bei den Positiv-Denkern lernt man aber eine wichtige Entwicklungsaufgabe nicht: mit unterschiedlichen Affekten wie Trauer, Neid und Hass umzugehen.«

Gescheitert? Dafür sind wir nicht zuständig

Wenn das Leben rundum positiv statt wahrhaftig sein soll, wenn das Steckenbleiben im Rückwärtsgang, das Scheitern (ohne Chance) nicht sein darf, wie steht es dann um das Soziale? Wer erklärt sich für zuständig, wenn Patientinnen ein Jahr lang auf einen Therapieplatz warten müssen? Wenn auf dem Land der Busfahrplan nicht zu den Besuchszeiten im Krankenhaus passt? Oder Eltern bei der Versorgung eines Kindes mit Behinderung mehr durch Bürokratie behindert werden als durch das Handicap? Aber was hat das alles mit Adipositas zu tun? Als ich mich noch rund um die Uhr schämte, für mich, für mein Aussehen, mein Gewicht, war das für einen Teil der Gesellschaft praktisch. Weder wurde ich laut noch ungemütlich, ich stellte keine Fragen und keine Forderungen. Heute ist mir bewusst, dass ich nicht allein für mein Übergewicht verantwortlich bin – und dass ich es auch nicht ganz allein reduzieren kann. Und deshalb geht es hier um weit mehr als nur um dicke Menschen. Es geht um nichts Geringeres als soziale Gerechtigkeit. Und das verbindet mich mit denen, die ebenfalls benachteiligt werden, sei es durch ein Handicap, eine Krankheit, wenig Geld, das Alter, das Geschlecht, die sexuelle Orientierung oder eine nicht *weiße* Hautfarbe. Und was Übergewichtige und Adipöse speziell betrifft: Es kann nicht allein ihre Aufgabe sein, es zu ändern. Der Körperumfang der Deutschen nimmt aus verschiedenen Gründen zu. Zu den Ursachen gehören Berufe, die heute weniger körperlich, sondern zunehmend sitzend ausgeübt werden. Der wirtschaftliche Fortschritt hat einen Anteil: mehr Autos, Rolltreppen und Fahrstühle, weniger Fußwege. Schlafmangel und Schichtarbeit gehören dazu; auch das billige, zu salzige, zu süße, zu verarbeitete Essen in Kitas, Schulen, Krankenhäusern und Altenheimen. Die 24/7-Verfügbarkeit von hochkalorischem Essen in der Überflussgesellschaft. Portionen, die immer größer werden. Plus die Genetik: »Die Vererbung kann sich sowohl bei der Energieaufnahme (Hunger- und Sättigungsregulation), des Energieverbrauchs als auch bei der Energiespeicherung auswirken.« Und: »Die Vererbung der Anlage ›Adipositas‹ hat an der Entwicklung einer Adipositas einen Anteil von etwa 50 %.«[1]

Die Frage nach zu wenig Geld als Ursache ist hinreichend belegt: »In der Studie zur Gesundheit Erwachsener (DEGSI) bei 8152 Frauen und Männern im Alter zwischen 18 und 80 Jahren in Deutschland zeigte sich hinsichtlich der Prävalenz

1 Alfred Wirth: Diagnostik und Ätiologie der Adipositas. In: Stephan Herpertz, Martina de Zwaan und Stephan Zipfel (Hrsg.): Handbuch Essstörungen und Adipositas, a. a. O., S. 442.

der Adipositas ein deutlicher Zusammenhang von BMI und Sozialstatus … Frauen mit einem niedrigen Status waren über alle Altersgruppen hinweg doppelt bis dreifach so häufig adipös wie Frauen mit einem hohen Sozialstatus. Bei Männern war der Trend deutlich geringer ausgeprägt, ein niedriger sozialer Status erhöhte die Adipositasprävalenz um ca. 10 % (Jüngere) bis 50 % (Ältere)."[1]

Und obwohl das alles nachgewiesen und belegt ist, kann ich sie wieder hören, die Unbarmherzigen, die Strengen, die Mitleidlosen. Die mir entgegnen: Na und? Man muss sich zusammenreißen! Das Leben ist kein Ponyhof!

Ob Bluthochdruck für die Gesundheit ähnlich schädlich ist wie Übergewicht? Patientinnen, die unter Bluthochdruck leiden, werden dafür nicht stigmatisiert. Auch übermäßiger Alkoholkonsum als Krankheit, als massives Gesundheitsrisiko und enorme Belastung der Betroffenen und ihren Familien, aber auch der Unternehmen sowie Kranken- und Rentenkassen wird von allen Schichten gemeinsam unter den Teppich gekehrt.[2] Und zur sozialen Abgrenzung genutzt. Manche Akademikerinnen mit Eigenheim und bodentiefen Fenstern entrüsten sich über Stammtisch-Trinkerinnen, die bereits montags Schnäpse kippen und die gute, alte Zeit (nieder mit den veganen Würstchen!) verherrlichen. Bei ihnen sei das etwas anderes, sie wären schließlich Connaisseure. Kennerinnen! Die kleinteilig über Cabernet und Cuvée referieren, während sie gegen die Abstiegsangst Flasche um Flasche leeren. Das Leugnen ist in der Gesellschaft weitverbreitet, sei es von sozialer Ungerechtigkeit oder der Gefahr von Abhängigkeit. Süchtige, denen es nicht mehr gelingt, sich an die sozialen Regeln zu halten, und denen genau das anzuse-

1 Ebenda, S. 439 ff.

2 https://www.bundesgesundheitsministerium.de/service/begriffe-von-a-z/a/alkohol.html.

hen ist, werden dafür abgestraft. Verbal, in der Versorgung und in ihrer Peergroup. In den Spiegel, den sie den anderen dadurch vorhalten, möchte kaum jemand sehen. Doch Politik, das sind wir alle. Wir entscheiden mit, wie sich die Gesellschaft entwickelt.

Ich möchte weiterhin abnehmen. Aber ich möchte mich nicht mehr schämen. Und ich will solidarisch sein. Was ich leider trotzdem lernen muss: Meine humanistische Grundhaltung hat einen Wert, und ich möchte sie behalten. Aber was ich brauchen werde, ist Geld.

8
Lifestyle, Feminismus, Social Media: Fett und Filter

Es riecht nach Meer. Ein Juni-Nachmittag am Fistral Beach in Newquay, Cornwall. Ich sitze auf einer Yogamatte und stelle die nackten Füße auf den kühlen, goldgelben Sand. Links von mir klaut ein Altdeutscher Schäferhund einem Jungen, Typ Michel aus Lönneberga, den Fußball und galoppiert siegesgewiss in die schäumende Brandung. Rechts wachst ein sehniger Mann im schwarzen Neoprenanzug sein Surfbrett. Neben ihm hockt eine Frau im langen Hippierock, sie hält ein Baby, das verblüfft seine sandigen Finger betrachtet. Hinter ihnen ein Paar auf roten Klappstühlen, in roten Oberteilen, dazu helle Strohhüte. Drei kleine Mädchen in rosa Blusen ziehen angestrengt je einen Buggy mit Puppen hinter sich her. Die Armen, sie üben schon für später.

Mutprobe: Beim Silent Disco Yoga in Cornwall, England

Der Lehrer, den ich am besten sehen kann – es sind drei –, sitzt im Schneidersitz und lächelt uns zu. Er trägt ein pinkes Shirt, ein Frotteestirnband in der gleichen Farbe und bunte Shorts. Mit mindestens fünfzig anderen warte ich darauf, dass es losgeht. Der Fistral Beach gilt als einer der schönsten Strände Englands, hier finden jährlich internationale Surf-Wettbewerbe statt. Von hier aus sehen die Wellenreiterinnen wie schwarze Punkte im türkisblauen Meer aus. Die hiesige Yogaschule Oceanflow veranstaltet mehrmals im Sommer das Silent Disco Yoga und mittlerweile auch Yoga-Großveranstaltungen. Während der Übungen hören wir über tellergroße Micky-Maus-Kopfhörer leise Musik, darüber spricht auch eine Yogalehrerin, ruhig, langsam und gut zu verstehen, und gibt uns Anweisungen: Downward Facing Dog (herabschauender Hund). Cobra Pose (Kobra). Sun Salutation (Sonnengruß). »Take a deep breath« … Ja, ich atme die Seeluft tief ein: wundervoll.

Bis zum Meer sind es keine zehn Meter, der Wind kühlt die Schweißperlen an meinen Schläfen. Der Blick: überwältigend. Im Juni 2022 hüte ich drei Wochen lang die Wohnung und die Katzen meiner Freundin Rebekka, die beruflich unterwegs ist. Den Laptop habe ich mit, ich sitze an mehreren Artikeln für die *Eßlinger Zeitung*. Der Luxus: Die Fachbücher dazu kann ich am Strand lesen. Eigentlich mag ich kein Yoga, wie beim Pilates bin ich dafür nicht gelenkig genug. Aber ich mag mich bewegen, und Sport direkt am Strand ist ein Luxus! Und den kann ich brauchen. Abgenommen habe ich in letzter Zeit nicht, zuckerfrei klappt momentan auch nicht, jeden Abend kaufe ich mehrere Tafeln Luftschokolade und Trifle bei Tesco Express. Jeden Abend schäme ich mich dafür. Ob ich dieses Jahr noch nennenswert abnehmen werde? Vielleicht in der Klinik? Momentan wäre mir danach, mich im Selbsthass einzugraben. Die PTBS fordert mich, und deswegen hasse ich sie. Ich möchte mehr Freude im Leben. Und bin bereit, dafür meine Komfortzone zu erweitern. Wo passe ich hin, als dicke Heide?

Hier bietet sich eigentlich Surfen an, dafür ist Cornwall schließlich berühmt, aber zum Wellenreiten bin ich zu schwer, zu ängstlich und zu kurzsichtig. Schade. Reiten am Strand geht auch nicht, weil ich mehr als 100 Kilo mitbringe, die vertragen Pferderücken nicht. Deshalb nun Yoga. Auf seiner Website lädt Oceanflow alle ein: »Du glaubst, dass du zu steif bist, um Yoga zu machen? Zu alt? Zu übergewichtig? Falsch gedacht!«

Beim herabschauenden Hund schmerzt das Gewicht auf den Handgelenken, und ständig ist mein Bauch im Weg. Zu Hause, zwischen acht bis zehn Frauen, fällt das auf. Am Fistral Beach verschwinde ich in der Gruppe. Ich trage eine schwarze Trainingshose und ein Sport-Shirt. Klamotten kaufen bereitet mir keine Freude mehr, sondern Kopfzerbrechen. Ob BH, Bluse oder Kleid, die Sachen müssen günstig sein. Mir passen. Und aus Baumwolle, Leinen, Lyocell oder Modal bestehen. Ja, Übergewichtige schwitzen schneller, ein weiterer Grund, sich zu schämen. Nur wenige Unternehmen führen die Größen 48/50, 52/54 oder XXXL. Daher lande ich bei Tchibo Prozente (Shirt: neun Euro) im Super-Sale von H&M (Kleid 12,99 Euro) und bei Zalando (Leggins: 7,70 Euro). Habe ich Glück, sind die Sachen umweltfreundlicher produziert als die übliche *Fast Fashion*; billige Massenmode ist extrem klimaschädlich und asozial für die Näherinnen dazu. Unterwäsche und Badesachen zu finden entpuppt sich jedes Mal als Tortur. Die entsprechende Abteilung bei Karstadt ist riesig. Doch die Auswahl für Menschen wie mich ist gering. Ein paar Basics, kostenloser Frust inklusive. Nicht einmal mein Geld ist hier gewollt. Im Frühjahr kaufte ich einen stark im Preis reduzierten Bikini als Motivation, um abzunehmen. Er passt bis heute nicht.

Zu meinem Erstaunen führt Hunkemöller stilvolle Wäsche in großen Größen; im Sale werden sie bezahlbar. Mein Ziel lautet: nie mehr Wallawalla! Wenn ich andere Adipöse sehe, gefallen mir diejenigen besser, die geschmackvoll gekleidet sind. Was nicht zwingend kaschierend meint, sondern ob die Farben passen, eine harmonische Silhouette entsteht und insgesamt ein #ootd, ein Outfit of the Day, wie es auf Social Media heißt. Anstelle von: Habe mir ein Zelt übergeworfen.

Beim Hinflug nach England saß ich eingepfercht auf einem Mittelplatz. Ich fühlte mich schuldig, es war nicht möglich, mich nicht zu berühren. Der Flugbegleiter sah mich verächtlich an und fragte die Frau am Gang, ob sie lieber woanders sitzen wolle. Als sie aufstand, sagte sie, dass sie mich nicht kränken wollte. Ich nickte nur, den Tränen nah.

Danke, Welpe!

In Newquay angekommen, war die britische Freundlichkeit Labsal für meine Seele. Als Fan von Vierbeinern komme ich ständig in Kontakt. Hier ein Airedale Terrier, Husky, Border Collie, dort ein Briard, Bobtail. Irish Setter. Und ich: »Oh, what a lovely/charming/adorable/stunning dog!« Alle Besitzerinnen spielen meine Begeisterung zurück. »Thank you, love!/Thank you, sweetheart!/Thank you, Puppy!« Sofort fühle ich mich hübscher, mehr gemocht. Als ich in den Bus stieg, der zum Fistral führte, konnte der Fahrer meinen 20-Pfund-Schein nicht wechseln. Während ich mich entschuldigte und aussteigen wollte, lächelte er und sagte, ach, es ist nicht weit, fahren Sie gerne mit! Sieben Stationen später verabschiedete er sich mit: »Have a lovely day, honey!« Und den habe ich.

Wenige Teilnehmerinnen wirken adipös. Die Gruppe ist ansonsten gemischt: Frauen, Männer, Alte, Junge, Schmale, Moppelige. Es scheint auch ihnen mehr um das gemeinsame Erlebnis am Strand zu gehen als um perfekte Posen. Die Frauen rechts und links von mir verabschieden sich am Ende der Stunde freundlich: »It was amazing, wasn't it?« Aufgeladen mit Freude gönne ich mir anschließend eine Pizza im *The Stable*, oben über dem Strand. Sofort funkt das schlechte Gewissen. Wäre ein Salat nicht besser gewesen? Kaum habe ich aufgegessen, kommt eine grauhaarige Kellnerin. Ich will den Platz räumen, sie aber legt mir die Hand auf die Schulter und strahlt: »Please stay, Darling, enjoy the view!« Also genieße ich die Aussicht bis zum Sonnenuntergang und spaziere dann bei Mondschein zurück zu Rebekkas Wohnung

Einsam oder frei?

Natürlich sprechen die Engländerinnen in kulturellen Floskeln, aber sie verändern meine Selbstwahrnehmung: Ich fühle mich besser. Für meine Artikel lese ich *Ungebunden. Das Leben als alte Jungfer* von der schwedischen Autorin Malin Lindroth und *Die singuläre Frau* von Katja Kullmann. Die Bücher trösten mich. Denn mein Alleinsein, mit der Ursache des Dickseins, fühlt sich an wie eine persönliche Schuld. Dabei steigt die Zahl der Alleinlebenden an. Laut dem Statistischen Bundesamt lebten 2022 rund 20,1 Millionen Deutsche allein.[1] Wobei: Was heißt überhaupt allein? Ohne Partner oder Partnerin? Getrennt, geschieden, verwitwet? Ohne Kernfamilie, ohne Kinder? Ist Einsamkeit ein Problem, gar eine Krankheit? Oder ist die Wahl des Alleinlebens eine feministische Errungenschaft? Gilt das Singledasein mit 25 als normal, mit 45 als beschämend und mit 65 als lebensverkürzend? Führt die Veränderung sozialer Strukturen zu einem Verlust an Bindungen oder zu einem Gewinn

1 https://www.destatis.de/Europa/DE/Thema/Bevoelkerung-Arbeit-Soziales/Bevoelkerung/Alleinlebende.html.

an Autarkie? Sozial wird der fehlende Mann oft als persönliches Scheitern betrachtet. Das Patriarchat wertet Frauen, die nicht von Männern begehrt und erwählt werden, ab. Mehr und mehr Frauen wehren sich dagegen. Auch Katja Kullmann betont den emanzipatorischen Aspekt: »Nach der wirtschaftlichen und der politischen erobern Frauen sich nun langsam, aber sicher auch ihre *affektive Souveränität*, wie Sozialwissenschaftlerinnen sagen. Sie machen ihre persönliche Zufriedenheit nicht mehr (so) abhängig von der emotionalen oder sexuellen Zuwendung durch einen männlichen Partner, werden wählerischer, wem sie wie viel Zeit und Aufmerksamkeit widmen.«[1]

Cornwall macht mich mutiger. Schnell suche ich offensiv den Kontakt, denn sehe ich Paare oder Gruppen, die sich für ein Selfie zusammendrängeln, gehe ich auf sie zu und biete an, von ihnen ein Foto zu machen. Alle reagieren entzückt: »Thank you, dear!« Und ich erwidere: »Your welcome!«

Zwischen Mädchenfrauen in Vietnam

Drei Monate nach meinem Besuch in Cornwall fliege ich nach Hanoi. Im Auftrag der *Brigitte* soll ich eine Reisegeschichte schreiben: Meine Freundin Yen, Deutsche mit vietnamesischen Wurzeln, wird mir die Hauptstadt sowie Bắc Giang, die Stadt, in der ihre Verwandten wohnen, zeigen. Am Tag unseres Hinflugs war ich vor Aufregung so high wie lange nicht. Gut, dass ich damals nicht wusste, dass der Tag des Rückflugs der peinlichste in meinem Leben als Übergewichtige sein würde.

1 Katja Kullmann: Die singuläre Frau. Hanser Berlin 2022, S. 287.

Kurz nach der ersten Zusage der *Brigitte* kam die Pandemie, wir mussten die Planung immer wieder verschieben. Im Oktober 2022 war es endlich so weit. Täglich stieg meine Aufregung. Wann war ich das letzte Mal außerhalb von Europa gewesen? Mehr als 8500 Kilometer Luftlinie trennen Hamburg von Hanoi – und tiefgreifende Unterschiede. Vietnam ist, bei aller Schönheit und kulturellem Reichtum, ein Schwellenland. Aus den Wasserhähnen kommt kein Trinkwasser. Die Hygienestandards sind niedrig. Der stetig fließende Verkehr besteht aus Drängeln, Hupen und informellen Regeln. Meine Medikamente und meine Kontaktlinsen zum Wechseln durfte ich tunlichst nicht verlieren und musste beides rund um die Uhr kühlen. Ungern wollte ich wegen eines Unfalls das örtliche Krankenhaus aufsuchen. Und: Neben meiner Reportage plane ich, für *Allein unter Dünnen* zu recherchieren. Wie fühle ich mich zwischen den schmalen Asiatinnen? Was gehört zu ihrem Schönheitsideal? Wie nehmen sie mich auf?

Nach drei intensiven Wochen fahre ich an einem Montagnachmittag zurück zum Flughafen Nội Bài in Hanoi. Wehmütig beobachte ich aus dem Taxi die vielen Motorroller, die über die große Brücke knattern. Wer weiß, ob ich je wieder nach Asien reisen kann … Yens zahlreiche Verwandte, die uns herzlich aufgenommen und geholfen hatten, werde ich vermissen. Noch ein bisschen mehr das Essen: jeder Tag ein kulinarisches Fest. Als ich die Fahrt bezahle, fragt der Taxifahrer: »Do you come from America?« Das höre ich leider nicht zum ersten Mal. Dicke Touristinnen wie ich werden automatisch mit den USA verbunden.

»No«, erwidere ich.

»From England?« Bitte! Ich weiß, dass ich aussehe wie eine Tonne, können wir das schweigend übergehen?

»No. Germany.«

Der Mann lächelte interessiert. »Ah! Did you like Vietnam?« Ja.

Nachdem ich meinen Koffer aufgegeben habe, fange ich an, mich zu entspannen. Bis Frankfurt wird wohl nichts mehr schiefgehen. An das Umklammern meiner Handtasche habe ich mich gewöhnt, der Flughafen ist angenehm klimatisiert, der Fußboden ohne Löcher und Hubbel. Bis Vietnam Airlines abhebt, dauert es aber noch, daher beschließe ich, mein letztes vietnamesisches Geld in einem Café auszugeben und in ein paar Souvenirs zu investieren. Im Highland Coffee wähle ich, mit schlechtem Gewissen, einen Kakao und ein kleines Stück Käsekuchen mit Matcha. Hilft hoffentlich gegen den Abschiedsschmerz. Ich gehe mit dem Tablett zum nächstbesten Tisch. Dann kracht es.

Der dunkle Holzstuhl ist unter mir zusammengebrochen, ein Bein steht waagerecht ab, ich kann mich gerade noch fangen. Du liebe Güte! In einer Komödie mag das lustig sein, in der Realität ist es das nicht. Aus den Augenwinkeln sehe ich, dass zwei zierliche Kellnerinnen sich einen Blick zuwerfen und kichern. Mein Gesicht läuft vor Scham und Wut rot an. Drei Wochen lang habe ich mich auf winzige Plastikschemel, die mir nicht mal bis zum Knie gingen, gezwängt, aber für den internationalen Flughafen bin ich zu schwer? In diesem Moment hasse ich das Land, hasse den Flughafen, und am allermeisten hasse ich mich! Vor zehn Jahren schwebte das Damoklesschwert »Betreut wohnen« über mir, und hier bin ich, in Hanoi! Den Gelb- und den Orangegurt im Ju-Jutsu, zwei veröffentlichte Sachbücher und 150 Lesungen und Vorträge im Gepäck, von Stockholm bis nach Zürich. Was habe ich alles geschafft! Im Wollen, Kämpfen, Dranbleiben bin ich ziemlich gut. Aber der verdammte Körper! Das verdammte Essen! Ich könnte schreien vor Verzweiflung. Ich. Will. Nicht. Mehr. Dick. Sein! Stattdessen möchte ich mich ohrfeigen.

Wie viel Geld habe ich noch? Konsum als Pflaster ist sehr willkommen, ich muss mich ablenken. Als Erstes verschaffe ich mir einen Überblick der Shops. Die Auswahl ist groß, von gehäkelten Weihnachtsmännern bis zu Handtaschen aus Seide, und natürlich Tee und Kaffee. Ich entscheide mich für Postkarten und Strohhalme aus Bambus und zähle die Scheine. Die grazile Verkäuferin lächelt und deutet auf meinen Bauch: »Pregnant?« Schwanger? Ist das *Versteckte Kamera*? Eine Verschwörung? Göttliche Rache für meine Hybris, mich so weit weg zu wagen von zu Hause *und* Kuchen zu essen? »No«, sage ich kühl. Was ich eigentlich sagen möchte: »No, I am just FAT! And I am DEEPLY SORRY!«

Abgesehen von den Amerika-Zuschreibungen genoss ich in Vietnam als *weiße* Europäerin ungewohnte Privilegien. Mehrfach hielten auf der Straße Menschen neben mir an und fragten, ob sie mit mir ein Selfie machen dürften. Yens Verwandte lobten meine weiße Haut, meine hellen (braunen) Haare und meine hellen (grünblauen) Augen. Jeden zweiten Tag verbrachten wir mit Cousins oder Cousinen, Tanten oder Onkeln. Wir besuchten Museen und Pagoden und trafen uns zum Karaoke (ein Höhepunkt der Reise), aber vor allem aßen wir. Wir wurden bekocht, bewirtet, bedient, beschenkt und gefahren. In der Rückschau löst die Reise ein Kaleidoskop an Gefühlen in mir aus, besonders Bewunderung und Ärger. Ich bewundere die Esskultur. In Vietnam hat ein liebenswürdiger Mensch kein gutes Herz, sondern einen guten Magen. Ich bewundere den Aufstiegswillen der Vietnamesinnen, die Bereitschaft, zu lernen. Aber Ärger brodelt in mir, wenn ich an die Frauen denke. Vietnam ist ein patriarchalisches Land. Die Frauen müssen arbeiten, einkaufen, kochen, putzen, waschen, erziehen, pflegen – und dünn sein müssen sie auch. Obwohl die, die ich getroffen habe – in Yens Familie, im Supermarkt, auf der Straße, in Läden – bereits dünn sind. Nach europäischen Maßstäben sind es Mädchenkörper. In den Hotels empfand ich sie als mager bis anorektisch, sie schienen kurz davor, sich in Luft aufzulösen. Die Frauen aus einer Familie, mit denen wir einige Zeit verbrachten, erzählten von ihrer anspruchsvollen Büroarbeit für ausländische Firmen. Von nur zwei Wochen Urlaub im Jahr. Von den Verpflichtungen gegenüber den Eltern und den Schwiegereltern. Von den Ehemännern, die nach Feiern eher betrunken sind, während sie das Geschirr spülen. Im Zweifel per Hand. Und sie klagten, dass sie nach den Schwangerschaften zugenommen hätten. Sie fanden sich zu dick, sorgten sich ernsthaft um ihre Attraktivität. Und natürlich findet sich auch in Asien immer eine Frau, die filigraner ist als frau selbst. Und auch dort gibt es Models, an denen normale Frauen sich messen. Und befinden: Die Fußknöchel müssten eleganter sein. Der Bauch flacher. Die Haut heller. Am Statussymbol helle Haut (heißt: Diese Menschen müssen nicht auf dem Feld arbeiten, wo die Haut braun wird) verdienen internationale Kosmetikfirmen Millionen. Mein Übergewicht fühlte sich in Vietnam geradezu grotesk an. Entlastend fand ich, dass die meisten Männer kleiner und dünner waren als ich, sie schienen mir weniger Furcht einflößend. Auch Yen erlebte eine Veränderung. In Deutschland gilt ihr Körper als asiatisch-schmal. In Hanoi nahm eine Schneiderin stirnrunzelnd ihre Maße und sagte zu ihrer Assistentin: »Groß, einfach groß!« Denn mit 1,65 Meter ist Yen größer als viele Männer. Ein kleines Mädchen bemerkte: »Du bist dick!«

An dieser Stelle sollte eigentlich ein eigenes Feminismus-Kapitel beginnen. Mit den Fakten, warum Frauen Gerechtigkeit zusteht, und den Erklärungen, warum es daran hapert. Und an welchen Stellen gekämpft werden muss. Doch spätestens in Vietnam ging mir auf: Es geht kaum um Argumentation. Es ist fast alles beschrieben, erforscht, nachgewiesen, belegt. Wer Fakten möchte, findet sie beispielsweise in den folgenden Büchern: Franziska Schutzbach: *Die Erschöpfung der Frauen. Wider die weibliche Verfügbarkeit.* Eva Illouz: *Warum Liebe endet. Eine Soziologie negativer Beziehungen.* Oder: Caroline Criado-Perez: *Unsichtbare Frauen. Wie eine von Daten beherrschte Welt die Hälfte der Bevölkerung ignoriert.* Sophie Passmann: *Pick Me Girls.* Anne Waak: *Kümmern und Kämpfen. Warum Geschlechtergerechtigkeit in Erziehung und Familie uns alle freier macht.* Alexandra Zykunov: *»Wir sind doch alle längst gleichberechtigt!« 25 Bullshitsätze und wie wir sie endlich zerlegen.* Isabel Allende: *Was wir Frauen wollen.* Tanja Raich: *Jesolo.* Sabine Rennefanz: *Frauen und Kinder zuletzt. Wie Krisen gesellschaftliche Gerechtigkeit herausfordern.* Nora Ruck: *Schönheit als Zeugnis. Evolutionspsychologische Schönheitsforschung und Geschlechterungleichheit.* Ulrike Kolb: *Idas Idee.* Nicole Seifert: *Frauenliteratur. Abgewertet, vergessen, wiederentdeckt.* Steffen Mau: *Lütten Klein. Leben in der ostdeutschen Transformationsgesellschaft.*

Während die zahllosen Glücksratgeber Illusionen verkaufen, wird in diesen Werken die Realität benannt. Und die sieht, zusammengefasst, so aus: Wenn Menschen mehr Rechte und mehr Freiheiten wollen, müssen sie darum kämpfen. Denn bei Frauen profitieren zu viele nicht nur von der unbezahlten Care-Arbeit, sondern besonders von ihrer Scham, die sie auf ihre Schönheit und ihren Körper fixiert bleiben lässt und sie damit buchstäblich kleinhält. Von Kindheit an: beim Fußball und anderen Ball- und Mannschaftssportarten lernen Jungen, gemeinsam, mithilfe einer Strategie, ein Ziel zu verfolgen, mit Konkurrenz umzugehen, ein Team zu bilden und dass ihre Leistung sich lohnt. Ihre Vorbilder verdienen Millionen, ihre Währung ist Erfolg. Bei den Sportarten der Mädchen, wie Turnen, Reiten und Tanzen, ist die Ästhetik das Ziel. Treten sie bei Wettkämpfen an, dann meist allein. Und sie lernen sich um andere zu kümmern, ohne dass eine Gruppe ihnen applaudiert oder einen Pokal schenkt. Ihre Währung ist Liebe.

In Vietnam hat mich ein Paar aus der Verwandtschaft von Yen beeindruckt. Durch Fleiß und harte Arbeit (heißt: bereits in der Grundschule Zwölf-Stunden-Tage) haben sie den Aufstieg geschafft, inklusive Studium im Ausland. Nachdem sie mehrere Länder analysiert haben, wohnen sie nun in Singapur. Aus rationalen Gründen: Ihre Kinder erhalten hier eine sehr gute Ausbildung. Dreisprachig, auf Vietnamesisch, Chinesisch und Amerikanisch. So sind sie vorbereitet, je nachdem, ob China oder die USA zukünftig Weltmachtführerin wird.

Die Wissenschaftsjournalistin Mai Thi Nguyen-Kim sprach im Podcast *Rice and Shine* über das deutsche Phänomen, dass das Streberhafte, gerade bei Frauen, out sei. Gelobt werden Genies, denen das Wissen scheinbar zufällt. Selbst Lernen gilt als unromantisch, unsexy.[1] Kluge Frauen sind gefährlich.

Ob sie und ihre Körper akzeptiert werden, ist, ich stelle es mehr und mehr fest, ein gesellschaftliches Thema: Wie viel Raum darf das weibliche Geschlecht einnehmen? Es kann sein, dass es bei mir dauern wird, bis ich zu mir stehen kann. Zu früh hat sich die Gewalt in meinem Gehirn verwurzelt. Auch werde ich nie frei sein von den Normen meiner Umgebung. Was ich aber tun kann: meinem Verstand mehr zuhören als meinem Gefühl – und meinen Beitrag leisten, dass Frauen endlich gleichberechtigt werden: politisch, finanziell, sozial, emotional, sexuell. Und deshalb werde ich als Nächstes an einem Kurs für orientalischen Tanz teilnehmen.

1 https://www.zeit.de/gesellschaft/2022-03/mai-thi-nguyen-kim-rice-and-shine-podcast.

Mutprobe: Bauchtanz: Shakira und ich

Bereits zehn Minuten nach dem Beginn passiert etwas Erstaunliches: Ich kann mich in einen Mann hineinversetzen. Oder in eine lesbische Frau. Beides kommt selten vor. Aber jetzt: Denn Amiras Busen ist einfach zu schön. Wichtiger als die Größe (ich schätze B- oder C-Körbchen) ist die Art, wie die Kursleiterin ihn präsentiert. Sie steht gerade, nimmt die Schultern zurück und reckt den Busen nach vorn. Als die orientalische Musik einsetzt, bewegt sie die Schultern vor und zurück, sodass die Brüste sich wellen. Dabei hat sie – ich vermute, dass sie Ende zwanzig ist – weder eine perfekte Figur noch ist sie vorteilhaft gekleidet. Zum Bustier trägt sie eine dreiviertellange enge Sporthose und Socken. Um die Hüfte hat sie ein dreieckiges, pinkfarbenes Tuch aus Tüll mit silbernen Plättchen geknotet, die bei jeder Bewegung rasseln.

Wir dürfen uns eines ihrer mitgebrachten Tücher aussuchen, in Königsblau, Orange oder Violett. Mir passt keines. Ich passe nicht. Es schmerzt derart, dass ich nach dem Kurs zu einem Discounter gehe, zwei Tafeln Schokolade kaufe und sofort aufesse. Vor Ort löse ich die Situation, indem ich zwei Tücher zusammenbinde und versuche, mir nicht anmerken zu lassen, dass meine Frustrationstoleranz zusammen mit der mangelnden Impulskontrolle in den Keller rauscht.

Als ich im Bekanntenkreis erzählte, dass ich mich zum Bauchtanz angemeldet habe, sagten alle: »Toll!« Und: »Da treffen sich ja die molligen Frauen!« Diese Vermutung erweist sich als Irrtum. Aber als lehrreicher. Was westliche Augen bei Bauchtänzerinnen sehen, erscheint mollig, weil sie weit weg sind von Toni Garrn oder Rebecca Mir. Ihre Kurven entstehen durch Kleidung. Der Hüftspeck oder die kräftigen Arme der Bauchtänzerinnen wirken rundlich, weil die Frauen diese Körperteile nicht kaschieren, sondern betonen. Welche hiesige Frau würde den Rockbund auf die breiteste Stelle ihrer Hüfte setzen, sodass der weiche Bauch gut zu sehen ist und schwingt? Ein Video auf Youtube zeigt Helene Fischer gemeinsam mit einer Gruppe von Frauen beim orientalischen Tanz. Es wirkt nicht überzeugend: Die Sängerin ist ausgebildete Musicaldarstellerin, sie baut in ihren Shows Akrobatik mit ein, dafür braucht sie Kraft und Kondition. Ihr Körper ist der einer Sportlerin, muskulös und gestählt, nicht unsexy, aber alles andere als sinnlich.

Der Workshop von Amira findet im Saal eines Hamburger Kulturvereins statt. Die anderen Teilnehmerinnen sind schlank oder füllig – aber nicht dick. Wir knoten die Tücher um die Hüfte, ich stelle mich in die letzte Reihe. Zuerst setzen wir die Füße ein wenig vor und zurück, wie bei einer Salsa. Die Körpermitte bewegen wir intensiv in alle Richtungen, die Hüfte zur Seite, nach vorn und nach hinten; halb gekickt, halb geschwungen. Dazu kleine und große Kreise. Schnell schmerzt der Bauchnabel, ein unbekanntes Gefühl.

Amira spricht sehr gut Deutsch, mit charmantem Akzent, wie manche Profitänzerinnen von *Let's Dance* ruft auch sie: »Chüfte! Chüfte!« Sie geht herum, legt bei einigen die Hände oberhalb des Pos auf das Becken und führt uns steife Hamburgerinnen zur Geschmeidigkeit. Mir nickt sie nur zu – ha! Auch beim Kampfsport ist der Hüfteinsatz unverzichtbar. Oder ekelt sie sich vor mir? Jedenfalls geht es nicht nur darum, allein die Hüfte einzusetzen. Die Hände muss ich noch wie beim Flamenco eindrehen, dabei mit den Armen Schlangenbewegungen machen und mit den Schultern den Busen zum Schwingen bringen. Anschließend sollen wir wie ein Aal zittern und die Haare zur Seite werfen.

Während wir in der Pause Wasser trinken, erzählt Amira, dass dieser orientalische Tanz (ursprünglich ein Fruchtbarkeitstanz) je nach Land zu unterschiedlicher Musik mit verschiedenen Techniken getanzt wird. Danach formieren wir einen Kreis, die Atmosphäre wird intimer. Amira bewegt sich so erotisch, dass sich die Luft im Raum auflädt. Sie steckt uns an, plötzlich fühle auch ich mich attraktiv. Mit dieser Laszivität, die mich mit einschließt, habe ich nicht gerechnet. Als, mit zwölf, mein Sehnen nach Verführung begann, erlebte ich oft, dass das, was ich auslöste, nicht das war, was ich wollte: Sexualität *und* Bindung. Auch war ich nicht vorbereitet auf die Grausamkeiten im Internat. Zu den harmloseren Erfahrungen gehörte, dass einige Jungs den Mädchen im Vorbeigehen in die Brustwarzen kniffen und sie fest drehten – um dann gemeinsam über das »Radio« zu johlen.

Wo kann ich mich heute trauen zu verführen – aber sicher? Wo finde ich Männer jenseits von Sugardaddys und *Layla*?

»Eine letzte Runde!«, ruft Amira in die Gruppe und klatscht auffordernd in die Hände. Dass mir kein Tuch passte, lässt mich nach dem Kurs weinen. Aber davon abgesehen hat mir Bauchtanz Spaß gemacht, in diesem sicheren Raum, unter Frauen, konnte ich mich ausprobieren. Ein Hoffnungsstrahl.

Mutprobe: Neben Influencerinnen auf Zypern

Sexy Hexy stellt sich auf einem unebenen Felsen auf die Zehenspitzen und drapiert beide Arme über den Kopf. Hinter ihr flimmert das Mittelmeer wie ein riesiger Türkis bis zum Horizont. Sie schiebt den Schmollmund in Richtung Handy, zu ihrer Freundin. Blickt über die Schulter kokett in die Kamera und streckt den leicht von Sand bestäubten Po heraus. Ihre Posen wechselt sie so routiniert, als würde sie seit der Grundschule *Germany's Next Topmodel* (oder das Pendant aus England/Amerika/Schweiz/Schweden) anschauen, was vermutlich zutrifft. Ihr Overacting betrachte ich mit einer Mischung aus Amüsiertheit und Fremdschämen. Aber vielleicht ist die hübsche junge Frau, ich schätze sie auf Mitte zwanzig, eine erfolgreiche Influencerin. Nun macht sie mit ihrer Freundin Selfies. Beide tragen die langen Haare offen, goldene Kreolen und dunkle Sonnenbrillen. Auch die Freundin präsentiert ihren Hintern in einem Bikinihöschen, das eher ein Stringtanga ist, ein Dreieck bedeckt das Steißbein und den Ansatz der Pobacken, der Rest zieht blank. Die beiden Frauen wissen es nicht, aber: Ihretwegen bin ich hier.

Ende August 2023 reise ich für eine Woche nach Zypern, die drittgrößte Insel im Mittelmeer. Ich wohne in einem Hotel am Nissi Beach, der Strand gehört zu den beliebtesten auf Instagram. Hier will ich Reise- und Lifestyle-Influencerinnen live erleben, erfahren, wie sich meine Selbstwahrnehmung verändert, wenn ich von aparten Frauen umzingelt bin, die sich und die Bucht auf Fotos arrangieren.

Ich zeige mich, also bin ich

Instagram und Co. stellen Körperbilder und Schönheitsideale auf den Kopf. Es erstaunt mich, wenn ich Menschen treffe, die den sozialen Medien mit einer Bugwelle voller Vorurteile begegnen. Sie scheinen zu glauben, dass alles, was online ist, jenseits der »normalen« Welt existiert, ignorierbar ist, da ein (vermeintliches) Randphänomen. Die Ablehnenden reagieren oft verdutzt, wenn sie erfahren, was X (früher Twitter), Youtube, Facebook, Instagram, Tiktok, Twitch, LinkedIn und Pinterest bieten. Oder wie weit das Digitale und Analoge bereits verzahnt sind. Natürlich verbreiten sich in vielen Medien oberflächliche und skurrile Inhalte schnell, doch auf Social Media finden sich genauso kulturelle Nachrichten. Der Reiz besteht auch darin, dass mehr mitmachen können; einen Account einzurichten ist günstig und unkompliziert. »Potenziell haben die neuen Medien eine *demokratiefördernde* Wirkung, weil sie der Mehrheit der Menschen ungehinderten Zugang zur Öffentlichkeit gewähren, der ihnen früher verwehrt geblieben war; sie bieten Foren, auf denen Ansichten über Gott und die Welt vorgetragen und diskutiert werden können«, schreibt der Psychotherapeut Martin Altmeyer in *Auf der Suche nach Resonanz. Wie sich das Seelenleben in der digitalen Moderne verändert.*[1]

Weder entscheiden nur die Reichen, Berühmten und Mächtigen über die Inhalte, noch fungieren einzig die Eliten als Gatekeeper. Anonym zu bleiben ist trotzdem möglich. Um zum Beispiel Teil der Buchszene (Bookstagram/Booktok) zu werden, muss niemand ein Foto von sich zeigen oder

1 Martin Altmeyer: Auf der Suche nach Resonanz. Wie sich das Seelenleben in der digitalen Moderne verändert. Vandenhoeck & Ruprecht 2016, S. 29.

den echten Namen angeben. Social Media bietet Raum für nahezu jeden Lebensbereich: ob Kunst oder Küche, Rasenmäher oder Trockenblumen, Essstörungen oder Plus-Size-Mode. Typisch ist allerdings die Vermischung von privat und beruflich: Influencer sind häufig selbst das Produkt, das beworben wird. Die Möglichkeit der Manipulation ist daher höher. Die Follower sollen glauben, dass Influencerinnen nur für etwas Reklame machen, was sie begeistert. Das Schlagwort ist Authentizität – je realistischer diese arrangiert wird, desto erfolgreicher. »Was Werbung ist und was nicht, wird nicht bloß (trotz Kennzeichnungspflicht) schwieriger zu durchschauen, es ist auch immer mehr Menschen schlichtweg egal. Alles ist Unterhaltung, alles ist Werbung, und alles kann zur Ware werden – auch das eigene Ich«, so die Wirtschaftspodcaster Ole Nymoen und Wolfgang M. Schmitt in *Influencer. Die Ideologie der Werbekörper*.[1]

Es gibt Plantfluencer (Pflanzen), Gamefluencer (Videospiele), Foodfluencer (Essen), Greenfluencer (Nachhaltigkeit), Techfluencer (technische Geräte), Kidfluencer (Kinder) oder Sinnfluencer (für soziale Gerechtigkeit). Ihre Honorare hängen vom Image und der Reichweite ab, also von der Anzahl ihrer Follower. Durch Social Media scheint der alte Popstar-Traum zum Greifen nahe: Um Millionärin zu werden, muss man nicht mehr Teller waschen. Bibi Claßen (Kosmetik), Sophia Thiel (Fitness/Essstörung) oder Chaosflo44 (Gaming) sind für Digital Natives Idole, sie sind berühmt wie früher Elvis, Queen, Abba oder die Spice Girls.

1 Ole Nymoen und Wolfgang M. Schmitt: Influencer. Die Ideologie der Werbekörper. Suhrkamp 2021, 6. Aufl., S. 9 f.

Die Rubensfrauen von heute

Wer erfolgreich sein will, muss am Anfang unbezahlte Arbeit investieren, um eine einzigartige Ich-Marke zu erfinden und diese unterhaltsam und kreativ zu inszenieren. Der Content, also der Inhalt, kann Talent, das eigene Kind, die Katze, das Klavierspiel – oder der Körper sein. Für mich ist das ein Segen. Denn endlich sehe ich in der Öffentlichkeit runde Frauen, die bisher in der Werbung oder in den gedruckten Medien selten oder nie abgebildet werden. Die nicht jung, *weiß*, glatt, dünn, groß und symmetrisch in einem sind. Übergewichtige führte höchstens der Boulevard vor, eine visuelle Prägung, die in mir weiterwirkt. Damit sie sich ändert, folge ich auf Instagram Frauen, die die Kriterien für Plus Size erfüllen. Mindestens! Unter ihnen sind Privatpersonen, die beispielsweise ihr Lipödem oder ihre Adipositas zum Thema machen. Aber auch Prominente wie die Models Angelina Kirsch, Ashley Graham, Julia Kremer, Dascha Carriero und Precious Lee. Ich folge der österreichischen Autorin Magda Albrecht, der Yogalehrerin Sophie Schwarz und der US-amerikanischen Professorin Roxane Gay. Der Comedienne Nicole Jäger und der Autorin und Influencerin Jana Crämer.

Natürlich *wusste* ich immer, dass es dicke Frauen gibt, aber sie täglich zu sehen, mal vorteilhaft zurechtgemacht, mal ungefiltert, entlastet mich. Die Bilder mit weichen Bäuchen, mächtigen Hintern, Schwangerschaftsstreifen und üppigen Dekolletees geben mir das Gefühl, nicht allein zu sein. Ähnlich empfand ich es, als ich mir in München in der Alten Pinakothek und in Berlin in der Gemäldesammlung meterhohe Gemälde des flämischen Malers Peter Paul Rubens (1577–1640) ansah: darauf Frauen mit Speckfalten, schlabberigen Oberarmen und asymmetrischen Brüsten. Nur: Das damalige Schönheitsideal liegt mehrere Jahrhunderte zurück. Die Influencerinnen beweisen, dass es heute einen Gegenentwurf zu den operierten Puppengesichtern gibt. Gerade weil sie, mutiger als ich, sich auch in Unterwäsche und Bademode zeigen. Mich bestärkt auch deren Haltung zu Mehrgewicht, weil sie Lebensbereiche erobern, von denen nicht wenige sie ausschließen wollen: wie Kultur, Sport, Yoga, Mode, Werbung und politische Einflussnahme. Alle diese Frauen zeigen: Wir sind nicht länger unsichtbar. Dank ihrer Social-Media-Reichweite mit 500 000 Followern und mehr kann die analoge Welt sie nicht ignorieren, sondern macht ihnen Platz und hört ihnen zu. Endlich! Der Trend begann in den USA, in den Siebzigern, unter dem Namen Fat Acceptance. Treffen wurden initiiert, Artikel, Bücher und Manifeste geschrieben, Daten erforscht, Gesellschaften geschaffen. Durch die sozialen Medien verbreitete sich der Hashtag #bodypositivity weltweit.

Nun gehöre ich zu einer Gruppe, die täglich sichtbar macht, dass das weibliche Geschlecht, also die Hälfte der Menschheit, nicht per se unzureichend ist. Social Media hilft mir, weil die #fatfluencer mutiger sind als ich. Eigentlich wollte ich einen neuen Account anlegen und mich ehrlich beim Sport zeigen. Bisher habe ich mich nicht getraut. So bin ich auf Instagram nur in der Buchszene aktiv, zeige Fotos von mir bei Lesungen, Vorträgen oder bei der Recherche. Ohne Filter und ohne Photoshop. Im Alltag aber bleibe ich meist allein unter Dünnen.

Posen am Nissi Beach

Deshalb wollte ich dorthin, wo digital und analog sich treffen, am Hotspot der Influencerinnen: Nissi Beach. Ob die Beauty-Szene mit ihren Barbie-Körpern die Badebuchten kapern und die Normalos verdrängen? Oder trauen sich mehr Unperfekte den Liegestuhl zu? Stören Menschen wie ich? Oft werden Influencer für Overtourism verantwortlich gemacht, da sie mit Bildern von Reisezielen die Welt fluten, was zu Müll vor Ort und verstopften Straßen führt. Wie wird es auf Zypern sein?

Von der Nissi Avenue führen kurze, mit Palmen, flammend rotem Hibiskus und süß duftenden Frangipaniblüten gesäumte Stichstraßen zu den Hotels. Nissi Beach ist etwa 500 Meter lang. Die Hotels klotzen nicht in die Landschaft wie die Bettenburgen in Agia Napa; die rund fünf Kilometer entfernte Stadt ist eine Partyhochburg und gilt als Ballermann Zyperns. Die kleine Halbinsel Nissi Island ist bei Niedrigwasser zu Fuß durchs Meer erreichbar und schreit förmlich: »Hallo, ich bin ein fantastisches Motiv!« Wer barfuß den Felsen hinaufklettert, bekommt eine prachtvolle Perspektive über die Bucht, das südeuropäische Licht lässt den hellen Sand strahlen wie auch das zwischen Blau und Grün glimmende Meer. Palmen rahmen die Bucht, ebenso knallpinke Bougainvillea, Seelilien und Oleanderbüsche, die zu den Hotelgärten und Bungalows gehören. Auch die Pools werden von Palmen eingefasst.

Bereits am zweiten Tag werfe ich meine Vorgehensweise über Bord: Es ist zu heiß. Selbst am Meeressaum glüht die Sonne bis abends, sodass ich vom Hotel nicht, wie geplant, bis ans andere Ende der Bucht auf dem Mosaiksteinweg oder dem Sand spaziere. Stattdessen schwimme ich durch die

Bucht. Über meinen Badesachen trage ich ein T-Shirt, da ich mir am ersten Tag prompt die Schultern verbrannt habe.

Im Laufe der Woche sehe ich mehr schlanke als dicke Menschen, aber niemand blickt mich missbilligend an, als ich klatschnass die Halbinsel hinaufwandere. Ich fühle mich nicht selbstbewusst genug, um mich als Autorin zu outen und Fragen zu stellen. Die Idee, abends eine der Bars zu besuchen und dort die Fotosüchtigen anzusprechen, streiche ich auch: zu heiß. Die erträglichen Stunden beginnen um sechs Uhr morgens, bereits um neun Uhr gleißt die Sonne mit 30 Grad.

Früh aufstehen heißt: früh ins Bett. Daher wird meine Recherche aus Beobachtung bestehen. Was als Erstes auffällt: Kaum eine Frau trägt *keine* Brazilian-Bikinihose. Der Po als exponierte erogene beziehungsweise sexuelle Zone erinnert mich an die Paviane mit unbehaarten, knallroten Hinterteilen, die Weibchen zeigen damit ihre Paarungsbereitschaft, die Männchen Wut, Dominanz oder Erregung. Außer Jessamyn Stanley sehe ich selten eine Frau mit meiner Kleidergröße in knappen Höschen – und obwohl ich Stanleys Mut bewundere, stutze ich angesichts der Ausmaße bei jedem Foto.

Tag für Tag schwimm-plansche ich von der Ost- zur Westküste, klettere den schmalen Pfad auf Nissi Island hoch und setze ich mich auf einen Felsbrocken. Jeden Tag tummeln sich hier die Posiererinnen, die von einer Freundin oder ihrem Partner per Handy abgelichtet werden. Vom Ufer wummert Musik herüber – *Bella ciao, bella ciao, bella ciao, ciao, ciao …*

Dass die Brazilian-Frauen keine Urlaubserinnerungen beabsichtigen, ist am Styling zu erkennen: exaltierte Sonnenbrillen. Ohrringe groß wie Mokkatassen. Kaskaden von Ketten. Klimpernde Armreifen. Drei Zentimeter lange Gel-Fingernägel. French Manikure an den Fußnägeln. Auch ihre Posen sind *instagrammable*. Die Hände bilden unter dem Kinn ein V. Der Körper mit Hohlkreuz und rausgestrecktem Po ein S. Sie erinnern mich an Caro Daur und Rebecca Mir. Kommt es auf den Busen nicht mehr an? Vielleicht, weil dieser schrumpft, je dünner und trainierter eine Frau wird? Träumen diese Frauen von den Hunderttausenden Followern der Prominenten? Jetzt wagen sich zwei asiatisch gelesene Frauen gefährlich weit an den Rand vor, auch wenn ein zwei Meter großes Schild in mehreren Sprachen davor warnt.

Am dritten Tag kommt meine in Cornwall lebende Freundin Rebekka mit ihren Kids aus einer Nachbarbucht zu Besuch, sie sind zufällig gleichzeitig auf Zypern. Auch ihr fällt der Po- und Foto-Kult auf, bei jeder Inszenierung sagen wir »Guck mal« und grinsen. Aber was, wenn das auffällt? »Nicht, dass wir jemandem auf die Füße treten«, sage ich zu ihr. »Wir brauchen ein Codewort!« Rebekka, die in Frankfurt groß geworden ist, hat mir hessische Worte beigebracht. Unter anderem: Bobbes. Der Po. Er ist wirklich überall. Als wir mit einem Mietwagen die Gegend erkunden, sehen wir eine Frau, die knapp bekleidet ein Fahrrad den Berg hochschiebt. »Bobbes-Alarm!«, ruft Rebekka. Am Limnara-Strand scharwenzeln ein paar britische Boys und Girls umeinander, die Jungs tragen kurze, weite Hosen, die Mädchen gehäkelte und getigerte Brazilian-Slips: Bobbes. An einem Abend fahren wir zum Kap Greco, der imposante, karstige Felsen bildet den östlichsten Zipfel Zyperns. Auf dem Gipfel: der perfekte 180-Grad-Blick über Land und Meer bei Sonnenuntergang – und eine kühlende Brise.

Während wir uns auf die Felsen hocken und Tomaten und Gurke für das Picknick aus der Tasche holen, zücken die Poser ihre Handysticks. »Bobbes!«, bemerkt Rebekkas Teenager-Tochter nüchtern, wieder müssen wir lachen. Ein Paar schmiegt sich dekorativ aneinander und jubelt dem Kameraobjektiv zu. Sie trägt, auch das sehe ich hier häufig, ein Bikinioberteil, an dem eine glitzernde Kette befestigt ist, die in Wellen den Bauch verziert. Auf Instagram zeigt sich Profitänzerin Christina Hänni damit. Neben uns klettert ein etwas zu muskelbepackter Mann in etwas zu engen Shorts über die Kuppe. Er klemmt sich, dem Abgrund nahe, zwischen zwei Felsen, schiebt die Sonnenbrille in die gegelten Haare, hält den Handystick vor sein Gesicht, lächelt breit und redet hinein. Sind wir wegen unterlassener Hilfeleistung dran, wenn der runterfällt?

Als die dunkelrote Sonnenkugel am Horizont untergeht und der Pastellkreidehimmel sanft nachdämmert, packen die meisten zusammen. Wir dagegen sinken in die Ruhe. Der Wind umschmeichelt die sonnengetränkte Haut. Ein komplett anderes Körpergefühl als in Hamburg, weit intensiver. Vom Kap Greco reicht der Blick bis zu den roten Lichtpunkten am Dach des East Tower an der Marina von Agia Napa. Unten auf den Sandwegen lärmen ein paar Quads.

Als es dunkel wird, laufen wir sonnenmüde auf dem weißen, vom Mond beschienenen Schotterweg zum Auto.

Auf Zypern sehe ich Rebekka nach Jahren wieder in Badesachen, ungeschminkt, die blonden Islandponyhaare von Wind und Sonne gezaust, im Hängerchenkleid und in Flipflops. Sie hat den schlanken Körper einer Frau über vierzig, die zwei Kinder geboren hat. Von ihren perfekten Zähnen über die Leberflecken bis zu den Fältchen um die blauen Augen rührt mich die Authentizität im Kontrast zu den Inszenierungen der Instagram-Bilder, die durch die Filter noch unnatürlicher wirken. Aus sich selbst ein poliertes Ich-Marketing zu machen erscheint mir abstoßend. Oder urteile ich zu hart? Ich habe nicht die Voraussetzungen, um so mein

Geld zu verdienen. Dafür hat mein Bedürfnis nach Wahrhaftigkeit bisher keine finanziellen Vorteile gebracht – was in Bezug auf das Alter ein Problem ist. Ist es nicht eher normal, dass die junge Generation es anders macht als die alte, auch wenn die sich empört? Leiden diejenigen weniger unter dem Kapitalismus, die seine Chancen ergreifen? Sich mit Herder, Kant und Schiller über die Jugend zu erheben fällt leicht, wenn die Schäfchen im Trockenen sind (meisterhaft gespielt von Christoph Maria Herbst in *Der Vorname* und *Der Nachname*).

Ein bisschen Leichtsinn kann nicht schaden

Die Zypern-Reise lehrt mich, dass ich nicht weniger von Social Media möchte, sondern weniger Unterhaltung. Und wenn, dann in Richtung der Comedian Harmonists. An meinem Alter könnte es liegen, dass ich auch weniger auf Bildschirme schauen möchte. Nicht nur, weil ich erschrak, als ich die Fotos sah, die Rebekka am Kap Greco von mir gemacht hat. Unvorteilhaft, aber hitzetauglich trage ich Shorts und ein atmungsaktives Shirt, die Haare zum Dutt gebunden, die Ponysträhnen mit einer Klammer fixiert, dick eingecremt mit Sonnencreme. Mein Kopf und meine Fesseln wirken schmal, dazwischen sehe ich stämmig aus. Wo bin ich, unter der Masse? Zumal ich mich hier leichter fühle, ich esse weniger und gesünder, viel Obst. Zudem hilft es, dass nicht an jeder Ecke Essen verkauft wird! Sonne, Strand und Meer füttern meine Seele. Mittags fliehe ich vor der Gluthitze und sitze im Foyer des Hotels am Rechner und arbeite. Im Liegestuhl, unter dem Sonnenschirm, lese ich Fachbücher. Mehrere Stunden des Tages verbringe ich im Meer, in einer Mischung aus Schweben und Beobachten. Ich stehe bis zu den Schultern im Wasser, breite die Arme aus wie bei einem Clubsessel. Mit den Fußballen stoße ich mich vom Boden ab, die sanften Wellen schaukeln und halten mich. Es fühlt sich frei an, konträr zu den Fotos vom Kap Greco. Die Gedanken fließen wie in Trance ineinander.

Neben mir versuchen drei junge Schwedisch und Arabisch sprechende Männer, ein Dreieck zu bilden, um sich einen Ball zuzuwerfen. »Hitta dit, jalla!«, ruft der eine dem anderen zu und lacht, geh da rüber, los! Ihre Haut hat die Farbe von Mahagoni. Ob sie sich attraktiv finden? Oder der Mann mit dem Stiernacken, krebsrot verbrannt – hält er das für männlich? Im Hotel habe ich eine Frau im Rollstuhl gesehen. Wo sonnt sie sich? Im Wasser sehe ich Menschen mit Cellulite. Plauzen. Pigmentflecken. Geheimratsecken. Aknenarben. Hörgeräten. Krampfadern. Augenringen. Narben am Blinddarm, am Schambein, am Brustbein. Altersflecken. Als Kontrast: Bobbes ohne Ende. Die Einzigen, die perfekt aussehen, sind die Kinder und Jugendlichen. Rebekkas Tochter ist vierzehn. Ist ihr bewusst, wie hübsch sie ist? Sie hat makellose glatte Haut, ist sehr dünn, aber mit sanften Rundungen. Keine Spuren einer erwachsenen Frau. Warum sollen Frauen wie Mädchen aussehen? Wann beginnt Pädophilie? Wann Gewalt? 2023 fand im Internat das dreißigjährige Abitreffen statt. Ich entschied mich, nicht dorthin zu fahren. Weil ich nie in diese Gruppe gepasst habe. Und weil ich ihre Gewalt bis heute fürchte. Wo lernen Zwölfjährige Sadismus gegen das weibliche Geschlecht? Hat ihre Quälerei ein Ziel, nämlich dass Mädchen nicht zu selbstbewussten Frauen werden? Mindestens drei meiner ehemaligen Mitschüler, heute gut situierte Männer, würde ich gern verprügeln. Weil sie, wie einige übergriffige Lehrer, einfach davongekommen sind.

Ob ich doch noch eine Influencerin interviewe? Am letzten Morgen erreiche ich um sechs Uhr früh Nissi Island. Außer mir ist niemand hier, keine Profi-Influencerin.

Ich bin nicht perfekt. Und ich arbeite auch nicht daran!

Mein Fazit nach einer Woche Zypern: Am Strand traf ich Insta-Jüngerinnen *und* ungefilterte Menschen. Auch ich fand hier einen Platz. Ich wünsche mir, dass die Doktrin, Frauen hätten vor den Sommerferien eine Bikini-Diät zu machen, begraben wird. Es wird Zeit, dass wir uns von der Bodyshaming-Industrie befreien. Statt Lippenstift hat mir das Körperliche auf Zypern geholfen. Jeden Tag baden. In der Nacht das Glühen der Haut. Ich fühlte mich satt und zufrieden. Traurig stehe ich am Flughafen Larnaka in der Schlange. Ich betrachte die anderen Frauen und weiß, dass die meisten von ihnen etwas an sich bemängeln. Der Busen zu klein. Dünne Haare. Reiterhosen. Kräftige Fesseln. Breite Hüften. Sie beurteilen sich streng, weil ihnen beigebracht wurde, dass sie sich mit 90–60–90 vergleichen müssen. Und mit jeder Frau, die dünner, hübscher ist. Wir alle haben eine Kollegin, Schwägerin, Tante, Schwester, Freundin, Mutter, Nachbarin mit längeren Beinen, schmalerem Rücken, größerem Busen.

Im September, zu Hause, besuche ich das Freibad um die Ecke. Auch hier: hübsche, aber unzufriedene Frauen. Die deshalb an sich arbeiten. »Werde die beste Version deiner Selbst« ist in Mode. Karoline Herfurth, Schauspielerin und

Regisseurin, sagte es 2022 im Podcast von Barbara Schöneberger richtig[1]: Wie wäre es, den Fokus zu ändern? Weg von Schönheitsidealen, sexueller Verfügbarkeit. Hin zu leben statt optimieren, sein statt werden. Kultur statt Konsum.

1 https://www.barbaradio.de/podcast-210-karoline-herfurth.

9
Liebe und Partnerschaft: Junge, komm bald wieder!

Mit ungefähr hundert anderen schmettere ich *Sing Hallelujah!,* eine von ihnen ist Christine. »Mallorca 95!«, ruft sie und grinst. Wir setzen in die Tat um, worüber wir seit Jahren reden: mal wieder feiern gehen! Christine und ich lernten uns zwischen dem zweiten und dem dritten Stock kennen. Obwohl sie nicht mehr im selben Haus wohnt, wird sie meine Lieblingsnachbarin bleiben: Sie ist charmant, hilfsbereit und großherzig.

Mutprobe: Ü-40-Party in Hamburg

Diese Party besuchen wir, weil sie um 20 Uhr beginnt, Christine muss wegen ihrer Kinder auch sonntags früh raus. Abgesehen von der Uhrzeit und den flachen Schuhen hat sich für uns nichts geändert (falsch gedacht). Wir wollen den Alltag ausblenden und nette Männer kennenlernen. Am Empfang bietet uns der freundliche Typ Päckchen mit Ohrstöpseln an: »Die sind kostenlos!«, sagt er. Ohrstöpsel? Toll! Wir greifen überrascht zu und treten in den Hof. Er ist umgeben von Backsteingebäuden aus der Gründerzeit, das Kulturzentrum war ursprünglich eine Chemiefabrik. Nach *Sing Hallelujah!* wummern weitere *Bravo*-Hits von früher aus den Boxen. Wir drehen uns ausgelassen zu *Africa* und *Like Ice In The Sunshine,* die Refrains beherrschen wir dreißig Jahre später noch perfekt. Neben uns knutschen zwei Frauen, eine im Kleid im Sixties-Style mit Glockenrock und dazu zierlichen Mary-Janes, die andere erinnert an die Moderatorin Dunja Hayali. Ach, ich möchte auch knutschen.

»Was willst du trinken?«, fragt Christine und schiebt sich in Richtung Bar. Sie kommt mit Wasser und Apfelschorle zurück. Bio. Mit den Pfandflaschen aus Glas stoßen wir an und lachen, Plastikbecher mit lauwarmem Bier sind offenbar passé. Jetzt spielt der DJ *Conga*. Mein Blick bleibt an ihm hängen: Irgendwas stimmt nicht. Oh. Hinter dem Pult steht ein Mann mit grauem Vollbart und randloser Brille, das karierte, kurzärmelige Hemd spannt über dem Bauch. Ich vermute, dass er keine Drogen nimmt, sondern im Baumarkt über Gewindemuffen fachsimpelt. Auch die Tanzenden sehen anders aus als früher. Ein Mann mit Iron-Maiden-Shirt trägt zwei Bier an uns vorbei; Roadie, klar, nur fehlen ihm irritierend viele Haare. Noch etwas fällt auf: Die Frauen zeigen sich erstaunlich bekleidet. Kein Rock ist kürzer als zum Knie, keine Dekolletés. Ich sehe mich weiter um und stelle fest: Das häufigste Accessoire sind Brillen! Nicht mit quietschbunten Gläsern und Glitter, wie Popstar Elton John sie trägt, sondern schlichte Modelle. Ich sehe Umhängetäschchen statt Glitzer-Bags. Peter vom *Kliff* auf Sylt hat recht, Glamour verändert die Atmosphäre – und Glam fehlt hier. Auch fühlt sich die Neunziger-Nostalgie zwiespältig an. Sind wir von gestern? Wie wäre es mit Songs von Billie Eilish, Taylor Swift und Ed Sheeran? Oder tanzen dazu nur Teenager?

Etwas später kommt Christine strahlend von ihrem Ausflug zum Klo zurück. »Die sind blitzsauber«, erzählt sie. »Und es gibt sogar genügend Toilettenpapier.« Wow! Eine dem Alter entsprechende Party hat Vorteile. Ich war eh nie der Festival-Typ, der sich auf matschigen Wiesen in Dixi-Toiletten zwängte, während die betrunkene Meute draußen am Türknauf rüttelte. Hier grölt niemand oder übergibt sich gar. Wie schön!

Wir machen Pause und gehen nach draußen. Die Zeit schwebt zwischen Nacht und Tag, der Halbmond grüßt. Lampen hängen in den Bäumen, Sommer liegt in der Luft. Wir studieren das Angebot des Foodtrucks: gegrillte Champignons. Eine leichte Alternative zu Bratwürsten. Ha!

Als wir zwei Stunden später gehen, liegen die Jacken dort, wo wir sie hingelegt haben. Von der Haltestelle aus sehen wir, wie sich das Kulturzentrum leert. Viele wollen offenbar vor Mitternacht zu Hause sein. Die Mittelalten setzen ihre Helme auf und steigen auf die Fahrräder. Cool? Das nicht. Aber es hat Spaß gemacht.

Wer will mich? Oder: Wen will ich?

Auf dem Weg nach Hause denke ich über die Männer des Abends nach. Die meisten sahen sympathisch aus. Christine wurde offensiv angetanzt, nicht immer zu ihrer Freude. Mit mir hat leider niemand geflirtet. Es bestätigt meine Überzeugung, dass Männer mich (sexuell) nicht anziehend finden: Ich erlebe es nicht. Selten frage ich mich, wer eigentlich mir gefällt. Mir fehlt das Sprudelnde in meinem Leben. Und die beruhigende Gewissheit, es mit jemandem gemeinsam zu bewältigen. Aber da ich als nicht als sexy gelte, halte ich mich mit Flirts zurück. Ich fürchte, dass sich jemand über mich lustig macht.

Nachgedacht habe ich in den letzten zehn Jahren über fünf unterschiedliche Männer. Vielleicht ist das das Problem? Gehe ich zu verkopft an die Sache heran? Denn verliebt habe ich mich nicht. Meine letzte längere Beziehung brachte mich buchstäblich an den Rand des Wahnsinns. Seitdem schütze ich mich. Ich weiß, dass ich mich seelisch weiterentwickelt habe, mithilfe eines feministischen und erfahrenen Therapeuten. Ich bin dankbar, dass das Klinikteam mich entschlossen in meinem weiblichen Menschsein bestärkte, wie ich es nie zuvor erlebt habe. Aber vor Verliebtheit, die kopflos macht, oder starker sexueller Anziehung fürchte ich mich. Denn ich weiß, wie bedürftig ich bin, wie verführbar; meine Sehnsucht nach Liebe und Berührung ist riesengroß. Es wäre möglich, dass ich wie ein Reh in der Brunft vors Auto renne.

Das Unbewusste ist stärker: Wir lieben, was wir kennen

Auch weiß ich heute mehr über den Ursprung der Gefühle. Niemand verliebt sich einfach so, wir werden vom Unbewussten gesteuert. Das Sich-Verlieben beruht, wie auch die Liebe auf den ersten Blick, auf unserem impliziten Beziehungswissen, das wir in den ersten Jahren mit unseren Bezugspersonen – Eltern, Familie, Erzieherinnen, Lehrerinnen, Tagesmütter – in unzähligen Situationen erfahren und verinnerlichen. Begegnen wir anderen Menschen, schwingt unsere gesamte Lebensgeschichte immer mit. Eine ähnliche Situation, Geste oder ein Blick, der so ist wie damals, reichen: Die Chemie stimmt, es funkt. Im Guten wie im Schlechten. Die Kinder von Alkoholkranken finden oft mit schlafwandlerischer Sicherheit süchtige Partnerinnen, inklusive der alkoholkranken Herkunftsfamilie. Menschen mit Bindungsstörungen verlieben sich oft in ihresgleichen. Wer immer an den Falschen oder die Falsche gerät, folgt keiner bewussten

Wahl, sondern dem unbewussten Muster. Uns zieht an, was unser Gehirn als bekannt und vertraut gespeichert hat.

Masters of Sex: Die Spaltung in männliche und weibliche Sexualität ist ein Klischee, ein Mythos

In den vergangenen zehn Jahren durchlebte ich mit zwei Männern kurze Affären. Den einen lernte ich über die Arbeit kennen (Hamburg), den anderen in einem Club (Stockholm). Es begann brausepulverig. Ich spürte, wie sehr ich den männlichen Körper, seinen Geruch und den Cha-Cha-Cha des Flirts vermisst hatte. Leider ging ich deswegen über meine Grenzen. Nicht extrem, wie früher, aber so, dass ich mich danach ärgerte. Ich versuchte, es als Lernprozess zu sehen, und registrierte, dass mich Sex ohne Verliebtheit nicht umhaut. Wie bei einer Tüte Chips stellte sich danach Ernüchterung ein. Was mag ich also, was nicht? Eine meiner Lieblingsserien ist *Masters of Sex*, sie wurde nach der Biografie von Thomas Maiers über die US-amerikanischen Pioniere der Sexualwissenschaft, William Masters und Virginia Johnson, entwickelt: eine Offenbarung! Durch die vier Staffeln lernte ich mehr über die Zusammenhänge von Sex und Gesellschaft als in allen Lebensjahren zuvor. Seit der Serie ist mir bewusst, dass meine Vorlieben wohl meiner Sozialisation zum braven *weißen* Vorstadt-Mädchen entsprechen, trotz der Lektüre der *Bravo*, die damals sogar den unter Sechzehnjährigen von Oral- und Analsex bis zu BDSM fast alles empfahl.

Ich nahm mir vor, meine konservativ-patriarchalische Erziehung mit meinen Gedanken zu bezwingen. Mit meinem Verstand wollte ich frei entscheiden, was ich will, unabhängig von Konventionen. Dafür studierte ich feministische Literatur. Mein Geist erlangte auch mehr Freiheit, das Fachwissen begeisterte mich, es war natürlich differenzierter, als es *Bild* oder *Playboy* suggerieren. So schrieb die Psychoanalytikerin Ilka Quindeau: »Was es jeweils bedeutet, einen Penis oder eine Vagina zu haben, wird jedoch *kulturell* festgelegt. Die anatomische Differenz zwischen Vagina und Penis wird entsprechend überlagert von kulturellen Vorstellungen. Für eine psychologische Theorie ist es daher wichtig, kulturelle Unterschiede nicht zu ontologisieren und nicht eine naturhafte, geschlechtsspezifische Sexualität zu postulieren.«[1]

Die Spaltung in männlichen (triebhaft, penetrierend, rücksichtslos) und weiblichen Sex (liebesorientiert, sanft, aufnehmend) ist ein Klischee, ein Mythos. Wie auch das Bild von homosexuellen Beziehungen, in denen eine*r die Frau und eine* r der Mann ist. »Die Lust- und Befriedigungsmodalitäten verteilen sich eben nicht entlang der Geschlechtergrenzen, sondern sind in jeder einzelnen Person angesiedelt. Es geht mithin nicht um ein Entweder-oder von männlicher und weiblicher Sexualität, das heißt nicht um ein dichotomes Verhältnis, sondern ein Sowohl-als-auch; ›männliche‹ und ›weibliche‹ Anteile verbinden sich im Sexuellen.«[2] Also aktiv und passiv, mächtig und unterwerfend, einverleibend und eindringend, wir und ich.

Was ich nicht ausreichend beachtete: Mein Zuwachs an Wissen entwickelte sich schneller als mein Körpergedächtnis. Mein überstürztes Handeln ohne Rücksicht auf mein fragiles Ich brachte mich an den Rand der inneren Auflö-

1 Ilka Quindeau: Sexualität. Psychosozial-Verlag 2014, S. 86.

2 Ebenda, S. 91.

sung. Es blieb mir nichts anderes übrig, als *auch* auf mein Gefühl zu hören. Ich brauche Sicherheit. Nach den Affären nahm ich deutlich zu.

Ich will keine Schokolade …

Der dritte Mann, über den ich nachdachte, war Raschid, den ich beim Sport traf. Kaum sah ich ihn das erste Mal, nervte mich meine simple Reaktion: Er erschien spannend, weil er sehr gut aussah. Freitags, nach dem Ju-Jutsu, sitzt unsere Gruppe oft im Restaurant bei Pommes, Pekingsuppe oder Pad Thai zusammen. Wir unterhalten uns über fast alles: Wie sehr ist Olaf Scholz in die Cum-Ex-Affäre verstrickt? Sind die Toiletten in Zügen ekliger oder die in Flugzeugen? Im Urlaub lieber an die Ostsee oder nach Dubai? Und natürlich reden wir über Leute aus dem Verein. Wochenlang erzählte ich die gleiche Geschichte: »Vorhin stand Raschid neben mir im Flur und hat ›Madam! Wie geht's?‹ gesagt und mich angelächelt. Und ich? Konnte nur etwas von einer Wassermelone stammeln. Er ist unfassbar schön, oder?« Sie lachten mit mir.

Auf der Matte hat Raschid ein Alleinstellungsmerkmal, T-Shirts mit aufgedruckten Blumen. Ich feierte ihn auch für einen engen Pullover in Purpurrosa zu einer hellen Hose. Es dauerte Monate, bis ich unbefangen mit ihm plaudern konnte. Von Anfang an machte ich mir keine Illusionen, mit seinem blendenden Aussehen ist er drei Nummern zu groß für mich. Als ich ihn näher kennenlernte, fand ich ihn nett, mehr nicht; die Magie der Schönheit ließ nach. Heute weiß ich, dass wir vor allem ähnliche Erfahrungen teilen: mit Rassismus und Stigmatisierung.

Aber suche ich einen Alpha- oder einen Delta-Mann?

Auch den vierten Mann, über den ich nachdachte, Igor, kenne ich vom Sport. Eine Kollegin brachte mich auf seine Spur. Sie meinte, es würde sich lohnen, weniger herausragende Männer zu daten, weil die alltagstauglicher seien. Das leuchtete mir ein. Denn ich weiß, dass ich bei einem Alphamann nur zur eifersüchtigen Ziege werden und ständig wütend meckern würde: »Deine Arbeit ist dir wichtiger als ich!« Nach meinem abwesenden Vater will ich keinen abwesenden Partner! Gut, dass ich nie Sehnsucht nach eigenen Kindern hatte, denn Männer, die freiwillig die Hälfte der Elternzeit, der Care-Arbeit und des Haushalts übernehmen und dafür auf Teile ihres Gehalts, ihrer Karriere und ihres Status verzichten, sind rar. Aber nur mit einem solchen Mann hätte ich mir Elternschaft theoretisch vorstellen können. Also sah ich mich durch den Rat der Kollegin nach Männern in der vierten Reihe um: Ich nenne sie, in Anlehnung an das griechische Alphabet, Delta-Männer.

Lange hatte ich neben Igor trainiert, ohne ihn wahrzunehmen. Meine Freundin Vanessa, kontaktfreudig und kommunikationsstark, initiierte vor Corona die Kochtruppe, die sich immer reihum traf. Schließlich fuhren wir gemeinsam zu Igors Wohnung, die andere als »am Stadtrand gelegen« und ich als »in der Walachei« beschreiben würde. In der Küche kümmerte ich mich um den Salat und fragte ihn nach Essig und Öl. Unausgesprochen meinte ich Leindotter- oder Kürbiskernöl und Bio-Himbeeressig oder wenigstens Balsamico.

»Tut mir leid«, sagte er, »das hab ich leider nicht.«

Ich sah ihn konsterniert an. »Was? Du hast kein Öl und keinen Essig? Bist du hier gerade erst eingezogen?«

Jetzt sah er mich erstaunt an: »Nein, ich wohne schon lange hier. Ich koche nur nicht gern.«

Okay, aber: kein Essig und Öl? Sind das nicht Grundnahrungsmittel? Doch ich wollte gegenüber Igor, dem Gastgeber, nicht unhöflich sein. Also verwickelte ich ihn in ein Gespräch. Aufmerksam hörte er zu. Weder war er damals mein Typ noch ist er es heute, doch mit seiner Aufmerksamkeit gewann er mich sofort. Immer, wenn ich mit ihm spreche, denke ich an Männer in meinem Bekanntenkreis, die ihr Interesse an Frauen durch Angeben zeigen: Hähne, die sich aufplustern. Wie in der Sparkassen-Werbung aus den Neunzigern: mein Haus, mein Auto, mein Boot. Es langweilt mich bestenfalls, schlimmstenfalls nervt es. Von Igor könnten sie sich eine Scheibe abschneiden.

Taser und Therapeuten: Wie divers sind wir wirklich?

Verblüfft folgte ich ihm, als er mir den Rest seiner Wohnung zeigte. Ein großer Südbalkon: ohne Blumen. Regale mit DVDs: Fantasy. Weiße Wände ohne Bilder. Schlichte schwarze Möbel. Ein Computer. Kein Gewürz außer Salz und Pfeffer. Diese Wohnung offenbarte, wie klein meine Blase ist. Meine langjährigen Freundinnen reden nicht nur über Diversity, sondern leben sie auch. Dachte ich. Durch Igor wurde mir klar, dass wir uns für Vielfalt engagieren, aber oft konform daherkommen. So akzeptieren wir LGBTQIA+. Alle sollen das Recht haben, Kinder zu adoptieren. Wir integrieren Kinder mit Behinderung. Gendern ist selbstverständlich, und wir unterstützen #notjustsad und #MeToo. Der Alltag entlarvt jedoch unsere Uniformität. Neun von zehn meiner Freundinnen sind zwischen 45 bis 55, *weiß*, schlank, fit, verheiratet und haben Kinder. Ihre Zähne sind makellos. Weitere Attribute: abgeschlossenes Universitätsstudium, Eames-Stühle, Gläser von Iittala, Parkett aus Holz, Induktionsherd, vegetarisch, vegan oder Bio-Fleisch, Meditation und Yoga. Auch in Teilzeit arbeiten sie in anspruchsvollen Jobs. Mein Freundeskreis lebt nach dem Prinzip: »Gleich und gleich gesellt sich gern.«

Meinem Verein trat ich bei, da Ju-Jutsu in meinem Viertel nicht angeboten wurde. Die sportliche Kompetenz überzeugte mich schnell, aber die Duschen, die Umkleide: wie in der Jugendherberge. Shabby ohne schick. In den Dojos keine Klimaanlage. Eine »Gaststätte für Jedermann«. Vereinsmeierei. Könnte ich hier Freundinnen finden?

Heute schätze ich, wie bunt der Verein ist, die Lebensläufe der Trainierenden zeigen es. Da ist der stringente Polizist, der nebenberuflich erfolgreich als Model arbeitete. Ein früherer Trainer hat nach seiner Ausbildung zum Krankenpfleger das Abi nachgeholt; anschließend studierte er tagsüber Medizin, während er nachts das Geld dafür in der Notaufnahme verdient hat. Heute arbeitet er als Arzt in leitender Position. Ich ziehe meinen Hut vor ihm! Die IT-Männer um die dreißig frage ich nicht mehr nach *Babylon Berlin*; aber ich schätze sie auf der Matte. Wir Frauen bestärken einander. Die Silberrücken halten nichts von Abkürzungen wie LGBTQIA+ oder Sonnencreme. Dafür fördern sie alle, die nett sind und etwas lernen wollen, egal ob dick, alt, behindert, queer oder Migrant. Vielleicht nicht ganz: Ich finde es schade, dass hier nur ein Mann offen schwul ist. Nicht jede weiß, was Intersexualität bedeutet. Einige gehen mit der Zeit, andere stecken im Gestern fest.

Oft zweifle ich, ob ich zum Verein passe. Ob es genügend Themen gibt außerhalb des Sports. Doch als ich vor Jahren die Prüfung zum Gelb- und zum Orangegurt bestand, registrierte ich verblüfft, wie viele mir gratulierten, die ich höchstens vom Sehen kannte. Sollte ich es schaffen, zum Grüngurt anzutreten, weiß ich: Meine Ju-Jutsu-Gruppe wird mich loyal bei der monatelangen Vorbereitung unterstützen. Wie der Verein lebt Kampfsport von der Gemeinschaft.

Mir gefällt das Fitnessstudio, in dem ich parallel trainiere, wirklich gut. Aber jede Woche freue ich mich am meisten auf den Freitag! Im Verein bin ich die Gutmensch-Multikulti-Foodie-Literaturwissenschaftlerin, die ständig über Gendersternchen diskutieren will. Für Eimsbüttel ist Kampfsport mit Kontakt dagegen ziemlich aggressiv. Meist kann ich beides in mir vereinen. Aber wie fundamental sich meine beiden Welten unterscheiden, erlebte ich beim Angriff von Russland gegen die Ukraine. Mit meinen Freundinnen fiel ich entsetzt aus allen Wolken. Im Verein haben viele Mitglieder eine Ausbildung beim Militär und/oder bei der Polizei beziehungsweise beim Zoll absolviert. Erschüttert waren sie auch – aber nicht überrascht.

Raschid und Igor ließen mich auch fragen: Gibt es eine Szene, in der dicke Frauen um die fünfzig eine Chance haben? Da ich nicht flirte, verlege ich mich auf Diskussionen. Ich fragte Igor nach seinem Job. Er sagt, er sei Einsatzgruppenleiter im Fahrkartenprüfdienst und Fachkraft für Schutz und Sicherheit. Meine Antwort: »Hä?« Heute weiß ich: Er arbeitet im Büro, zuständig für die Sicherheit in der U-Bahn. Wir debattieren über die Verhältnismäßigkeit bei der Durchsetzung von Hoheitsrechten. Und wie sich die Einstellung derer unterscheidet, die daran beteiligt sind. Während in einem Sitzungssaal der räumliche Abstand zu den Richterinnen, Staatsanwältinnen, Verteidigerinnen und Vollzugsbeamtinnen in der Regel eingehalten wird (manchmal mithilfe einer Wand aus Plexiglas oder Handschellen), muss sich das

Sicherheitspersonal regelmäßig anmeckern, beleidigen, ins Gesicht spucken und körperlich angreifen lassen.

Wir haben beide Spaß an den Debatten, aber wir würden uns nie verlieben. Nicht nur, weil ich zu dick bin und er eine sehr hübsche, taffe Freundin hat. Außer dem Sport und gesellschaftlichen Fragen verbindet uns wenig. Doch je besser ich ihn kennenlerne, desto mehr Pluspunkte finde ich. Er schwafelt nicht über Belanglosigkeiten. Er kennt seelische Erkrankungen aus seinem Umfeld. Er regt sich ernsthaft über soziale Ungerechtigkeit auf. Igor ist der mit den Taten (Betriebsrat), ich die mit den Worten (Buch). Er fragt mich, gewollt provokativ: »Was *tust* du gegen den Krieg in der Ukraine?« Der Satz lässt mich nicht los.

Seinetwegen denke ich auch mehr über Partnerschaft nach. Muss mein Freund ein Kulturmensch sein? Ist mir ein Gehalt von mehr als 3000 Euro brutto wichtig? Würde ich es ertragen, wenn er für das Rüstungsunternehmen Heckler & Koch arbeitete – oder sollte ich nur bei NGO's suchen? Als Igor seine Prüfung zum 1. Dan bestanden hatte, erzählte mir unser Trainer, dass er der Beste gewesen sei. Still und leise. Ich musste über mein Unbewusstes schmunzeln: Ich mag halt die Streber.

Der fünfte Mann, was für ein Klischee, ist Psychotherapeut. 2023 sah ich Dr. Garm nach acht Jahren das erste Mal wieder. Nach dem Beginn seiner Rente hielten wir lose über E-Mails Kontakt. Als der Termin für einen öffentlichen Fotovortrag von ihm stand, war klar: Da möchte ich hin.

Es ist Ende April. Die Osterglocken blühen, doch die Luft ist frisch. Die Vorstellung, Dr. Garm zu treffen, stresst mich, heute bin ich noch dicker als damals. Nach meiner Einschätzung würden Menschen, die mich kennen, sagen, dass ich willensstark bin. Aber Sucht besiegt man nicht allein durchs Wollen. Es klingt furchtbar, aber es würde mir besser gehen, wenn ich ihm als Anorektikerin begegnen würde. Ich wäre nicht weniger krank, doch mein Aussehen würde Assoziationen wie Elfe, Mädchen, Ballerina, zart und fragil hervorrufen.

Täglich ringe ich mit mir, ob ich lieber nicht zu dem Vortrag fahre. Aber womit sollte ich absagen? »Tut mir leid, ich sehe hässlich aus.«? »Mein Aussehen ist unzumutbar.«? Mein Gefühl sagt: So ist es. Mein Verstand sagt: Steh zu dir. Um die Begegnung zu wagen, brauche ich jemanden, der mir den Rücken stärkt: Jenny. Sie holt mich vom Zug ab und versetzt mir einen Wird's-bald-Stups. Meine Nerven flattern. Als Dr. Garm mich in der Klinik kennenlernte, war ich 32, meine langen Haare blond gesträhnt, ich trug Größe 46. Natürlich fühlte ich mich damals dick und hässlich, aber ich war es nicht.

Dem Kulturzentrum im Reetdachhaus trete ich mit dem Maximum entgegen, was Natur und Kosmetikindustrie möglich machen.

Wir nähern uns der Tür, ich bin kurz davor wegzurennen. Innerlich versuche ich, mich zu beruhigen: Dr. Garm hat Jahrzehnte in der Psychiatrie gearbeitet. Freiwillig. Würde er sich nur für hübsche Menschen interessieren, hätte er einen anderen Beruf ergriffen.

Da ist er. Fester Händedruck. Fester Blick. Fester Kontakt. Alles an ihm ist mir vertraut. Die schönen dunkelbraunen Augen. Das graue Haar. Die dunkle Stimme. Mimik und Gestik. Ich stelle Jenny vor, wir sprechen kurz zu dritt, heute geht es um seine Fotos, nicht um meine verletzte Seele.

Jenny und ich setzen uns in den Saal. Die Realität beweist: Meine Befürchtungen waren berechtigt. Während ich zugenommen habe, scheint er kaum gealtert, na toll! Er ist Anfang siebzig und sieht fünfzehn Jahre jünger aus. Er wirkt vital und viril, natürlich fällt mir dieses Wort ein, schließlich habe ich es vom ihm gelernt! Auch *Pu der Bär* und das Wort »kongenial« kenne ich von ihm. Die *Mumin*-Reihe von Tove Jansson. Bei intensiver Zusammenarbeit erfährt man ein bisschen was voneinander. Als ich auf seiner Station war, lernte ich, mit Reibungsverlust, Konflikte zu führen und zu reparieren. Sieben Jahre begleitete er mein Ringen gegen Depressionen und Traumata. Wir stritten uns oft, sogar auf dem Flur; manchmal hasste ich ihn, manchmal hasste ich die anderen Patientinnen, denen er ebenso fürsorglich begegnete.

Im Nachhinein muss ich den Konflikten, die mich sehr forderten, dankbar sein, denn nun, acht Jahre später, stelle ich fest: Ich bin geflasht. Das muss Übertragung sein. Habe ich nicht gelernt, dass alle Gefühle bis hin zu sexueller Spannung und Verknalltheit in der Therapie sein dürfen, als Schlüssel für die Arbeit? Und selbstverständlich schmelzen Frauen wie ich dahin, wenn Männer – in ihrer Rolle als Therapeut oder Pfleger – ihnen aufmerksam zuhören, sich für ihre Seele interessieren, mit ihnen über Gefühle reden wollen – *und* sich selbst emotional in die Beziehung einbringen. Ich erinnere mich an Dr. Garms Verständnis, wenn ich Todesangst hatte, weil Dr. Weston im Urlaub war und ich fürchtete, dass er mich vergessen würde. Ich erinnere mich an mein fassungsloses Staunen, als er schmunzelnd sagte: »Na, haben Sie ihn wieder um den Finger gewickelt?«

Klack, klack, klack – wie fallende Dominosteine löst mein Gehirn eine Erinnerung nach der nächsten aus. Ich spüre, dass ich rot werde – seine sympathisch aussehende, schlanke Frau ist auch hier. Also: her mit der Realität. Glänzt Dr. Garm wegen des Altersunterschieds? Beeindruckt er mich mit seinem Wissen, weil er zwanzig Jahre Vorsprung hat? Finde ich wirklich ihn anziehend oder sehne ich mich nach väterlicher, gar großväterlicher Resonanz? Würde er mir im Jogginganzug gefallen? Hüstelt seine Frau unbewundernd, wenn er zum tausendsten Mal aus *Pu der Bär* rezitiert? Hörte er ihr nach der Arbeit noch aktiv zu, oder hatte er seine ganze Energie bei den Patientinnen gelassen?

Mit dem weiteren Verlauf des Abends habe ich nicht gerechnet. Dr. Garm wirkt geistreich und witzig, aber auch aufgeregt, es rührt mich. Sein Fotovortrag über die heute leer stehende Klinik Wintermoor in der Lüneburger Heide und Lost Places lässt alle Überlegungen vergessen. Obwohl wir schmerzhaft unterschiedlich aussehen, erfasst mich, je länger er redet, das Gefühl, in einen Spiegel zu blicken. Da ist die Neugierde auf Menschen. Eine Unbequemlichkeit, die manche unangemessen finden. Die Freude am Entdecken. Die Eigenschaft, etwas persönlich zu nehmen. Die Tendenz, eher in den Konflikt rein-, als rauszugehen. Die Suche nach Wahrhaftigkeit.

Dass ich nicht ganz in meiner Übertragung gefangen bin, merke ich an Jenny. Sie kennt Dr. Garm aus Erzählungen, aber nicht persönlich. Jenny ist ein introvertierter Mensch. Gerade, wenn sie Menschen nicht kennt, beobachtet sie das Geschehen lieber, auf Fremde wirkt sie manchmal kühl.

Nach dem Vortrag sehen wir uns gemeinsam die Fotos an. Machen uns auf Details aufmerksam, auf den Rüschenvorhang mit den Bäumen im Schnee, den Sessel im Vorgarten. Schließlich traue ich mich, Dr. Garm ein Feedback zu geben. Ich sehe, dass ihm an der Seite ein oder zwei Zähne fehlen. Das entlastet mich etwas. Kaum sind wir fertig, tritt Jenny einen Schritt vor: »Ich möchte auch etwas sagen!« Huch? Ihre Gestik ist vorwärtsgewandt, auch sie wirkt wie ein Spiegel. Wann habe ich Jenny zuletzt derart offensiv erlebt? Beim psychoanalytischen Filmseminar von *Joker*? Da ging es auch darum, hinter die Oberfläche zu blicken.

Zum Abschied geben Dr. Garm und ich uns fest die Hand, blicken uns fest in die Augen. »Grüßen Sie Dr. Weston herzlich von mir zurück«, sagt er. Da ist weiterhin ein Wir. Ohne das Team der Klinik hätte ich es nie geschafft.

Jenny bringt mich zum Bahnhof, wir schlendern durch die beginnende Nacht, noch blüht der Raps nicht, vom Boden steigt Kühle auf. Ein Igel huscht ins Gebüsch.

»Wie fandest du es?«, frage ich.

»Super«, sagt Jenny, »eine wahre Begegnung. Ich bin beeindruckt von seinen Fotos – und von ihm.«

»Ich weiß, das meiste ist Übertragung«, sage ich seufzend.

»Idealisierung.« Ich seufze noch mehr. »Aber um ehrlich zu sein: Jemanden wie ihn suche ich. Oder wie Dr. Weston, klar. Offenbar habe ich einen Hang zu Therapeuten. Bestimmt ist das pathologisch. Sollte ich in einer Psychotherapie daran arbeiten?« Jenny lacht. »Im Ernst«, fahre ich fort. »Ich fühle mich dieser Gruppe zugehörig! Aber wie viele Männer wollen schon über Gefühle sprechen?« Jenny zieht vielsagend die Augenbrauen hoch. »Vielleicht treffe ich welche auf Fortbildungen? Aber in der Psych-Szene haben die, die ich kenne, meist ihre Profession geheiratet. Und arbeiten sie den ganzen Tag mit gestörten Patientinnen wie mir, werden die den Teufel tun, sich privat eine ans Bein zu binden. Aber im Verein finde ich bestimmt keinen Mann, der zu mir passt. Ist das eine ungesunde Vermeidungsstrategie?«

Jenny und ich sehen uns an, mit einem wissenden Grinsen.

»Ich hab eine Idee. Ich schicke je eine Mail an Irvin D. Yalom und Eric Kandel und frage um Rat. Die Quersumme ihrer Antworten ist dann die Lösung.«

Ich meine es nur halb im Scherz, Jenny weiß das. Sie lacht.

»Super Idee, Heide! Gut, dass du keinen Vaterkomplex hast!«

Wir umarmen uns fest, bevor ich in den Zug steige.

10
Gesundheit und Krankheit: Haben Sie einen Joker?

Die Fakten sind deutlich: »Neuere Untersuchungen konnten jedoch mehrheitlich einen positiven Zusammenhang zwischen Übergewicht und Adipositas und der Häufigkeit psychischer Störungen in der Bevölkerung bestätigen, wobei affektive Störungen und Angststörungen im Vordergrund stehen.«[1] Das bedeutet: Dicke und fettleibige Menschen sind häufig psychisch krank – und umgekehrt. Grundsätzlich ist die Aufklärung über und die Akzeptanz von einigen seelischen Krankheiten gestiegen. Auch Prominente wie die US-amerikanische Sängerin Selena Gomez oder die Schauspielerin Nora Tschirner sprechen offen darüber. Doch die Gesellschaft bewertet seelische Not mit einem Ranking. Am wenigsten stigmatisiert werden Angststörungen und Depressionen, am meisten Schizophrenie und Sucht. Das führt dazu, dass die Versorgung von Abhängigkeitserkrankten und Schizophrenen mit Abstand die schlechteste ist. Auch bei Essstörungen gibt es eine Rangordnung: Die Allgemeinheit akzeptiert krankhaftes Untergewicht eher als krankhaftes Übergewicht. Magersucht wird mit Disziplin assoziiert, die Binge-Eating-Störung mit Maßlosigkeit; doch alle, die unter einer Essstörung leiden, verlieren die Kontrolle. Und das Zuwenig schadet dem Körper genauso wie das Zuviel. Bei Anorexie und Bulimie werden

1 Jörn von Wietersheim: Affektive Störungen und Angststörungen. In: Stephan Herpertz, Martina de Zwaan und Stephan Zipfel (Hrsg.): Handbuch Essstörungen und Adipositas, a. a. O., S. 191.

Folgeschäden, Dauer und Sterblichkeit häufig unterschätzt, beim Binge-Eating die Krankheit als solche. Der Zusammenhang zwischen Essstörungen und weiteren Störungen ist auch belegt: »Etwa 23 % der Patientinnen mit AN, 32 % derer mit BN und 32 % derer mit BED[1] haben eine Lebenszeitdiagnose einer Posttraumatischen Belastungsstörung … Insbesondere aversive Erfahrungen in der Kindheit sind mit allen Subtypen von Essstörungen vergesellschaftet. Die Verbindung zwischen Essstörungen und PTBS wird möglicherweise in der Emotionsregulation mediiert.«[2] Nicht zum ersten Mal finde ich meine Lebensgeschichte in Fachbüchern wieder.

Seelische Krankheiten sind kein Lifestyle

Es beruhigt mich, dass die Akzeptanz zunimmt. Doch es bringt mich zur Weißglut, dass immer mehr Laien sich für Expertinnen halten, obwohl sie keine Ahnung haben. Sogar in meinem Umfeld erlebe ich das. Letztes Jahr saß ich mit meiner Freundin Sabine im Park; wir genossen die Septembersonne bei 20 Grad, die Kastanienblätter färbten sich bereits braun. Lange hatten wir uns nicht gesehen. Ich erzählte von neun Wochen in der Psychosomatik, sie vom Glamping-Urlaub mit ihrer Lebensgefährtin. Und begann mit einem Paukenschlag: »Tanja ist depressiv! Ich sage ihr ständig,

1 AN = Anorexia nervosa = Magersucht, BN = Bulimia nervosa, BED = Binge-Eating-Disorder = Esssucht.

2 Ulrich Schweiger: Psychische Komorbidität und Persönlichkeitsstörungen. In: Stephan Herpertz, Martina de Zwaan und Stephan Zipfel (Hrsg.): Handbuch Essstörungen und Adipositas, a. a. O., S. 195.

dass sie zum Arzt gehen und sich Antidepressiva verschreiben lassen soll, aber sie mault nur.« Seit Monaten sei ihre Partnerin erschöpft und schlecht gelaunt. »Ich hatte mich echt gefreut auf Slowenien! Aber Tanni hat sich ständig im Zelt verkrochen und hing am Handy, angeblich wegen der Hitze.« Sabine meckert oft über ihre Beziehung, aber diese Dimension war neu.

»Wieso glaubst an eine Depression?«, fragte ich.

Sie antwortete: »Das sagt mir mein Bauchgefühl.«

Die Sonne leuchtete weiter sanft durch den Park. Mit mir aber gingen die Nerven durch. Wütend hielt ich Sabine einen Vortrag: über das internationale Klassifikationssystem für Krankheiten, ICD 10 und ICD 11. Über die S3-Leitlinie, die erst bei schweren Depressionen Psychotherapie *und* Antidepressiva empfiehlt. Über Haupt- und Nebensymptome. »Du kannst diagnostizieren?«, schnauzte ich sie an. »*Dein Bauchgefühl*, ich fasse es nicht!«

Sabine wirkte ertappt, aber trotzig. Sie würde ihre Partnerin schließlich am besten kennen, meinte sie noch.

Ob Trauma oder Borderline, Zwänge oder Narzissmus, Asperger oder Adipositas: Leider bin ich umzingelt von Hobby-Expertinnen. Neulich traf ich eine Kollegin zum Essen, die ihren Job gekündigt hat. Sie erzählte von ihren Plänen. »Viele haben ein Burn-out, so wie ich«, sagte sie. »Ich möchte Lebenshilfe anbieten, als Coach!« Als sie meinen skeptischen Blick bemerkte, schob sie nach: »Die richtig Kranken schicke ich natürlich zum Therapeuten.«

Ich fragte gereizt, wie sich ihrer Ansicht nach Burn-out und Depression voneinander unterscheiden würden? Und wie sie Klientinnen von Patientinnen abgrenzen könne?

Verständnislos sah sie mich an: »Na, das merkt man doch!«

Es stellte sich heraus, dass sie noch nie von Fachärztinnen

für Psychosomatische Medizin gehört hatte.[1] Deswegen konnte sie nicht benennen, wie sie sich von Fachärztinnen für Psychiatrie abgrenzen – und beide von Neurologinnen und Psychologinnen. Wer Psychotherapie anbieten darf und wie die Versorgungsrealität (auch bei den Hausärztinnen) aussieht, wusste sie genauso wenig.

»Du willst eine Klientin weiterreichen, weißt aber nicht, an wen?«, blaffte ich.

Sie sah mich genervt an. »Du bist immer so sachlich. Ich höre lieber auf mein Bauchgefühl!«

Da war es wieder. Fast flammte Feuer aus meiner Nase.

Wütend wirke ich bestimmt wie eine Erbsenzählerin oder wie ein Dobermann. Ich reagiere aber nicht ohne Grund aggressiv, sondern weil ich mich leider – LEIDER – besser mit seelischen Krankheiten auskenne, als mir lieb ist. Ich verbrachte von 2006 bis 2013, fast sieben Jahre lang, die meiste Zeit in Kliniken. Da ich zudem zwei Bücher zum Thema geschrieben habe, kenne ich mich, für eine Journalistin, einigermaßen aus. Und das bedeutet: Ich weiß um meine Grenzen! Ich kann informieren, aber nicht beraten und erst recht nicht behandeln. Ich finde es respektlos, wenn Menschen sich Fähigkeiten anmaßen, die sie nicht haben, und damit das Risiko eingehen, anderen zu schaden. Keiner Person ist an der Nasenspitze anzusehen, ob sie sich nach dem Essen übergibt. Oder täglich eine Flasche Wein trinkt. Oder die Tür morgens zwanzigmal abschließt. Wer glaubt, dass Hilfesuchende per se offen berichten (können), worunter sie leiden, ist auf dem Holzweg.

Auf Social Media gehört Cathy Hummels für mich zur An-

1 Korrekt lauten die Berufsbezeichnungen: Fachärztin für Psychosomatische Medizin und Psychotherapie, Fachärztin für Psychiatrie und Psychotherapie, Fachärztin für Neurologie und Psychologische Psychotherapeutin (bis 2020) sowie Psychotherapeutin.

führerin der Unseriösen. Die frühere Fußballspielerfrau postete im Winter 2022 Fotos von einem Yoga-Retreat auf Rhodos. Sie schrieb über ihre frühere Depression und dass ein Rückzug aus dem Alltag hilfreich sein könne. Mit anderen Frauen präsentierte sie sich in Videos beim Yoga, beim Malen, beim Schminken und mit gesund wirkenden Lebensmitteln. Die Firmenzeichen der zahlenden Unternehmen waren dabei gut zu sehen. Cathy Hummels erntete einen Shitstorm (laut ihrer Biografie[1] nicht der erste), weil ihre Firma @eventsbych das Retreat veranstaltet hatte, ohne es zu kennzeichnen. Nach dem Shitstorm entschuldigte sie sich nachdrücklich.[2]

Als mein Dasein noch wie ein Instagram-Post von ihr aussah, 2006, war ich schwer depressiv. Ich schwankte zwischen Kohlsuppe und Fressanfällen mit drei Litern Eis und nahm reichlich zu. In Größe 44 fühlte ich mich fett und hässlich. Dank meines Jobs reiste ich quer durch das sommerliche Europa. Es half nicht. Ich befolgte, was Ratgeber schrieben: Freunde treffen, Tagesstruktur halten, positive Erlebnisse stärken, sich Unterstützung holen. Auch das half nicht. Von meinem Leid wussten lediglich enge Freundinnen. In eine Klinik ging ich erst, als ich nicht mehr funktionierte.

Als sich 2009 der Nationaltorwart Robert Enke das Leben nahm, zeigte sein Suizid, dass psychische Krankheiten wirklich alle treffen können – sogar Leistungsträger der Extraklasse. Mehr Personen des öffentlichen Lebens berichteten danach von ihren Depressionen. Über Social Media wurde Mental Health populär – wobei geistige (mentale) Gesundheit besser klingt als psychische. Aber hilft die Offenheit von Prominenten?

1 Cathy Hummels: Mein Umweg zum Glück. Sei mutig, echt und einzigartig. Benevento 2020.

2 https://www.faz.net/aktuell/gesellschaft/smalltalk/cathy-hummels-loescht-umstrittenen-instagram-post-zu-depression-18465375.html.

»Tatsächlich hat die Resonanz der Medien in den vergangenen 25 bis 30 Jahren zur Enttabuisierung beigetragen. Viele wagen es jetzt, ihr Leid vor der Familie und vor Freunden auszusprechen«, sagt Professor Heinz Böker. Er ist Facharzt für Psychosomatische Medizin, Facharzt für Psychiatrie, Facharzt für Kinder- und Jugendpsychiatrie und Psychoanalytiker. Bis 2015 war er Chefarzt des Zentrums für Depressionen an der Psychiatrischen Universitätsklinik Zürich, europaweit ist er eine Koryphäe. »Doch wenn das Thema auf dem Niveau von Werbeclips vermarktet wird, ist das eine Bagatellisierung. Die Depression ist eine schwere psychiatrische Erkrankung. Sie greift sehr tief in das Dasein, auch in den Körper der Patienten ein und betrifft alle wesentlichen Bereiche des Lebens. Und sie bleibt eine große Herausforderung für die Gesellschaft, das hat nichts mit Wellness zu tun. Wenn Patienten Tipps bekommen wie ›Verreisen Sie mal‹, sind das naive Aussagen. Wegen der Diskrepanz zur Realität muss man ihnen entgegentreten.«

Auf Social Media werden oft nur Einzelaspekte von psychischen Krankheiten beschrieben, wie Selbstzweifel oder fehlender Antrieb. »Das Problem von solchen Posts besteht darin, dass sie eine gewisse Wahrheit enthalten«, so Heinz Böker. »Aber die Verharmlosung ist unerträglich! Da geht es mehr um mediale Aufmerksamkeit als um Aufklärung. Denn die harten Fakten lauten: 80 Prozent der Depressionen sind rezidivierend, wiederkehrend, 30 Prozent chronisch. Eine große Herausforderung besteht auch im Arbeitsleben und insbesondere in der beruflichen Rehabilitation depressiv Erkrankter.«

Wenn, wie bei mir, mehrere Krankheiten zusammenkommen, dauert der Leidensweg länger. Denn die medizinische und psychologische Versorgung ist schlecht, bei Adipositas, bei PTBS und bei Depressionen. »Drei von vier Patienten mit schweren Depressionen erhalten keine leitliniengerechte Behandlung«, sagt Dr. Iris Hauth, Ärztliche Direktorin des Alexanier St. Joseph-Krankenhauses in Berlin. »18 Prozent der Patienten mit Depressionen werden überhaupt nicht behandelt.« Bei Fettleibigkeit hat der bisherige Ansatz (Diät plus Sport) kaum etwas gebracht. »Wir konstatieren, dass eine Eindämmung der Adipositasepidemie ohne eine interdisziplinäre Berücksichtigung und ohne konzertierte Interventionen auf Mikro- und Makroebene weiterhin erfolglos bleiben wird.«[1]

Wenn ich meine Krankengeschichte bedauernd benenne, sagt garantiert jemand: »Aber es hat dich doch zu der gemacht, die du bist.« Auch dann klingen meine Sätze scharf. Die ich bin? Noch nicht gesund. Ohne festen Job. Ohne Familie, Partner, Altersvorsorge. Und: 60! Kilo! Übergewicht! Aber aus Sicht von Lieschen Müller sollen, ja, müssen meine Krankheiten einen Sinn und mir bei der Persönlichkeitsentwicklung geholfen haben. Als allgemeingütige Einschätzung hat diese Romantisierung negative Folgen. Wenn die Mehrheit der Gesellschaft glaubt, dass Depressionen mit Yoga, Adipositas mit Disziplin und Traumata mit Energiesprays behandelt werden können, nimmt sie das Leid der Patientinnen nicht ernst und blockiert die Entwicklung eines angemessenen Hilfesystems.

»Eine fachkundige Diagnostik ist wichtig«, sagt Iris Hauth. »Denn heute fragen nach der begrenzten Anzahl der Therapieplätze auch Menschen, bei denen ein fundiertes, seriöses Coaching reichen würde. Therapie sollte den Kranken vorbehalten sein.« Da der Beruf Coach nicht geschützt ist, ist es für Betroffene schwierig, die Qualität zu beurteilen. Welche

1 Sven Schneider und Bärbel Holzwarth: Ansätze zur Beseitigung adipogener Umwelten. In: Stephan Herpertz, Martina de Zwaan und Stephan Zipfel (Hrsg.): Handbuch Essstörungen und Adipositas, a. a. O., S. 592.

Expertise haben jene, die ausbilden? Wer überprüft die Kompetenz der Ausbilderinnen? Wie viele Stunden umfasst der Kurs? Wer überprüft den Inhalt? Manche ummanteln ihr Angebot mit Marketing-Sprech (»Beginne dein glückliches Leben jetzt!«), andere verweisen auf Zertifikate oder Institute. Ein Beispiel: Bei depressiven Verstimmungen können E-Health-Angebote sinnvoll sein. Auf seiner Website weist das Bundesinstitut für Arzneimittel und Medizinprodukte (BfArM) auf Programme hin, die im DiGA stehen, im Verzeichnis für digitale Gesundheitsanwendungen.[1] Deren medizinische Wirksamkeit muss nachgewiesen sein. Dann übernehmen die gesetzlichen Krankenkassen die Kosten.

Wer bekommt Hilfe? Wessen Körper, wessen Seele wird wie wahrgenommen? Psychische Krankheiten treffen die Jüngsten besonders hart. »Die Corona-Pandemie und ganz besonders die von der Politik verhängten Maßnahmen zur Bekämpfung haben Kindern in allen Altersstufen erheblichen gesundheitlichen Schaden zugefügt. Neben eher organischen Krankheiten wie Adipositas betreffen die feststellbaren Gesundheitsschäden vorwiegend den psychosozioemotionalen Bereich«, so Dr. Thomas Fischbach, Präsident des Berufsverbands der Kinder- und Jugendärzte.[2]

Auch hier eine Rangordnung: Die erschreckend hohen und noch immer zunehmenden Zahlen von depressiven oder essgestörten Kindern und Jugendlichen (oft Mädchen) rufen weniger öffentliche Entrüstung hervor als adipöse oder aggressive. Die komplexen Ursachen und die Lücken des Gesundheitssystems bleiben dabei oft außen vor: Zwölfjährige müssen, trotz akuter Not, ein Jahr auf einen stationären Therapieplatz warten. Mütter gelten oft als schuldig, aber sie sol-

1 https://diga.bfarm.de/de.

2 https://www.dak.de/dak/bundesthemen/pandemie-depressionen-und-essstoerungen-bei-jugendlichen-steigen-weiter-an-2558034.html#/.

len sich trotzdem rund um die Uhr um ihre Kinder kümmern, während sie auf der Warteliste chronifizieren.[1]

Wenn die Wut mit mir durchgeht, spreche ich mit Freundinnen, die ähnliche Erfahrungen teilen. Knut hat Diabetes mellitus Typ 1. Der Grund? Er habe wohl als Kind zu viele Süßigkeiten gegessen, bekommt er zu hören, und statt Insulin würde Hagebuttentee helfen. Nicole leidet seit Jahren an Migräne: Kein Wunder, nur eine Darmsanierung kann sie befreien. Susanne wird suggeriert, dass sie selbst schuld an ihrem Brustkrebs sei, als Mutter von zwei Kindern, die Vollzeit arbeitet, hätte sie zu viel Stress gehabt. Ob Asthma oder Adipositas: Die Besserwisserinnen sind schon da.

Ungesundes Essen in Kliniken

Mein Klinikaufenthalt von 2022, als Folge von Corona, dauerte neun Wochen. Die meisten Patientinnen litten wie ich an mehreren, komplexen Krankheiten. Häufig gehörte eine Essstörung dazu. Uns wurde natürlich, nicht nur von der Ernährungsberaterin im Team, nahegelegt, gesund zu essen. Deshalb baten wir darum, mehr Obst als die steinharten Äpfel zu bekommen. Das sei nicht möglich, wurde uns mit Bedauern mitgeteilt. Pro Patientin war pro Tag ein Stück Obst vorgesehen. Frisches Gemüse wurde zum Abendessen gebracht: eine Gurke und ein paar Tomaten für zwanzig Patientinnen. Etwas Eisbergsalat, manchmal mit Kidneybohnen oder Mais, selten mit frischen Zutaten wie Radieschen. Das abgepackte Brot auf der Station listete laut der Nährwertta-

1 https://www.sueddeutsche.de/leben/psychische-erkrankungen-kinder-familie-erziehung-1.5278788?reduced=true.

belle zuerst Getreide auf und an zweiter Stelle Zucker. Das Mittagessen war wählbar, wer wollte, konnte jeden Tag Fleisch essen. Fisch jedoch nicht. Wurst und Käse gab es morgens und abends reichlich. Sonntags Kuchen.

In einer Klinik, in der Menschen gesund werden sollen, erhalten sie ungesundes Essen. Den Essgestörten schadet das doppelt. Ich hatte Glück, wieder schickten mir Freundinnen Carepakete. Meine Zimmernachbarin brachte mir Kirschen aus ihrem Garten mit. Und ich kaufte mir Obst und Gemüse beim Discounter. Viele Patientinnen konnten nicht einmal das. Sie waren so schwer krank, dass sie von der Grundsicherung, einer Berufsunfähigkeits- oder Erwerbslosenrente lebten. Für sie zählte jeder Euro, sie waren zwingend auf das Essen im Krankenhaus angewiesen. Die Mahlzeiten von Privatpatientinnen wurden auf ihrer Station als besser beschrieben. Psychotherapie bekamen sie täglich. Erneut packt mich der Zorn. Und die Verzweiflung. Selten wird hierzulande gefragt, was sich die Gesellschaft leisten *kann*, sondern was sie sich leisten *will*. Das betrifft mich als Mensch, Frau, Bürgerin, Patientin, Adipöse. Ich kann mich kaum entscheiden, was mich mehr schockiert: fehlender Humanismus oder fehlende Vernunft. Für Außenstehende mag es egal sein, ob ich die passende Therapie bekomme. Aber es würde sich auch gesellschaftlich lohnen. Vernünftig in meine Gesundheit zu investieren hieße, auch in meine Arbeitsfähigkeit zu investieren. Viele würden es sicher begrüßen, wenn ich kein Geld vom Staat bräuchte. Ich auch! Krank sein ist nämlich nicht faulenzen, sondern furchtbar. Und ich bin kein Einzelfall. Aber, was meinen Frust verstärkt, sachliche Informationen bringen wenig. Die Logik ist eindeutig – nur die Reaktion nicht. Und so ist es schwierig auszuhalten, wofür dieses Land Geld ausgibt und wofür nicht. Denn an Geld mangelt es nicht. Ein paar willkürliche Beispiele: BER, der Flughafen

Berlin Brandenburg, hat wegen falscher Entscheidungen mehr als sieben Milliarden Euro gekostet. Der Preis für die Elbphilharmonie in Hamburg: 800 Millionen statt der geplanten 77 Millionen Euro. Der deutsche Fußballer Toni Kroos verdiente im Jahr 2022, laut Statista, rund 21 Millionen Euro. Und was mich wirklich frustriert: Bei den Themen soziale Standards und Umweltschutz bin ich durch meinen Konsum selbst ein Teil des Problems. Durch Flüge, Jeans, Nagellack, Handy, atmungsaktive Sportshirts. An manchen Tagen möchte ich frustriert im Bett liegen bleiben. An anderen denke ich: Es muss sich grundsätzlich etwas ändern, weil Ressourcen kollektiv verschwendet werden. Aber wie werden wir sozialer?

Lieber Arbeit statt Rente

Während ich darum kämpfe, gesünder und arbeitsfähiger zu werden, forderte das Jobcenter mich 2018 auf, in Rente zu gehen. Meine Arbeit als Journalistin, Autorin und Referentin würde nicht dem des ersten Arbeitsmarkts entsprechen. Es blieb nur ein Weg: Klage erheben. Nach drei Jahren, fünf Aktenordnern und einem Klinikaufenthalt entschied das Sozialgericht: Die Aufforderung des Jobcenters war von Anfang an rechtswidrig. Auch möge es mich, die ich unbedingt arbeiten wolle, und es in Teilzeit auch könne, endlich fördern und nicht nur fordern. In den drei Jahren des Prozesses hatte ich keinen Anspruch auf eine Fort- oder Weiterbildung oder eine Umschulung. Aber ich nahm fünfzehn Kilo zu.

Es mag für jene, die weder Mehrfachdiagnosen noch Armut kennen, kaum vorstellbar sein, warum man *nicht* Geld vom Staat haben möchte, ohne dafür zu arbeiten. Die Rückfrage lautet: Was bleibt dann? In einem Land, das sich über den Status definiert? Bekäme ich eine Rente, hätte ich eine warme Wohnung, genügend zu essen und eine medizinische Grundversorgung. Ich könnte fernsehen und um den Block gehen. Das war's. Kein Geld für den Friseur, für Sport, fürs Freibad, für eine Zahnreinigung. Meinen Freundinnen könnte ich nichts schenken. Je ärmer, älter, kränker, desto schneller schwindet die »soziale Teilhabe«. Dafür steigt das Stigma. Nicht nur Politikerinnen nennen Menschen wie mich Schmarotzerin. Bei Geflüchteten ist es ähnlich. So wird gesagt, dass sie dem Staat auf der Tasche liegen, auch wenn sie arbeiten wollen, aber nicht dürfen. Die Hilfe vom Staat ist oft mit beschämender Herabsetzung verbunden.

Krank oder gesund? Eine Frage der Bewertung. »Dicke Körper hingegen gelten nun deutlicher denn je als Zeichen dafür, mit den Anforderungen an eine autonome Lebensführung in einer freiheitlichen Welt nicht zurechtzukommen und falsche Entscheidungen getroffen zu haben. Dabei werden dicke Körper immer stärker pathologisiert, während Körper in Form als gesunde und natürliche Körper gepriesen werden: Als Ausweis eines vorausschauenden Verhältnisses zu unserem Körper, der Bewahrung, Pflege und sogar Herstellung von Gesundheit durch Training, des sinnvollen Investments in die Bioaktie Körper.«[1] Nein, ich will mich nicht darauf ausruhen, dass für mein Übergewicht gesellschaftliche Faktoren mitverantwortlich sind. Aber ich brauche Unterstützung. Mit der vereinfachten Botschaft, mehr bewegen, weniger essen, konnte Adipositas bislang nicht gestoppt werden.

1 Zitat von Prof. Dr. Jürgen Martschukat in: Anja Herrmann, Tae Jun Kim, Evangelia Kindinger, Nina Mackert, Lotte Rose, Friedrich Schorb, Eva Tolasch, Paula-Irene Villa (Hrsg.): Fat Studies, a. a. O. S. 122.

Die Angst vor dem Fitnessstudio

Aber durch Body Positivity bewegt sich etwas. Mit Professor Jens Kleinert, Leiter des Psychologischen Instituts an der Deutschen Sporthochschule Köln, sprach ich über Gym Anxiety: die Angst, sich im Fitnessstudio zu blamieren. »Beim Training kommt es oft zu einer Diskrepanz: Zwischen dem realen Körper und dem inneren Idealbild, welches aus meiner Kultur und Sozialisation entsteht und vorgibt, wie man aussehen muss«, so Kleinert. »Die Akzeptanz der Gruppe ist ein zentrales menschliches Bedürfnis. Wenn das bedroht oder frustriert wird, kann das die Entstehung von Scham verstärken.«

Viele Frauen haben bereits im Kindesalter Entwertung erlebt: Die Lehrbücher sind voll mit Beispielen. »Gefühle wie Scham sind tief im Vor- und im Unbewussten gespeichert. Wie alle frühen Lernerfahrungen sind sie extrem schwierig zu verändern«, erklärt Kleinert. »Es ist ein Anfang, die Ursachen zu verstehen.« Mittlerweile werden mancherorts Kurse nur für Frauen angeboten, für Ältere, Übergewichtige oder Beeinträchtigte, das Schlagwort heißt: »sicherer Raum«. Für manche ist der ihr Zuhause. Dazu passt Online-Sport, der von Frauen jenseits von Größe 36 angeboten wird. Yogalehrerin Sophie Schwarz zeigt sich auf Instagram ungeschminkt und ungefiltert vor der Kamera. »Ich will vermitteln: Hier ist es egal, wie ich aussehe, welche Klamotten ich trage. Die meisten Mehrgewichtigen haben eine ähnliche Geschichte, wir tragen einen Schmerz mit uns herum, das verbindet«, sagt sie dort.

Auch die Haltung der Sportmedizinerinnen ändert sich, wie ich von Kleinert zu hören bekomme: »Es geht nicht mehr als Erstes darum, dass Übergewichtige ganz viel abnehmen sollen. Stattdessen wollen wir Kompetenzen aufbauen. Wir wollen vermitteln: Du kannst dich bewegen, du kannst Sport treiben, Kraft und Mobilität gewinnen! Das Selbstbild zu ändern geht nicht von jetzt auf gleich. Aber ich kann mir ein Anderssein zugestehen.«

Zur Wahrheit gehört auch, dass manche gegen die Lücken, die das Gesundheitssystem hat, etwas tun. Cathy Hummels veranstaltete 2021 für die »Stiftung Deutsche Depressionshilfe« ein Charity-Dinner, bei dem eine Summe im hohen sechsstelligen Bereich zusammenkam. Dafür bin ich dankbar. Aber ich wünsche mir etwas Verlässlicheres. Eine sicher finanzierte Versorgung, damit niemand sechzig Therapeutinnen anrufen muss, um anderthalb Jahre auf eine Behandlung zu warten. Und die Anerkennung, dass seelische Krankheiten kein Lifestyle sind.

Endlich Antworten: Interview mit Dr. med. Michael Dümpelmann

Je länger ich recherchiere, desto öfter überlege ich, wie groß im Verhältnis wohl der körperliche zum seelischen Hunger ist. Dazu befrage ich Dr. Michael Dümpelmann, durch seine Arbeit ist er Spezialist für Depressionen und Psychosen, also für Menschen, deren Ich-Grenzen häufig instabil sind:

Wer legt sich durch Essen sprichwörtlich ein dickes Fell zu?
Bauchfett ist nicht nur das Produkt psychologischer Fehlschaltung, sondern auch von physiologischen Kreisläufen. Aber in Bezug auf die Seele ersetzt das Essen die Mutter, die als Erste Nahrung gegeben hat. Häufig besteht ein Ambivalenzkonflikt. Wie viel Lust gönnt man sich? Dieser Konflikt

verlagert sich auf die Essebene. Viele Patienten lernen erst in Genussgruppen in Kliniken, dass sie sich etwas gönnen dürfen – und woher sie akalorischen Genuss bekommen.

Welche Funktion kann das Essen außerdem beinhalten?
Im Zentrum steht der Aspekt der Selbstberuhigung. Menschen mit Übergewicht sind oft Dünnhäuter, Prinzessinnen auf der Erbse. Sie haben eine hohe Empfindsamkeit und Irritierbarkeit. Essen ist es eine Möglichkeit, sich selbst zu stillen. Gleichzeitig kann es eine Autoaggression sein, eine Selbstzerstörung.

Warum schämen sich so viele Übergewichtige?
Da geht es um verschiedene, auch körperliche Erfahrungen in der sozialen Interaktion. Gibt es positive Erfahrungen mit dem Willensgefühl? Es beginnt früh: Wenn ich dieses tue, macht das Objekt jenes. Man kennt das von kleinen Kindern, die ständig Sachen auf den Boden werfen. Man sollte sie auch nach dem zwanzigsten Mal loben. Denn sie wollen die Erwachsenen nicht ärgern, sondern gehen in einen nonverbalen Dialog; sie freuen sich, wenn das Objekt, zum Beispiel der Vater, ihnen antwortet. Scham bedeutet, dass eine Regulierung von außen übernommen wurde, das stoppt die eigene Entwicklung.

Selbst schlanke Frauen werden als zu dick kritisiert. Warum?
Genau deswegen: Es stoppt eine Entwicklung. Es geht um die (männliche) Vorstellung von Weiblichkeit. Da ist die Angst vor der großen Frau. Die Angst vor einer Frau in Brunftlaune, die markig was auf die Waage bringt. Eine triebhafte, sexuell begehrende Frau erscheint manchen bedrohlich, deshalb werden sie früh niedergemacht. Denn die Gebärpotenz ist riesig. Frauen können Leben schenken. Mädchen und

Frauen, denen gesagt wird, sie seien zu dick, wird eigentlich gesagt: ›Du bist zu heftig! Du bist zu begehrend! Du willst zu viel!‹ Adipöse Frauen können ihre Macht durch ihre Gestalt darstellen.

Wie werden Frauen die Scham wieder los?
Die Bewegung Body Positivity halte ich für wichtig. Hierbei geht es um Toleranzgrenzen, um die Entwicklung, zunehmend mit sich selbst einigermaßen in Einklang zu kommen. Denn Scham ist ein sich selbst verstärkender Mechanismus: mehr Scham, mehr Essen.

Aber als Adipöse bin ich wirklich nicht sehr begehrenswert.
Es sind nicht rein die körperlichen Attribute. Jane Birkin hatte nur wenig Busen, trotzdem war sie ein Männeridol und hat es krachen lassen. Ich denke nicht, dass es nur um die Figur, um Materielles geht, sondern um die Vermittlung von Affekten, Wünschen und Intentionen. Das macht die Figur eines Subjekts nicht unwichtig, relativiert ihre Wirkung aber stark. Manche Menschen haben verunstaltete Genitalien, aber eine funktionstüchtige Psyche kriegt das hin. Die Fragen lauten: Was ist Sexualität? Was ist Begehren? Was Intimität? Es geht darum, wie wir Beziehung erleben, auch zu uns selbst. Welche Gelassenheit können wir uns leisten, welche Fehler? Wie weit kann ich ertragen, dass ich nicht so bin, wie ich möchte? Kann ich mich integrieren?

Endlich habe ich Antworten, Dominosteine der Erkenntnis, die umfallen. Ich war meinem Vater zu viel. Den Jungen im Internat zu freizügig. Wohl nicht zufällig wurde ich am Anfang der Pubertät gedemütigt, mit zwölf, als ich neugierig die Welt erkunden wollte. Mir ist aber nicht klar, woher Jungen in dem Alter wissen, dass sie Mädchen über deren erwachende Sexualität entwürdigen können. Lernen sie es von den Vätern?

Eine Offenbarung ist für mich das Buch »*Mein Körper gehört mir … und ich kann mit ihm machen, was ich will!*« des Psychoanalytikers Mathias Hirsch, und darin das Kapitel über mehrgewichtige Körper.[1] Hirsch fragt: Wie verhält sich der dicke Körper in der Interaktion zu anderen? Die Antworten: Er bietet Schutz vor übergriffiger Nähe, auch durch sinkende Attraktivität. Das Essen soll eine innere Leere füllen. Fettsucht folgt einer Suchtdynamik. Es ist eine Auseinandersetzung mit der Mutter, als Aggression gegen die Mutter, zum Beispiel bei Parentifizierung, oder als Selbstbemutterung. Die Gier nach Essen ist ein Versuch, emotionale Defizite zu stillen. Da ist die Schwelle zwischen Abhängigkeit und Autonomie, die Loslösung vom Elternhaus. Statt mit Worten zu sprechen, spricht der Körper, er setzt eine Grenze. Bei sehr übergewichtigen Männern, die keinen Therapeuten aufsuchen, stellt Hirsch die Frage, ob ein unbewusster Gebärneid zu vermuten sei – denn der adipöse männliche Körper geht mit einem deutlichen Zuwachs an Brust und Bauch einher.

In dem US-amerikanischen Film *Joker* sagt der Protagonist Arthur Fleck, genial gespielt von Joaquin Phoenix: »Das Schlimmste an einer psychischen Erkrankung ist, dass die Leute erwarten, dass du dich so verhältst, als hättest du keine.« Meine Not wurde hinter dem sozialen Angepasst-Sein lange nicht bemerkt: zu Hause, im Kinderheim, im Internat. Jetzt bin ich alles Mögliche. Aber nicht (mehr) zu übersehen. Männer gelten als stattlich, Frauen als Flintenweib oder Matronen. Ich möchte eine Amazone werden. Mithilfe von

1 Mathias Hirsch: »Mein Körper gehört mir … und ich kann mit ihm machen, was ich will!« Psychosozial-Verlag 2010.

Freundinnen, sozialen Trägern, Stiftungen und Mitarbeiterinnen in der Psych-Szene. Ohne sie hätte ich es bis hierhin nie geschafft. Und mit ihnen gehe ich den Weg zur Gesundung weiter.

Fazit

Bin ich jetzt zufriedener?

Ich balle die Fäuste, blicke auf den Boden und gehe los.

Werde ich fünf Minuten brauchen, bis ich vom Strandkorb das Meer erreiche, oder sieben? Bei Aufnahmen aus der Luft zeigt sich Amrums Strand, der Kniepsand, als strahlend weißes Band, welches sich an die Westküste schmiegt. Die Fähre braucht knapp eine Stunde nach Föhr, nach Amrum zwei, das nächste Festland ist England; die Nordsee nimmt Hunderte Kilometer Anlauf, um mit Schwung hier zu landen.

Mutprobe: An FKK-Stränden auf Amrum und Föhr

Beklommen laufe ich über den kühlen, festen Sand, er ist von den Schalen der Herzmuscheln durchzogen, sie piksen in meine Fußsohlen. FKK-Strand, ist das eine gute Idee? Weitergehen, einfach weitergehen, auch wenn ich fürchte, dass mich jemand missbilligend ansieht, gar mit dem Finger auf mich zeigt, entrüstet und angeekelt. Guck mal, die fette Frau da, eine Zumutung! Meine Fäuste verkrampfen.

Leider lese ich oft, dass Spannerinnen nackte Kinder mit Teleobjektiven heimlich fotografieren und die Bilder in pädophilen Netzwerken teilen. Das Bundeskriminalamt (BKA) warnt seit Jahren, dass Erwachsene keine Fotos von kaum bekleideten oder nackten Kindern bei Social Media oder in

Messengerdiensten wie WhatsApp teilen sollen, auch die Gefahr von Mobbing durch Mitschülerinnen besteht. Mein Körper ist hier sicher für niemanden ein Lustobjekt. Aber vielleicht stellen Trolle Bilder von Menschen, die sie hässlich finden, an einen Online-Pranger? Existiert rotten.com noch, die Website der Ekelfotos? Dient der dicke Körper manchen als Fetisch? Ob ich besser umkehre? Weitergehen, einfach weitergehen. Es mögen zwei, drei Beaufort sein, meine Befürchtung war, dass ich frieren würde, doch der auflandige Wind fließt angenehm über meine Haut, vom Nacken die Wirbelsäule herunter. Vermutlich sorgt das Adrenalin dafür, dass mir nicht kalt ist. Vorsichtig blicke ich hoch. Begleitet vom Geschrei der Sturmmöwen laufen Spaziergängerinnen am Flutsaum entlang, barfuß, in kurzen Hosen und aufgeblähten Windjacken. Ein schwarzer Labrador rennt jubelnd in die Wellen und saust dann, mit flatternden Ohren, zu seiner Familie zurück. Ein Yorkshire Terrier zittert im Wind und kläfft empört. Zwischen ihnen suche ich eine Lücke, das fehlt mir noch, dass ein Hund an meinem nackten Körper hochspringt, womöglich bellt. Unauffällig korrigiere ich meinen Kurs, weitergehen, einfach weitergehen.

Endlich erreiche ich das Meer, tapse die ersten Schritte hinein, Wassertemperatur 18 Grad Celsius, die Luft hat 20 Grad, spätestens jetzt müsste die Kälte kommen. Die letzten Tage habe ich drinnen verbracht: Dauerregen. Im Juli. Auch heute schieben sich regensatte Wolken energisch am Himmel entlang. Die Flut steigt Richtung Hochwasser, die Wellen prickeln meine Beine hoch; weiter, immer weitergehen.

Links von mir planscht ein nahtlos sonnengebräuntes Paar, das beruhigt mich, nicht nur ich bin unbekleidet. Die Wellen donnern auf mich zu, die Gischt wirbelt feine Salzpartikel auf, alle Nordseeinseln sind bekannt für die heilsame Seeluft. Nicht mal am Bauch ist mir kalt, dafür erwischt mich ein Brecher, grad kann ich mein Gesicht noch drehen, aber danach bin ich triefnass. Rechts tollt ein nacktes Paar herum, weder dick noch dünn. Ich drehe mich vorsichtig im Kreis und spähe ans Ufer, niemand beachtet mich, puh, ich kann mich entspannen.

Kaum bin ich bis zum Hals im Wasser, erinnert sich mein Körper: Nacktbaden ist wunderbar. In meiner Jugend gab es auf Sylt, in der Nähe von List, eine öffentliche Sauna in den Dünen, zum Abkühlen liefen wir in die Nordsee, ein Hochgenuss. Was ist der Unterschied?, fragt später ein Freund. Das Meer auf der Haut zu spüren, ohne nasse Kleidung dazwischen, fühlt sich an wie Seide.

Jetzt kann das Nordseespiel beginnen! Das Meer fordert mich heraus, holt mich von den Füßen, während ich versuche, im Stand zu bleiben, mit Respekt vor der Strömung. Hier zu schwimmen ist unmöglich, es bleibt beim Hin und Her, beim Vor und Zurück. Wegen meiner Kontaktlinsen tauche ich nicht unter den Wellenkämmen durch, sondern springe schnell hoch, wenn die Welle zu groß wird. Mein Herz hüpft, auch der Bauch und der Busen, es ist mir jetzt egal.

Meine Gedanken fließen ineinander wie die graublauweißen Schichten des Meeres. Wie spät ist es? Ich will bleiben! In mir erklingt *Be* von Neil Diamond, *Jonathan, die Möwe*. Die See hält mich, vertraut wie eine frühe Prägung. Ob Psychoanalytikerinnen einen unbewussten Bezug zur Fruchtblase assoziieren würden; eine vorsprachliche Prägung, die sich im Körpergedächtnis gespeichert hat? Als Föten entwickeln wir uns im Fruchtwasser, in Bewegung, eine menschliche Urerfahrung. Beim Spiel mit der Nordsee fühle ich mich verbunden, gehalten, beantwortet. Übermütig springe ich herum, streiche mir das Wasser aus der Stirn, lasse mich umwerfen, stehe wieder auf. Ich versuche, die heilsame Luft bis in jede Zelle einzuatmen. Noch eine Welle, bitte, ich möchte bleiben! Aber ich darf die Fähre nicht verpassen. Die Vernunft macht mich wehmütig. Noch eine Welle, dann drehe ich England den Rücken zu und gehe langsam zurück.

Die Wolken ballen sich, sehen sie nicht aus wie Nana-Figuren, die auf einer Chaiselongue liegen? Oder wie die Rubensfrauen? Nur Sand und Himmel bis zum Horizont, keine Häuser, kein Verkehr, weder Bäume noch Büsche. Zu Hause bin ich auch an der Ostsee und in Stockholm, aber die Weite an der Nordsee ist einzigartig. Selig und beseelt gehe ich über den kühlen Sand, die Schultern zurück, ohne Scham, der Wind pustet mich trocken. Beim Strandkorb schalte ich mein Handy ein, ja, ich muss los. Seit drei Tagen bin ich auf der Insel, aber durch Kälte und Regen konnte ich erst heute, am Abreisetag, baden. Fünf Minuten nehme ich mir, breite das im Wind zappelnde Handtuch aus, lege mich nackt auf den Rücken und strecke die Arme über den Kopf. Kein Vergleich zum Badeanzug, der Wind ist weich, nichts kalt und klamm. Am Himmel umarmen sich die Nanas. Ein Sonnenstrahl lässt die Dünen leuchten, wie ein Spotlight beim Konzert. Ich schließe die Augen, Salz auf meiner Haut, und schwebe.

In den Museen entlang der Nordseeküste zeigen historische Schwarz-Weiß-Fotos Frauen, deren Statur heute mollig genannt werden würde. Zu Zeiten von Walfang und Handelsschifffahrt, als die Männer monatelang auf See waren und etliche nicht zurückkamen, schulterten die Frauen Familie und Arbeit in Eigenregie: in der Landwirtschaft, beim Fischfang, im Haushalt. Ihre Kraft ist in den Alltags- und Festtagstrachten deutlich zu sehen. Kleid und Schürze betonen die Kontrabass-Figur, aber für diese Generationen war es selbstverständlich, körperlich hart zu arbeiten. Heute sind die meisten Insulanerinnen für den Tourismus tätig.

Eine Bekannte hatte mir den FKK-Strand empfohlen, weil sich hier alle sonnen und baden würden, die das Ideal aus der Werbung nicht erfüllen. Wenn ich nicht dick wäre, wäre FKK für mich normal. Ich frage mich, was heute eigentlich als prüde gilt? Meine Freundin Michaela, die seit über zehn Jahren in Schweden lebt und als Diakonin in Visby auf Gotland tätig ist, erzählte mir, wie verklemmt sie die Schweden erlebt: »In der Regel sind die Saunen für Männer und Frauen getrennt, und wenn sie sich am Strand umziehen, ist das so was von krampfig. FKK ist hier nicht das Normale.« Was prägt das Erleben des eigenen Körpers wohl mehr, die Kultur oder die Familie? Eine andere Freundin hatte ihre Eltern nicht mal in Unterwäsche gesehen, weil sie Bad und Schlafzimmer immer abschlossen. Bei einer dritten ließ die Familie dauernd die Hüllen fallen. Ihre Schulkameradinnen erschraken beim Öffnen der Badezimmertür, weil da der nackte Vater mit einer Zeitung auf dem Klo saß und fröhlich grüßte. Manche Frauen haben sich »da unten« nie mit einem Spiegel angesehen, andere erinnern sich, dass die Mutter wütete, weil sie ins Bett gemacht hatten.

Für mich hat es sich gelohnt, die Mutprobe zu wagen. Bereits auf dem Rückweg vermisse ich das Gefühl des Salzwassers an der Haut, das Gefühl von Freiheit und Sinnlichkeit. In einem FKK-Camp Federball spielen, nur mit Turnschuhen bekleidet, möchte ich dagegen nicht. Aber wer es mag, bitte! Es gibt sogar Nackt-Kreuzfahrten und Nackt-Yoga. Ohne Kleidung brauche ich zu anderen einen Sicherheitsabstand. Der über zehn Kilometer lange, bis zu anderthalb Kilometer breite Kniepsand bietet ihn mir.

Auf der Rückfahrt von Amrum zum Festland nach Dagebüll stehe ich auf der Fähre *Nordfriesland* oben an der Reling, die Hände in den Taschen, die Jacke am Hals zugezogen. Böen wehen meinen Zopf zur Seite. Ich drehe das Gesicht nach Luv, es blastert, wie ich es gern mag. Backbord querab liegt Föhr, an Steuerbord die Halligen. Wann kann ich wieder nackt baden? Fast fange ich zu weinen an. Auf dem graudunklen Meer bilden sich Schaumkämme, darüber liegen die auseinandergezogenen Wolken wie Watte. Nur am Horizont, wo Meer und Himmel sich berühren, leuchtet ein weißer Streifen. Loslassen ist nicht meine Stärke. Aber beim Bad in der Nordsee lassen meine Traumata mich los.

Wie bei vielen PTBS-Patientinnen beruhigt die Bewegung des Körpers für eine gewisse Zeit die sich in Alarmbereitschaft befindende Seele.

Balsam ist willkommen. Beglückt von meiner FKK-Mutprobe setze ich mich mit dem Deutschlandticket im September 2023 erneut in den Zug an die Küste. Ein Tagestrip, den ich mir damit leisten kann, hurra! Heute besuche ich in Wyk auf Föhr nicht die Störche, die schmucken alten Häuschen und meine Lieblingsbank am Leuchtturm, sondern fahre direkt zum Südstrand. Hier ist wenig los, trotz Windstille, 22 Grad Celsius und fast wolkenlosem Himmel. Nur ab und an ist ein kleines Flugzeug zu hören. Neben mir zuckelt ein älteres Paar Händchen haltend zum Wasser. Ihr Bauch wölbt sich weit nach vorn, sein Rücken ist dicht behaart. Ich finde das nicht attraktiv. Aber normal! Und die Normalität entlastet mich. Auf meinem Weg über den Strand ins blaue Glitzern hinein verschränke ich trotzdem beide Arme vor der nackten Brust. Noch bin ich die Scham nicht los. Im Wasser ziehe ich erst weit draußen die Badehose aus und wickle sie mir ums Handgelenk. Dann schwimme ich eine Stunde lang, die Nordsee ist kühl, aber durch mein Körperfett fühlt es sich erträglich an.

Ein Zitronenfalter schwebt vorbei, am Horizont, vor den Halligen, segelt eine Jacht. Blaublaublau. In mir wird alles ruhig. Eine seltene, köstliche Ruhe, sodass ich vor der anstrengenden Rückreise noch einmal eine Stunde lang nackt bade. Wieder eine Mutprobe bestanden!

Alte Fragen, neue Antworten: Was habe ich gewonnen, was noch nicht gewagt?

Früher wusste ich nicht, dass Urlaub an der Nordsee, das Raum und Weite Luxus sind. Ich wusste auch nicht, wie viele deutsche Kinder mit ihren Eltern im Sommer in deren Geburtsland reisten, Richtung Mittelmeer. Für die *Eßlinger Zeitung* schrieb ich 2021 einen Artikel über postmigrantische Literatur. Alem Grabovac wuchs als *Das achte Kind* bei Pflegeeltern auf. Sie waren überzeugte Nationalsozialisten. Mit seiner Mutter reiste er im Sommer nach Südeuropa. Wir fuhren mit unseren vielen Koffern und Taschen, die mit Geschenken für das halbe Dorf, mit Kleidern, Parfums, Medikamenten, Kaffee und Süßigkeiten bis zum Bersten gefüllt waren, in der voll besetzten Straßenbahn zum Frankfurter Hauptbahnhof. Von dort nahmen wir den Nachtzug nach Zagreb. In unserem Sechserabteil saßen nur Jugos, die wie Mutter in Deutschland als Gastarbeiter ihr Geld verdienten. Ihre unzähligen Koffer und Taschen platzten ebenfalls aus allen Nähten. In den überfüllten Waggons war es trotz der geöffneten Fenster heiß und stickig.[1]

Ich hatte mir auf meiner Abenteuerreise anfangs viele Fragen gestellt. Hier kommen, zusammengefasst, meine Antworten, kommt meine Bilanz.

Eine zentrale Frage lautete: Welche Räume kann ich mir erobern? Mit jedem neuen Kapitel wurde deutlicher, wie wenig Räume ich kenne. Kulturelles Interesse, in Form von Büchern (wie *Lauter Lügen*), Lesungen *(Dschinns)*, Filmen *(Driving Mum)* oder Ausstellungen in Museen *(Femme Fata-*

1 Alem Grabovac: Das achte Kind. Hanserblau 2022, S. 116.

le) ist nicht Dasselbe wie ein Erleben, ein Dabeisein und Mitmachen. Ich suche mehr Praxis als Theorie. Daher lautet ein Ziel für diesen Sommer: Ich möchte Freibäder und Parks in Hamburger Stadtteilen besuchen, in denen ich bisher nie war, von Duvenstedt bis Finkenwerder. Und ich will so oft wie möglich nach Berlin, dort ist die ganze Welt zu Hause. Im Juni 2023, nach dem Besuch mit Jenny im *SchwuZ,* fuhr ich nach Lichtenberg zum vietnamesischen Großmarkt *Dong Xuan*. Bereits die Fahrt mit der Straßenbahn durch den mir unbekannten Stadtteil war spannend; vor den Verkaufshallen des Centers wurden mir sofort Zigaretten angeboten, drinnen kaufte ich grüne Kumquats, wie ich sie in Hanoi kennengelernt habe. Was ich in der Hauptstadt regelmäßig mache, möchte ich in meinen Wohnort übertragen: mich in irgendeinen Bus setzen, bis zur Endhaltestelle fahren und dort spazieren gehen.

Eine weitere Frage lautete: Wie kann ich mich Body Positivity und Body Neutrality nicht nur kognitiv nähern, sondern physisch meinen Körper anders erleben? An welchen Stellschrauben sollte ich drehen, um den Effekt zu stärken? Die Antwort: baden, im Meer und in der Sonne, Sport und Tanz. Gern auch Massage.

Manches habe ich (noch?) nicht geschafft. Wie, mich beim Online-Dating anzumelden. Was ich darüber lese, reicht mir. Für die Partnersuche muss ich deshalb analoge Möglichkeiten schaffen, mehr Partys und Seminare besuchen.

Einen Social-Media-Account zu starten, der mich als dicke Frau beim Sport zeigt, habe ich nicht geschafft. Ich fürchte die Trolle und Hater zu sehr.

Leider habe ich nur kurzfristig abgenommen. Es macht mich sehr unglücklich. Ich muss meine Schwere weiterhin tragen und Stigmata aushalten. Die wichtigsten beiden Erkenntnisse lauten daher: Mein Übergewicht kann ich weder weg*wollen* noch weg*manifestieren.* Aber: Mutig sein lohnt sich!

Denn, eine stärkende Antwort: In puncto Körperbilder und Schönheitsideale verändert sich wirklich etwas, auf vielen Ebenen. Addiere ich sie, entspannt sich meine Selbstwahrnehmung. Ich nutze die Gestaltungsfreiheit, die ich habe, im Kleinen wie im Großen. Zeige mich bei Social Media ungefiltert und ungeschönt. Entfolge Models wie Rebecca Mir und folge stattdessen Menschen wie Joachim Scheffer, einem jungen Mann aus den Niederlanden, der mit nacktem Oberkörper und deutlicher Plauze großartig turnt (@thatfatfreerunner).

Das ist auch dringend nötig. Ich hatte angenommen, dass Unterhaltung in meinem Leben keine große Rolle spielt. Dann fiel mir auf, dass auch Dschungelköniginnen in die NDR *Talkshow* eingeladen werden und ich, wenn ich nicht schlafen kann, bei Instagram und gala.de A-, B- und C-Prominente anschaue. Übertriebene Selbstdarstellung boomt, ebenso Kitsch – und ein überzogener Schlankheitswahn. Mir macht das schlechte Laune, und es nährt mich nicht. Also: Schluss mit dem kulturellen Fast Food! Mehr Inhalte statt Äußeres, mit fünfzig kann ich mir wohl erlauben, *oldschool* zu sein. Statt Fotos von Promi-Kindern anzusehen, höre ich zum Einschlafen jetzt den Literatur-Podcast der FAZ, den von *mare* und *Steppenkinder*. Beim Kochen höre ich im Deutschlandfunk Beiträge über mir wenig bekannte Menschen (wie Katrin Weber, eine DDR-Sängerin) und Themen (wie Index-Mieten). Ich suche gezielt nach klugen Serien *(Tage, die es nicht gab)* und Filmen *(Meine Stunden mit Leo; Ich bin dein Mensch)* über spannende Frauen über vierzig. Statt eines Glücksratgebers lese ich *Emotional – Reflexiv – Implizit. Wie wir in psychodynamischen Prozessen wirksam werden,* herausgegeben von Michael Klöpper. Anstelle von Worthülsen und Marketingsprech finde ich hier unter anderem Theorie, Empirie und Fakten über die Wirkung von Psychotherapie sowie, mindestens ebenso wichtig, die Gewissheit, dass es da draußen genügend andere gibt, die sich ähnliche Fragen stellen wie ich. Wenn ich die entsprechenden Tagungen der Psychexpertinnen besuche, bin ich auch dort oft allein unter Dünnen – aber gemeinsam mit Menschen, die mir wie eine Mischung aus meiner Eimsbüttel-Blase und meinem Sportverein vorkommen. Dort flirte ich sogar ein wenig.

Auch körperlich wage ich mich weiter vor. So buchte ich im Hamburger Nivea-Haus eine Ganzkörpermassage und fürchtete mich bis zum Beginn, dass sich die Masseurin vor mir ekeln würde. Falls sie es tat, überspielte sie es gekonnt. Und: Die Massage war die reine Wonne. Mehr davon!

Wie erwartet, ist es ein Genuss, mehr Sport zu treiben. Vorausgesetzt, er passt zu meinen Fähigkeiten. Zusätzlich zum Ju-Jutsu nehme ich am Aqua-Gym jetzt jede Woche teil, mit großer Freude. Die Teilnehmerinnen wirken auf mich auch bunter als die beim Pilates. Dorthin und zum Yoga gehe ich nur selten, aber häufig zu Mobility & Stretch, perfekt für Büroarbeitende und Anfängerinnen.

In Gruppen verändere ich den Fokus. Dreimal besuche ich die beeindruckenden Shows der *Let's Dance*-Tour. Einmal steht in der Pause die Profitänzerin Patricija Ionel mit in der Warteschlange zu den Toiletten. Sie ist unglaublich dünn, und natürlich fühle ich mich deswegen unwohler als ohnehin schon. Ein anderes Mal bahne ich mir durch die Sitzreihe den Weg zu meinem Platz und sehe, dass ich den neben einer dicken Frau habe. Wir werden uns berühren, die Sitze in der Hamburger Barclays Arena sind zu schmal für uns. Ich sehe mein Unbehagen in ihrem Gesicht gespiegelt, dann lächeln wir beide zaghaft. Den Fokus ändern heißt: Natürlich sehe ich nicht aus wie Profisportlerinnen um die dreißig. Aber wieso sollte das eine normale Frau, ob mit Kleidergröße 40 oder 50, auch nur in Erwägung ziehen? Welche Frau *schämt sich*, dass sie nicht singen kann wie Namika oder schreiben wie Kübra Gümüşay? Es wäre absurd, sich mit Models oder Tänzerinnen zu vergleichen. Meine Referenzgruppe ist das Publikum, das in der Pause nach Brezeln und Getränken ansteht. Die Stimmung ist fröhlich und gelöst, ich beobachte die Menschen um mich herum und sehe: Vielfalt. Auf der Bühne zeigt sich (2022) noch deutlicher als im Fernsehen, dass der kleinwüchsige Mathias Mester um Klassen besser tanzt als der Comedian Bastian Bielendorfer. Am Ende tanzt und jubelt die ganze Halle, fast 10 000 Menschen; ich mache mit, klatsche mir die Hände wund und freue mich einfach, Teil der mitreißenden Show zu sein. Ich, die runde Frau neben mir, alle Zuschauerinnen gehören dazu, was wären Künstlerinnen ohne ihr Publikum? Auch hier gibt es doch einen Platz für mich.

An Unterhaltung bleiben wird *Let's Dance* daher. Außerdem, und ich traue mich kaum, es zu schreiben, GNTM *(Germany's Next Topmodel)*. Es widerspricht von Grund auf meiner feministischen Haltung, aber die Sendung entspannt mich leider. Und füttert die Dreizehnjährige in mir, die davon träumt, sich per Fotoshooting in einen Schwan zu verwandeln. Ich verbuche es zähneknirschend unter: »Das Leben ist voller Widersprüche.«

Die beschreibt die Schriftstellerin Katja Oskamp in *Marzahn, mon amour* pointiert, denn sie arbeitet auch als Fußpflegerin im Osten von Berlin. Wieder was gelernt, wieder weniger allein mit der Frage: Wo gehöre ich hin? Warum ist die Welt so, wie sie ist? Von dem Soziologen Steffen Mau lerne ich: »Im gegenwärtigen politischen Diskurs haben die rechten Populisten jedenfalls ein Angebot in der Tasche, das kaum zu schlagen zu sein scheint, weil es die Menschen von Zumutungen entlastet. Sie sagen: ›Die Welt muss verändert werden, um sich an dich anzupassen!‹ Die Liberalen, egal ob Marktliberale oder aufgeklärte Kosmopliten, haben hingegen eine andere Botschaft: ›Du musst dich ändern, um dich an eine sich wandelnde Welt anzupassen!‹ Die Populisten machen also ein Entlastungs- und Anerkennungsversprechen, die liberalen Kräfte treten den Menschen mit Veränderungs- und Anpassungszumutungen gegenüber.« [1]

Auch spreche ich mit Menschen über gesellschaftliche Normen. Meine Freundin Michaela, die Diakonin in Visby, erzählt mir, in Schweden würde Body Positivity bedeuten, dass eine andere Person für ihr Aussehen nicht öffentlich angegangen werden darf. Wichtig sei Vorsorge, gefördert werde das vom Staat. Die Gesundheitskultur kann aber auch Druck machen – was, wenn man es nicht schafft? Grundsätzlich zählt in Schweden die persönliche Freiheit viel. Die Kirchen erlauben schon lange gleichgeschlechtliche Ehen. Gemeindepfarrer mit Tattoos und Piercings? Kein Problem. Wieder ein Beispiel für: Was heißt schon normal?

1 Steffen Mau: Lütten Klein. Leben in der ostdeutschen Transformationsgesellschaft. Suhrkamp 2020, S. 247.

20 Sommer, vielleicht nur 15: Das Leben ruft

Die durchschnittliche Lebenserwartung von Frauen liegt bei Anfang achtzig, die bei Männern bei Ende siebzig. Obdachlosigkeit verkürzt das Leben um rund dreißig Jahre. Auch Krankheit hat seinen Preis: Ich werde wohl nicht älter als siebzig werden. Daher gehe ich von höchstens zwanzig Sommern aus, die ich noch leben muss/darf. Meist haben ich nach dem Preis des Lebens gefragt, nicht nach seinem Sinn. Ich wusste immer, was ich will: frei sein und verbunden; liebend und geliebt, lernend und erfahrend. PTBS und Geldmangel schränken mich mehr als genug ein. Ich suche nicht das entschleunigte, einfache Leben, sondern das komplexe, fordernde. Ich will schreiben und reisen, Fragen stellen und Antworten suchen, mit Hamburg als Heimathafen. Kann das gelingen?

Reisen ist ein Privileg. Hoffentlich schaffe ich es einmal nach Island und Finnland; Georgien, Kalifornien und Buenos Aires. Mit Stockholm führe ich bereits eine Fernbeziehung. Denn meine Lieblingsstadt vereint auf einzigartige Weise Metropole und Meer. Weil sie LGBTQIA+ ernst nimmt, zur Pride sind auch Rolltreppen bunt illuminiert. Weil ich in der Innenstadt überall baden kann. Weil der ehemalige schwedische Fußballspieler Zlatan Ibrahimović in seiner Biografie *Ich bin Zlatan Ibrahimović* schreibt, dass er froh sei, dass seine Frau (elf Jahre) älter ist: Sie sei lebenserfahrener.[1] In H&M-Läden gibt es Sportshirts immer eine Nummer größer als hier. Und im Sommer kostenlose Kon-

1 *Ich bin Zlatan Ibrahimović. Meine Geschichte.* Erzählt von David Lagercrantz. Piper 2015, S. 163 f.

zerte im Park. Ich weiß, dass Schweden keine Idylle ist, die Versorgung von psychisch Kranken ist, an Deutschland gemessen, schlechter. Aber Stockholm ist tolerant und divers.

Zwanzig Sommer. Vielleicht nur fünfzehn. Was, wenn ich nie mehr abnehme? Was, wenn ich keinen Partner finde? Beides wäre zum Heulen. Ob mein Schicksal sich wendet, wird nicht von meiner Superpower, sondern zum Beispiel vom Semaglutid abhängen. Davon, ob mich mit fünfzig noch jemand in Teilzeit fest anstellen wird. Welche Wertschätzung die Gesellschaft mir entgegenbringt – und was ich selbst leisten will und kann.

Es wird Zeit, sich auf die Hinterbeine zu stellen

Gern würde ich ein besserer Mensch werden. Wie viel meiner Lebenszeit ist bereits für die Waage draufgegangen, für Frust und das Vergleichen. Heute möchte ich mich lieber sozial engagieren. Denn ich bin nicht *allein unter Dünnen.* Sondern will *gemeinsam mit ihnen* für eine bessere Welt eintreten. Wir sind viele, denen vermittelt wird, dass sie nicht passen. Die weniger Hilfe bekommen, als sie brauchen. Wie Friedrich. Er ist der Sohn des Fotografen Florian Jaenicke, geistig auf dem Stand eines Säuglings - und wird es bleiben. 2023 schrieb sein Vater im *Zeit Magazin* (erneut) über ihn, denn Friedrich war volljährig geworden. Zu seinem 18. Geburtstag, der den Eltern neue bürokratische Hürden brachte, bekam er einen Glückwunschbrief von Markus Söder, der über mögliche Pläne des Jungen schrieb. Eine eigene Wohnung, vielleicht ein Studium? Bayern sei ein großartiges Land und er als Ministerpräsident wolle Friedrich bei seinem Start ins Leben helfen. »Das ist schön«, schrieb Florian Jaenicke, der Vater, im *Zeit Magazin*, »denn uns fällt einiges ein, das ihm helfen würde. Ein Platz in einer Förderstätte,wo er tagsüber betreut wird, oder in einem Wohnheim zum Beispiel. Die Einrichtungen, die ich kontaktiert hatte, haben keine Plätze.« Je mehr Eltern von Kindern mit Handicap ich kennenlerne, desto mehr erschüttert es mich, wie ihnen das Leben von außen erschwert wird. Es sind viel zu viele, die im Kindesalter kleingemacht und später kleingehalten wurden. Weil sie nicht wie Lieschen Müller aussehen oder wie Max Mustermann auf ihre Umwelt reagieren. Die sich anders fühlen. Für die es schwierig ist, sich von harten Urteilen zu emanzipieren. Viele werden kurzgehalten, weil sie für andere eine Bedrohung darstellen. Denn was würde passieren, wenn sich *die anderen* sich auf die Hinterbeine stellen? Gemeinsam?

Schüttel deinen Speck: Wir, zusammen

Ich will öfter selbstbewusst tanzen gehen, »Schüttel deinen Speck«, singt Peter Fox: Auch werde ich weiterhin so viel Sport treiben wie möglich. Bewegung ist ein Geschenk! Ich bin froh, dass mich bei meinem Start ins Leben das Mutter-Kind-Turnen (von dem ich hoffe, dass es jetzt anders heißt) derart positiv geprägt hat. Und ich bin froh, dass das System des Leistungssports besonders beim Gerätturnen heute hinterfragt wird. Deshalb spreche ich als Letztes mit Kim Bui, am Telefon.

»Meine Bulimie habe ich überwunden«: Interview mit der ehemaligen Leistungsturnerin Kim Bui

Ich fühle mich mit Kim Bui auf seltsame Weise verbunden: Sie hat erreicht, was ich mir gewünscht hätte. Dreimal nahm sie an Olympischen Spielen teil und war mehrfach Deutsche Meisterin. Einen Master in Technischer Biologie hat sie auch. Durch meine Freundin Yen weiß ich ein wenig über die vietnamesischen Werte: Disziplin, Fleiß, Respekt. Und ich kenne eine verheimlichte Essstörung. In einer Doku vom Bayerischen Rundfunk *(Hungern für Gold)* und in ihrem Buch *45 Sekunden* berichtet Kim Bui vom Gerätturnen als Leidenschaft, Glück und Qual. Vom Druck, ihren Eltern zu genügen, die, in Vietnam und Laos geboren, als Boat People nach Deutschland kamen und sich aus dem Nichts eine neue Existenz aufbauten. 2022 verabschiedete sich Kim Bui vom Profisport, arbeitet seitdem als Speakerin und hat eine Ausbildung zum Coach absolviert. Als Erstes frage ich sie:

Wie hat sich Ihr Körper seit dem Abschied vom Profisport verändert? Fühlen Sie sich wohl?
Mir geht es sehr gut. Ich bin nicht mehr so muskulös und durchtrainiert wie früher. Mein Körper ist etwas fraulicher geworden, ich mag das. Aber ich kann nicht mehr essen wie ein Scheunendrescher. Weniger Appetit habe ich auch, ich muss weniger leisten und ich bin deswegen schneller satt.

Turnen Sie noch?
Heute mache ich nur Gesundheitssport, gehe nach wie vor in den Kraftraum, ein bisschen Ausdauer, HIIT (hochintensi-

ves Intervalltraining) und Langhantel-Training. Da ist eine gewisse Spannung im Körper, das ist gut.

Ihre Essstörung, die Bulimie, haben Sie seit vielen Jahren überwunden. Was sehen Sie im Rückblick als die Ursachen?
Es war sicher eine Mischung: die Prägung durch meine Eltern, das System Turnsport und meine eigene Empfindlichkeit. Die auslösenden Trigger waren die Bemerkungen meiner Trainerin, aber das ist wohl nicht der alleinige Grund. Da ist eine große Zerrissenheit in mir, einerseits hat mich die asiatische Kultur wahnsinnig weit gebracht. Andererseits kann sie durch die Strenge eine solche Krankheit fördern. Ich habe diese dritte Kultur, die weder genau die Herkunft meiner Eltern widerspiegelt noch die meines Geburtslands Deutschland.

Jahrzehntelang lebten Sie in der Turn-Blase, mussten auf viel verzichten, wurden aber auch bejubelt. Was nährt Sie heute?
2023 bin ich für mehrere Wochen nach Vietnam gereist und war dort ohne Social Media unterwegs. Außerdem habe ich mit einer Gruppe Frauen die Alpen überquert, zu Fuß. Beides war grandios.

Wie würden Sie bei einem Workshop für Normal- und Übergewichtige die Teilnehmerinnen motivieren?
Grundsätzlich würde ich sie da abholen, wo sie sind. Mir etwas überlegen, bei dem sie ein kleines Erfolgserlebnis haben. Das spornt an.

Ich bin mit dem Schweinehund groß geworden, den es zu überwinden galt. Nur beim Turnen, in der Schule und in der Oper durfte, auf der Basis von eiserner Härte und Disziplin, Freude dazukommen. In Bezug auf meine Arbeit hat mir das Leistungsprinzip durchaus geholfen; meine Artikel schreibe ich, wenn alle Stricke reißen, notfalls in der Nacht. Zur Recherche lese ich eher ein Buch zu viel als zu wenig.

Reflektiere ich aber mein Essverhalten und mein Körpergefühl, haben mir die Prinzipien meines Vaters massiv geschadet. Jahrzehntelang habe ich mich geschunden und gegeißelt. Diese Zeit ist verloren und lässt sich auch nicht umdeuten.

Fünfzehn Sommer, vielleicht noch zwanzig. Und so viele Parameter in meinem Leben, die ich weder beeinflussen noch ändern kann. Aber ich kann neue Erfahrungen machen. Und Erfolgserlebnisse suchen, die werde ich mir gönnen. Spaß. Lust. Rausch. Motivieren werde ich mich, anfeuern.

Allein unter? Gemeinsam mit!

Literatur

Albrecht, Magda: Fa(t)shionista. Rund und glücklich durchs Leben. Ullstein 2018

Altmeyer, Martin: Auf der Suche nach Resonanz. Wie sich das Seelenleben in der digitalen Moderne verändert. Vandenhoeck & Ruprecht 2016

Arnim, Gabriele von: Der Trost der Schönheit. Eine Suche. Rowohlt 2023

Berg-Peer, Janine: Wer früher plant, ist nicht gleich tot. Meine Vorbereitung auf ein entspanntes Leben im Alter. Goldmann 2020

Carl, Verena, und Christiane Kolb: Queere Kinder. Eine Orientierungshilfe für Familien von LGBTQIA+-Kindern und -Jugendlichen. Beltz 2023

Caroline Criado-Perez: Unsichtbare Frauen. Wie eine von Daten beherrschte Welt die Hälfte der Bevölkerung ignoriert. btb 2020

Chamberlain, Sigrid: Adolf Hitler, die deutsche Mutter und ihr erstes Kind. Über zwei NS-Erziehungsbücher. Psychosozial-Verlag 2016, 6. Aufl.

Cöln, Christoph: Reife Leistung. Mit Sport dem Alter trotzen. Inspirierende Geschichten von Menschen über 70. Riva 2020

Eikmeyer, Robert, Hensel, Thomas, Meyer, Birgit, Of, Jan, und Michael Throm (Hrsg.): Luxus!? Zwischen Opulenz und Askese. Edition cantz 2018

Eisenhauer, Bertram: Weil ich ein Dicker bin. Szenen eines Lebensgefühls. C. Bertelsmann 2016

Gay, Roxane: Hunger. Die Geschichte meines Körpers. btb 2021

Herpertz, Stephan, de Zwaan, Martina, und Stephan Zipfel (Hrsg.): Handbuch Essstörungen und Adipositas. Springer 2023, 3. Aufl.
Herrmann, Anja, Kim, Tae Jun, Kindinger, Evangelia, Mackert, Nina, Rose, Lotte, Schorb, Friedrich, Tolasch, Eva, und Paula-Irene Villa (Hrsg.): Fat Studies. Ein Glossar. transcript 2022
Kandel, Eric: Was ist der Mensch? Störungen des Gehirns und was sie über die menschliche Natur verraten. Siedler 2018
Klöpper, Michael (Hrsg.): Emotional – Reflexiv – Implizit. Wie wir in psychodynamischen Prozessen wirksam werden. Klett-Cotta 2023
Kremer, Julia: #Respect my size. Wie ich lernte, mich selbst zu lieben und gegen Vorurteile zu kämpfen. Blanvalet 2022
Marin, Claire: An seinem Platz sein. Wie wir unser Leben und unseren Körper bewohnen. Reclam 2023
Mau, Steffen: Lütten Klein. Leben in der ostdeutschen Transformationsgesellschaft. Suhrkamp 2020
Mayer-Ahuja, Nicole, und Oliver Nachtwey (Hrsg.): Verkannte Leistungsträger:innen. Berichte aus der Klassengesellschaft. Suhrkamp 2021
Michelberger, Melodie: Body Politics. Rowohlt Polaris 2021
Olderdissen, Christine: Gender-leicht. Wie Sprache für alle elegant gelingt. Duden 2021
Passmann, Sophie: Pick me Girls. Kiepenheuer & Witsch 2023
Piegler, Theo: Mit Freud im Kino. Psychoanalytische Filminterpretationen. Psychosozial-Verlag 2008
Quindeau, Ilka: Sexualität. Psychosozial-Verlag 2014
Schreiber, Daniel: Allein. Hanser Berlin 2021
Schutzbach, Franziska: Die Erschöpfung der Frauen. Wider die weibliche Verfügbarkeit. Droemer 2021

Sobiech, Gabriele, und Sandra Günter (Hrsg.): Sport & Gender – (inter)nationale sportsoziologische Geschlechterforschung. Theoretische Ansätze, Praktiken und Perspektiven. Springer 2017

Winzen, Matthias (Hrsg.): Baden in Schönheit: Die Optimierung des Körpers im 19. Jahrhundert. Athena bei wbv 2020

Dank

Ob aus einer Idee ein Buch wird, ist vor allem eine Frage des Geldes; die wenigsten Autorinnen können vom Bücherschreiben leben. Daher danke ich als Erstes der Verwertungsgesellschaft Wort. Ohne das Stipendium aus dem Programm »Neustart Kultur« wäre *Allein unter Dünnen* wohl nie erschienen. Im Zusammenhang damit danke ich sehr herzlich Britta Hansen (für ihren Rat) und Heike Wilhelmi (für die kenntnisreiche Starthilfe) und ganz besonders Barbara Wenner (für den alles entscheidenden Dreh).

Im Verlag Droemer Knaur begrüßte mich das Team, allen voran Stefanie Hess und Angela Gsell, herzlich in seinem Kreis. Besten Dank an Doris Janhsen, Marion Nielsen, Mandy Brendel, Markus Röleke, Jessica Czerner, Sibylle Dietzel, Anna Süs, Monika Zemene, Sarah Reimer und allen anderen – es ist eine Freude, mit Ihnen/euch zusammenzuarbeiten! Das Lektorat übernahm Regina Carstensen, wie schon bei *Kalt erwischt*. Ihr fachkundiger Feinschliff macht den wichtigen Unterschied!

2020 erschien *Allein unter Dünnen* zuerst als Artikel in der *Brigitte*. Danke, Brigitte Huber, Nikola Haaks, Dr. Antje Kunstmann und Sonja Niemann, dass ihr auch runde Frauen sichtbar macht. Die Idee zum Text entstand auf einer Budo-Matte: Die Gruppe von Trainer Christian Marek beflügelt mich! Ich danke stellvertretend Michi Götze, Nicole Marek-Siebensohn, Susanne Wintersohl, Igor Martini, Vanessa Lerle, Wolfgang Müller, Knut Riedel, Farhad Bawar und, unvergessen, Ekki Kröhnke (†).

Sonja Tobias, Jesko Braun und Patricia Bontscheff verdanke ich einen Buchumschlag, mit dem ich mich, trotz Übergewichts, wohlfühle. Dazu haben auch die sportlichen Covergirls beigetragen: Wibke Hein, Dr. Yen Dieu Pham, Nicole Marek-Siebensohn, Wencke Peters und Beata Wesolowska. Um bis zur Abgabe zu kommen, braucht es weitere versierte Unterstützende; für Fotos und Videos genauso wie für Fragen zum Konzept, für Reisen und Mutproben. 1000 Dank an Burkhard Maria Zimmermann, Wibke Hein, Esther Bobek, Björn Röhlich, Dr. Yen Dieu Pham, Dr. Wibke Jürgensen, Knut Riedel, Vanessa Lerle, Pia Vagt, Hans und Birgit Haderer, Dr. Tilmann Lahme, Meike Werkmeister, Janine Berg-Peer, Henriette Peer und Michaela Kratz. Außerordentlich danke ich Tina Röhlich. Für das Momentum, für deine großzügige Hilfe und weil du an *Allein unter Dünnen* geglaubt hast, als ich aufgegeben hatte. Eine stärkere Kämpferin als dich habe ich selten erlebt, du bist eine Löwin im Fell eines Labradors, und ich ziehe voller Bewunderung und Respekt meinen Hut vor dir!

Seit Jahren kümmert sich die Hamburgische Brücke, vertreten durch Anke Kaiser-Matthes, Martin Leistner und Katharina Simon, großzügig und unbürokratisch um mich. Danke für die konkrete Hilfe und für die Wertschätzung. Diese erlebe ich auch im Team der Buchhandlung Heymann am Eppendorfer Baum. Mit euch macht sogar der Vorweihnachtsstress Spaß.

Für ihr enormes Fachwissen, für den Austausch und die menschlichen Begegnungen danke ich besonders Dr. Michael Dümpelmann, Prof. Susanne Metzner, Dr. Ingo Engelmann und Prof. Heinz Böker. Ebenso lieben Dank auch an das frühere Team der S12!

Wenn es im Leben plötzlich an allen Ecken bedrohlich kracht, aber trotzdem ein Manuskript geschrieben werden muss, ist einer da: Dr. Theo Piegler. Last, but not least. Ohne Sie hätte ich das Buch weder anfangen noch fertig schreiben können. Danke bis zum Mond und zurück!